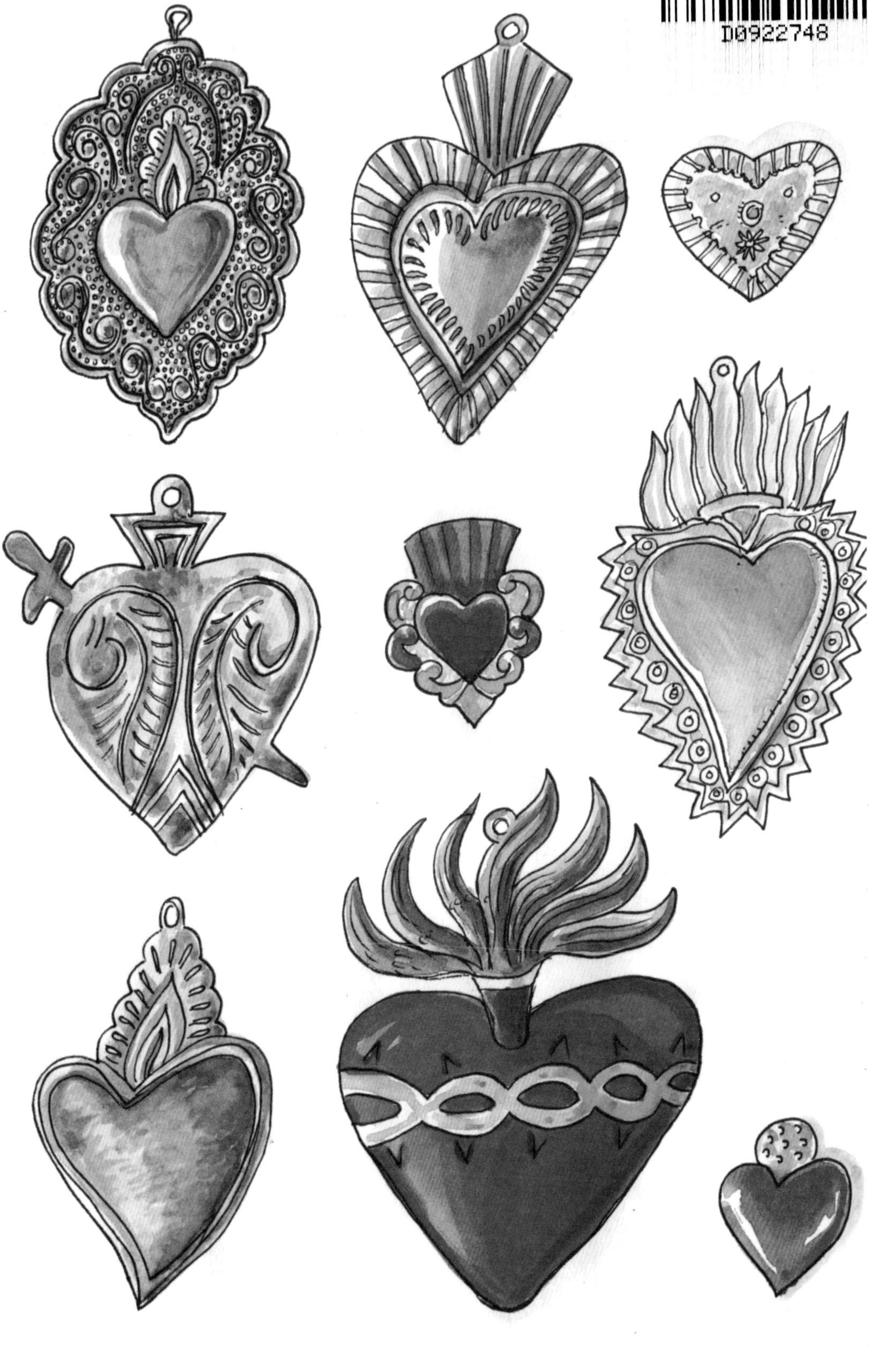

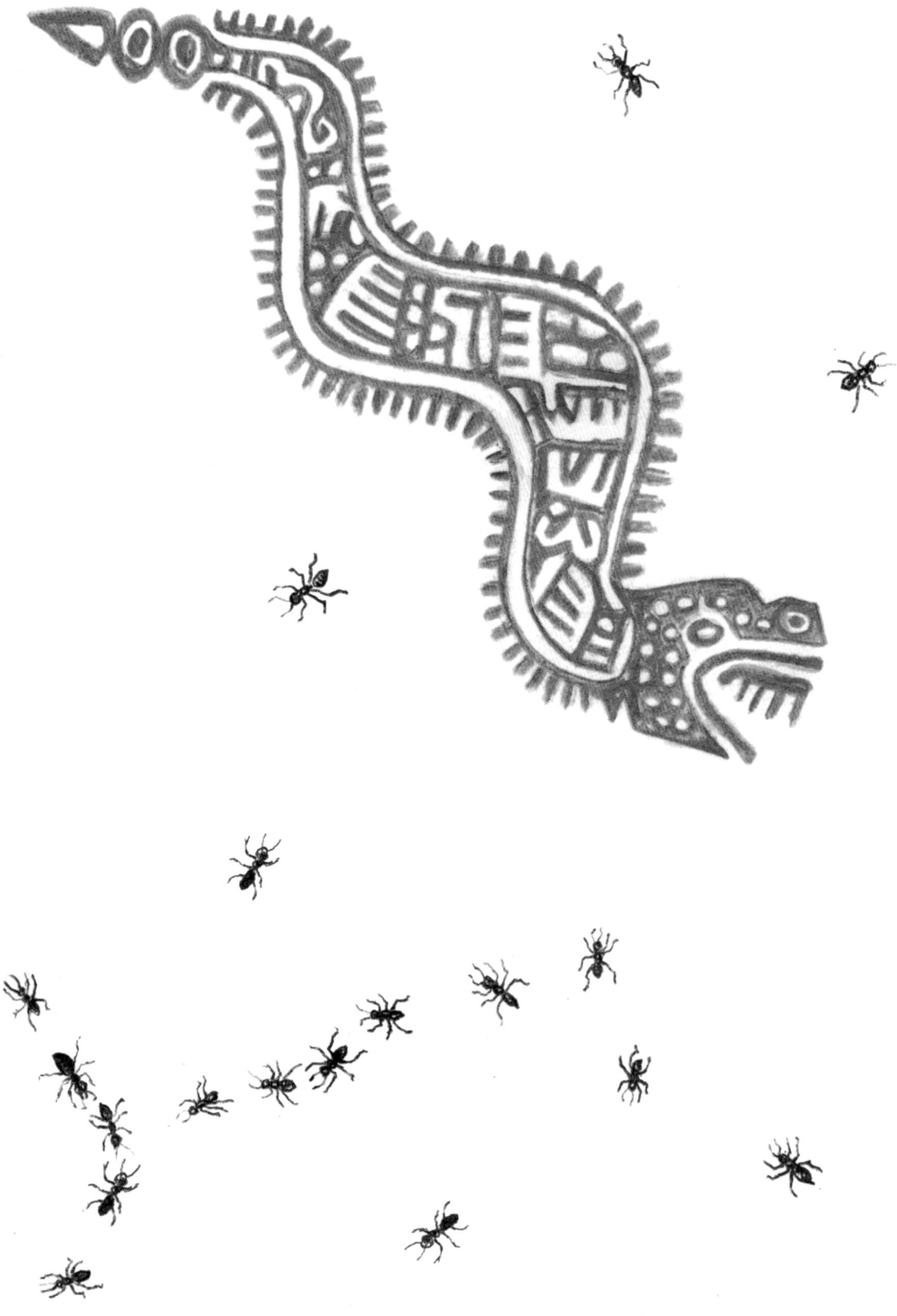

DIARIO DE

OAXACA

PETER KUPER

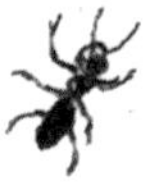

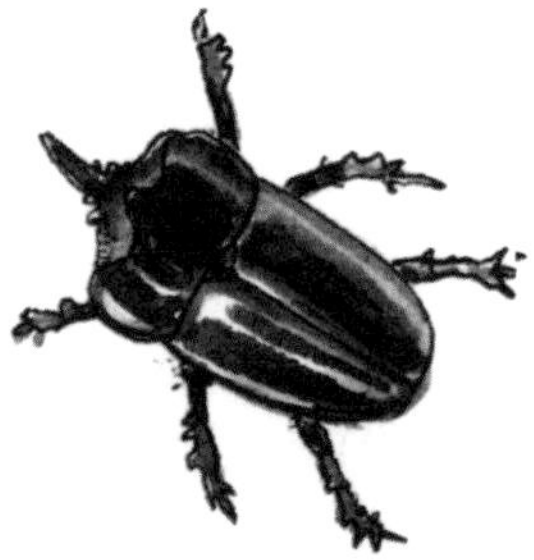

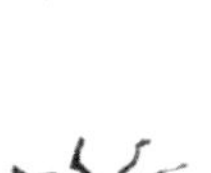

PM PRESS

MICRON 05
#1 ARCHIVAL INK
For Acid-Free Environments

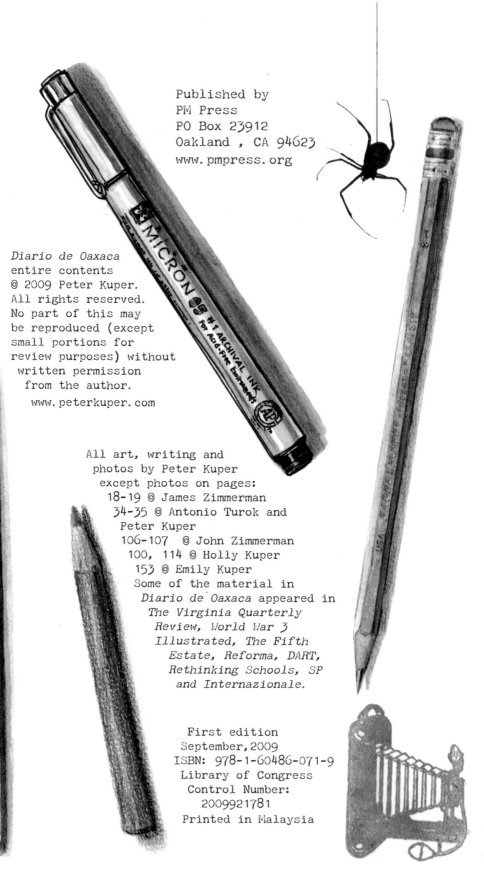

Published by
PM Press
PO Box 23912
Oakland , CA 94623
www.pmpress.org

www.peterkuper.com

All art, writing and
photos by Peter Kuper
except photos on pages:
18-19 © James Zimmerman
34-35 © Antonio Turok and
Peter Kuper
106-107 © John Zimmerman
100, 114 © Holly Kuper
153 © Emily Kuper
Some of the material in
Diario de Oaxaca appeared in
*The Virginia Quarterly
Review, World War 3
Illustrated, The Fifth
Estate, Reforma, DART,
Rethinking Schools, SP*
and *Internazionale.*

First edition
September, 2009
ISBN: 978-1-60486-071-9
Library of Congress
Control Number:
2009921781
Printed in Malaysia

DIARIO DE

OAXACA

PETER KUPER

Introducción de Martín Solares

MÉXICO

Dedicated to the memory of
Thorny Robison, Bill Wolf,
Brad Will and all the people
who lost their lives during
the teachers' strike.

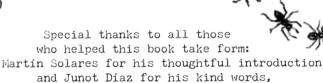

Special thanks to all those
who helped this book take form:
Martín Solares for his thoughtful introduction
and Junot Díaz for his kind words,
Peggy Roalf for her editing on my essays,
and Mark Heflin for providing a second pair of eyes,
Francisco, Eduardo, Daniela and Diego at Sexto Piso,
and Ramsey, Craig and Andrea at PM Press,
Elaine at TWP, Henry Wangeman, Emily Russell
and Scott Cunningham for editorial advice,
John Thomas for his legal wisdom.
Also thanks to Kevin Pyle, Chris Ware, Marc Lambert,
Paula Searing, Sergio Troncoso, Catherine Mayo
and as always, Betty and Emily for everything.
Some funding for this book has been made
possible by the Puffin Foundation.

I'd also like to thank a long list of people
we encountered during our years in Mexico who made our time there
unforgettable; Fernanda, Mercedes, Marietta, Antonio, Sergio and
Judith, Laura and Beto, Fuente Ovejuna, Renaldo, Andrea, Miguel
Angel, Angelina, Pedro Alto and Lili, The Olguin family, Miriam and
Luis, Ena and Daniela, John and Adele, Rosa and Zak, Roxana, Alex,
Alfredo and Lordes, Anna Marie and Alejandro, Patricia Mendoza,
Demián Flores, Steve Lafler and Sarina, Lauren, Paul and Barbara,
Mark, Georgina, Barry Head, Lee and Feliza, Pam and Joel, Cath
Kumar, Jane, Benito and Susanne, Harry and Liz, Andy and Blanca,
Fernando, Bernardo and Laura, Juan and Marisa, Oscar, Arthur Miller
and Lordes, Liz, Eduardo and Maestra Lucy. To name a few.

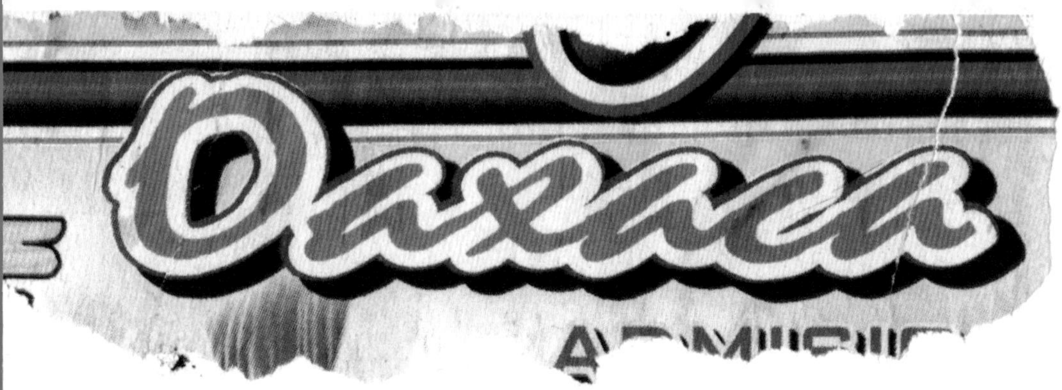
Oaxaca

"...people don't take trips-
trips take people."

-John Steinbeck
Travels with Charlie

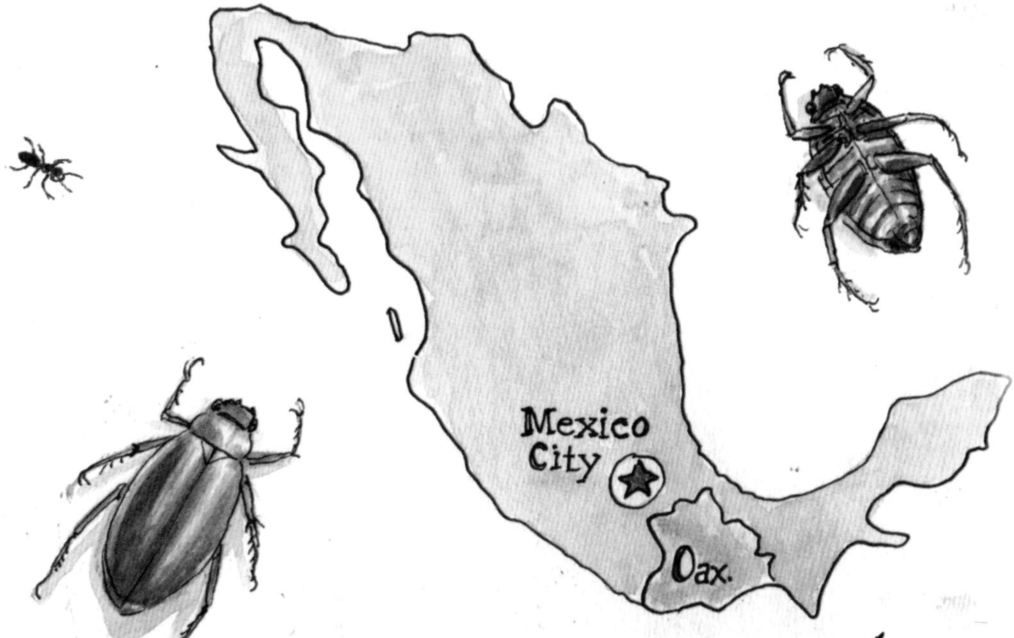
Mexico
City
Oax.

Our Agent in Oaxaca

When they asked him where his laboratory was, Albert Einstein pointed to the pen he carried in his pocket. Like Einstein, cartoonist Peter Kuper travels around the world with a portable lab that allows him to examine the complexity of the countries he visits. After publishing a book (*Comics Trips*) about his experiences in Africa and Southeast Asia, this New York artist, known for his criticism of the Bush administration, decided to settle down in Mexico shortly after our 2006 presidential elections. In spite of what one might expect from an illustrator who since 1997 has been responsible for *Spy vs. Spy* in *Mad* magazine, Kuper didn't come to dissect what was going on in one of the most beautiful as well as poor states in all of Mexico, but rather to settle down in a place which he thought would be ideal for working calmly. That's how, tired from years of addressing American politics, he came to find himself at the epicenter of the Oaxaca conflict.

Besides two amusing and unusual autobiographies (*Stripped* and *Stop Forgetting to Remember*), Kuper has published various graphic adaptations of books like Upton Sinclair's *The Jungle* and Franz Kafka's *Metamorphosis*. His *Diario de Oaxaca* reveals how a deft artist can manage to combine so many aspects of a city on a single page: poetry, magic, beauty, mystery, fear, as well as the different faces that protest can assume when politicians hold a city hostage. Collages, sketches and portraits of Monarch butterflies, *cactus*, ants and threatening scorpions alternate with graffiti reproductions that demand the resignation of the governor and on the spot drawings of the showdown between the police and strikers. Thanks to Kuper's immense sensitivity, this testimony of the Oaxacan enigma is light years ahead of the Manichean portraits that some of his countrymen have produced about any country south of the Rio Grande.

As was to be expected from an artist capable of observing what takes place in his adoptive surroundings with such detail, the result surprises on every page. The subject of *Diario de Oaxaca* isn't the observation of the quick strategies adopted through combat and deception, but a detailed contemplation of the ruins and mysteries which one can encounter within a single day: from the mysterious dog that decides to cast his unmerciful eye upon us to the sight of a line of riot police ready to fight demonstrators. After walking

Nuestro agente en Oaxaca

Cuando le preguntaron dónde estaba su laboratorio, Albert Einstein señaló la pluma que portaba en el bolsillo. Como Einstein, el dibujante Peter Kuper viaja por el mundo con un laboratorio portátil que le permite examinar la complejidad de los países que visita. Luego de publicar un libro (*Comic Trips*) sobre sus experiencias en África y el sudeste asiático, este artista neoyorquino, conocido por sus críticas hacia el gobierno de Bush, decidió instalarse en México poco después de las elecciones presidenciales del 2006. Contra lo que pudiera esperarse del ilustrador que desde 1997 se encarga de la historieta *Spy vs. Spy* en la revista *MAD*, Kuper no venía a inspeccionar qué pasaba en uno de los estados más bellos y pobres de México, sino a instalarse en el que suponía sería el sitio ideal para trabajar en calma. Así fue como, harto de las discusiones neoyorquinas sobre Iraq, llegó al epicentro del conflicto oaxaqueño.

Además de dos divertidas e inusuales autobiografías (*Stripped* y *No te olvides de recordar*), Kuper ha publicado diversas adaptaciones al cómic de libros como *La jungla*, de Upton Sinclair, y *La metamorfosis*, de Franz Kafka. Su *Diario de Oaxaca* nos muestra cuántos aspectos de una ciudad puede combinar en una misma página un artista privilegiado: poesía, magia, belleza, misterio, espanto, así como los diferentes rostros que puede adoptar la protesta cuando los políticos secuestran una ciudad. Collages, frottages y retratos de mariposas monarca, nopales, hormigas e inquietantes escorpiones alternan con reproducciones de grafitis que piden la renuncia del gobernador y apuntes en vivo del enfrentamiento entre policías y la APPO. Gracias a la inmensa sensibilidad de Kuper, este testimonio sobre el enigma oaxaqueño se encuentra a años luz de los retratos maniqueos que algunos de sus compatriotas han hecho sobre cualquier país que se encuentre al sur del río Bravo.

Como era de esperarse de un dibujante capaz de observar lo que ocurre en su entorno adoptivo con tanto detalle, el resultado sorprende en cada página. El tema del *Diario de Oaxaca* no es la observación de las veloces estrategias que adoptan el combate y el engaño, sino la contemplación detallada de las ruinas y los misterios con los que puede uno encontrarse a lo largo del mismo día: desde el misterioso perro que decide vigilarnos de manera inclemente hasta la visión de una valla de agentes de la policía listos para combatir a los manifes-

through the center of the enigma, Kuper offers his personal vision, without concessions, of the impressions he took from the Oaxaca conflict. On one of the last pages of this book, he moves closer to see what his pet is doing: the cat's smile functions as a symbol of the horror endured by Oaxacans during the terrible months in which their city was held hostage by its rulers.

Almost without words, Kuper wrote not a graphic novel, but an album that displays the diversity of his resourcefulness. Deep down, the book asks: what remains from the Oaxaca conflict represented here through color pencils, then with paintbrushes, later on with Chinese ink, and finally with photographs and fragments of signs? The answer invites us to observe the strange puzzle that a talented artist is capable of assembling about what we get as the official truth.

In the world-famous comic *Spy vs. Spy*, Kuper specializes in describing combat strategies. Trapped in a crafty, minimalist outline, the rivals discover traps within traps and a new deception in every strip; each page demonstrates a chess match of shrewdness, where a couple of restless spies circle around each other with a broad smile while they hide daggers behind their backs. The plot of this comic of endless possibilities would have made Jorge Luis Borges, the author of *"The Garden of Forking Paths"* happy, since in one of the stories a spy blows away his opponent, in the next he is deceived by him, and in yet another one they are both victims of their own excesses.

If every artist is a spy, and his creations are encrypted reports, then we can say that on every page of Peter Kuper's diary there are two coexisting central elements which form part of a great investigation: the appearances that an artist can take on not to hide himself, but to show us reality, and share what mysteries he noticed during each one of his adventures. The rest is a coded message that the reader must decipher before the bomb explodes.

Martín Solares

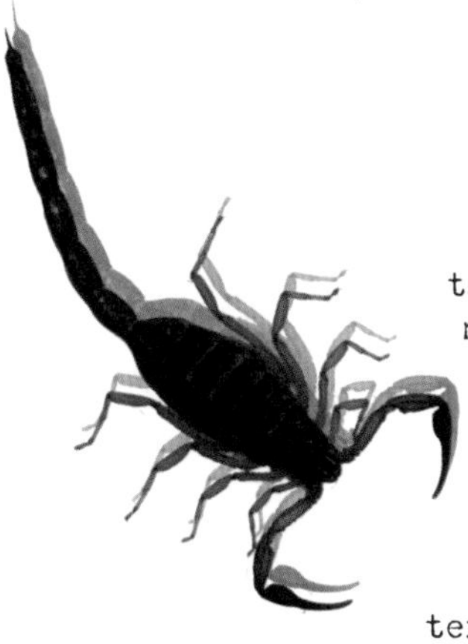

tantes. Luego de caminar por el centro del enigma, Kuper ofrece su visión personal, sin concesiones, sobre la impresión que se llevó del conflicto oaxaqueño. En una de las últimas páginas de este libro, el viajero se acerca a ver qué está haciendo su mascota: la sonrisa del gato funciona como un símbolo del horror vivido por los oaxaqueños durante los meses terribles en que su ciudad estuvo secuestrada por sus gobernantes.

Casi sin palabras, Kuper escribió no una novela ilustrada, sino un álbum que presenta su diversidad de recursos. En el fondo el libro se pregunta: ¿qué queda del conflicto de Oaxaca si se le representa con lápices de colores, luego con pinceles, después con tinta china, y finalmente con fotografías y fragmentos de carteles? La respuesta nos invita a observar el extraño rompecabezas que es capaz de armar un artista de talento sobre lo que se nos ofrece como la verdad oficial.

En la mundialmente célebre historieta *Spy vs. Spy*, Kuper se especializó en describir el combate de la inteligencia. Atrapados con un trazo minimalista e hipercerebral, los rivales descubren trampas dentro de las trampas y un engaño por viñeta; cada página exhibe un ajedrez de la astucia, donde un par de espías incansables se acechan con una amplia sonrisa mientras ocultan un puñal en la espalda. La trama de este cómic de infinitas posibilidades hubiera hecho feliz a Jorge Luis Borges, al autor de «El jardín de los senderos que se bifurcan», en la medida en que en una de estas historias un espía hace estallar al rival, en la siguiente es burlado por el primero, en una más ambos son víctimas de sus propios excesos.

Si todo artista es un espía, y sus creaciones informes en clave, en cada una de las páginas de este diario de Peter Kuper conviven dos elementos centrales de una gran investigación: las apariencias que puede adoptar un creador no para ocultarse, sino para revelarnos la realidad, y contar qué misterios advirtió en cada una de sus correrías. Lo otro es un mensaje en clave que el lector deberá descifrar antes de que estalle la bomba.

Martín Solares

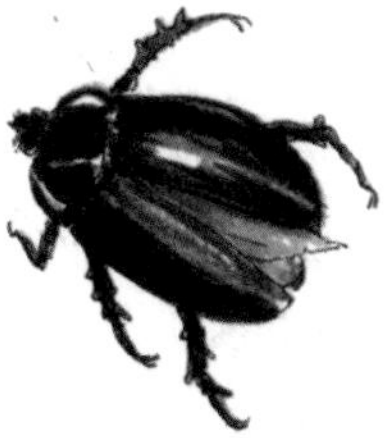

Preface

Diario de Oaxaca is the result of being in the right place at the "wrong" time.

When I moved to Oaxaca with my wife and daughter, I wasn't looking for trouble; on the contrary, I was hoping for some escape. Escape from the United States under Bush's administration, escape from my workaholic schedule, escape from consumer culture and a ceaseless barrage of depressing news stories. A breather. A break from routine. *Escape*. Not that we left in a panic or this was the sole reason we moved to Oaxaca.

In a way this trip had been percolating for nearly forty years. My father, a university professor, had his first sabbatical in 1969 and transplanted our family to Israel when I was ten- years- old. That year shook my limited world view —not that I got much better at geography, but the existence of life beyond the borders of the United States came into focus. Since the birth of our daughter in 1996, my wife and I had spent years discussing giving her a similar experience.

The day we landed in Mexico, July 3rd 2006, the news was all about suspicion of fraud in the previous day's national elections. Oaxaca City was in the throes of a major teachers' strike with encampments and protests throughout town and just getting from the airport to our new neighborhood required circumventing strikers' barricades.

Nonetheless, for the first few months I enjoyed escape. We had moved into a beautiful house in San Felipe del Agua; though only a short drive from the downtown troubles, it felt like a world away.

When I wasn't busy finishing my graphic novel, *Stop Forgetting to Remember*, I enjoyed taking long walks around the picturesque neighborhood and occasionally making drawings of the insects and cactus in our front yard. It wasn't until September, that I made the time and headed into town with my sketchbook in hand. After a day of drawing the scene around the Zócalo of strikers and barricades, I felt like I'd genuinely arrived in Oaxaca.

Over the next few months, as the teachers' strike reached a boiling point, family and friends in the United States corresponded urgently, asking how we were faring and questioning whether we should stay, given the threatening news reports they were reading. I found the reports so inaccurate, I began taking regular trips into town then sending illustrated e-mails detailing the reality as I experienced it. Beyond wanting to reassure people it wasn't as bad as advertised, I felt anxious to counter the misinformation I found disseminated in so many international newspapers. Reading stories that ran

Prefacio

Diario de Oaxaca es el resultado de estar en el lugar ade-
cuado en el momento «equivocado».

Cuando me mudé a Oaxaca con mi esposa e hija, no buscaba
problemas; todo lo contrario, anhelaba un escape. Escape de
los Estados Unidos del gobierno de Bush, escape de mi hora-
rio de adicto al trabajo, escape de la cultura consumista y
del incesante torrente de deprimentes historias noticiosas.
Un respiro. Un descanso de la rutina. *Escape*. Tampoco es que
nos fuéramos en pánico o que ésta fuera la única razón por
la que nos mudábamos a Oaxaca.

De alguna manera, este viaje se estuvo gestando durante
casi cuarenta años. Mi padre, un profesor universitario,
tuvo su primer sabático en 1969 y mudó a nuestra familia a
Israel cuando yo tenía diez años. Ese año sacudió mi limita-
da cosmovisión —aunque no mejoré gran cosa en geografía—,
pero la existencia de la vida más allá de las fronteras de
Estados Unidos adquirió perspectiva. Desde el nacimiento de
nuestra hija en 1996, mi esposa y yo pasamos años discutien-
do la posibilidad de darle una experiencia similar.

El día que llegamos a México, el 3 de julio de 2006, las
noticias estaban volcadas sobre la sospecha de fraude en las
elecciones nacionales del día anterior. La ciudad de Oaxaca
estaba en agonía por una gran huelga de maestros con campamentos y protestas a lo largo de la ciudad y tan sólo tras-
ladarnos del aeropuerto a nuestro nuevo barrio requirió sortear las barricadas de los huelguistas.

Aún así, durante los primeros meses disfruté el escape.
Nos mudamos a una hermosa casa en San Felipe del Agua, que
aunque estaba tan sólo a una corta distancia en coche de los
problemas del centro, se sentía como a un mundo de distancia.

Cuando no estaba ocupado en terminar mi novela gráfica, *No
te olvides de recordar*, disfrutaba las largas caminatas
alrededor del pintoresco barrio, y en ocasiones hacía dibujos de los insectos y cactus de nuestro patio delantero. No
fue hasta septiembre que encontré el tiempo y me dirigí a la
ciudad con mi libreta de dibujos en mano. Tras un día de
dibujar el escenario de huelguistas y barricadas alrededor
del Zócalo, sentí que en verdad había llegado a Oaxaca.

Durante los meses siguientes, conforme la huelga de maestros
avanzaba hacia el estallido, mis familiares y amigos en
Estados Unidos escribían con urgencia, preguntando cómo
estábamos y preguntándose si debíamos quedarnos, dados los
amenazantes reportes noticiosos que leían. Me parecía que los
reportes eran tan poco fidedignos que empecé a ir de manera
regular a la ciudad y a enviar correos electrónicos ilustrados

contrary to my direct experience activated my desire to telegraph what I'd seen. I didn't look to take on the job of Oaxaca reporter, but I had firsthand information about this subject and rediscovered that applying my art this way was part of my DNA as a political cartoonist. Those e-mails found their way onto websites and into various publications worldwide and telling Oaxaca's story transformed from an art exercise into a responsibility. Those dispatches evolved into the "diary" entries in this book.

Gradually, my desire for escape from life's troubles, segued into embracing my experiences. After answering the call to draw Oaxaca's dark times, I found myself compelled (by another part of my DNA, no doubt) to capture its light. I hope this collection will illuminate both the storms that Oaxaca weathered as well as the rich details of daily life that made our two years in Mexico a gift.

Peter Kuper
September 2008

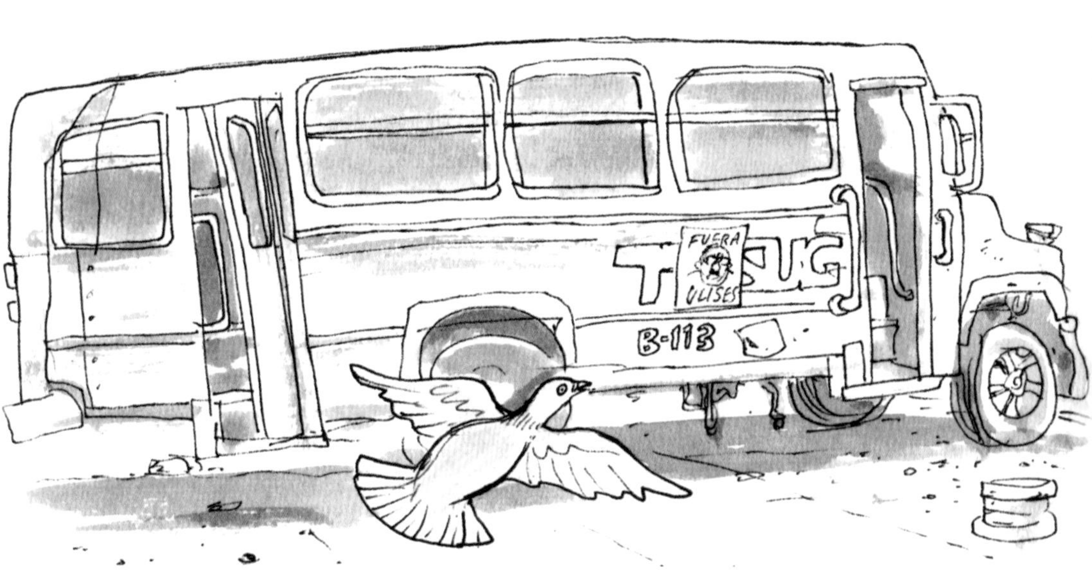
FUERA
ULISES
B-113

que detallaban la realidad como yo la experimentaba. Además de querer darle seguridad a la gente de que la situación no estaba tan mal como se retrataba, sentía una ansiedad por contrarrestar la información falsa que encontraba diseminada en varios periódicos internacionales. Leer historias que narraban lo contrario a mi experiencia personal activó mi deseo de telegrafiar lo que había visto. No buscaba trabajar como corresponsal oaxaqueño, pero tenía información de primera mano sobre este tema y redescubrí que poner en práctica mi arte de esta forma era parte de mi ADN como caricaturista político. Aquellos correos electrónicos se abrieron paso hacia páginas de internet y diversas publicaciones a lo largo del mundo, de manera que contar la historia de Oaxaca pasó de ser un ejercicio artístico para convertirse en una responsabilidad. Estos relatos se convirtieron en las entradas de este diario.

De manera gradual, mi deseo de escapar de los problemas de la vida, dio paso a cobijar mis experiencias. Tras responder el llamado de ilustrar los momentos oscuros de Oaxaca, me vi inclinado (sin duda por otra parte de mi ADN) a capturar su luminosidad. Espero que esta recopilación ilumine tanto las tormentas que Oaxaca sorteó como los ricos detalles de la vida cotidiana que hicieron de nuestros dos años en México un regalo.

Peter Kuper
Septiembre de 2008

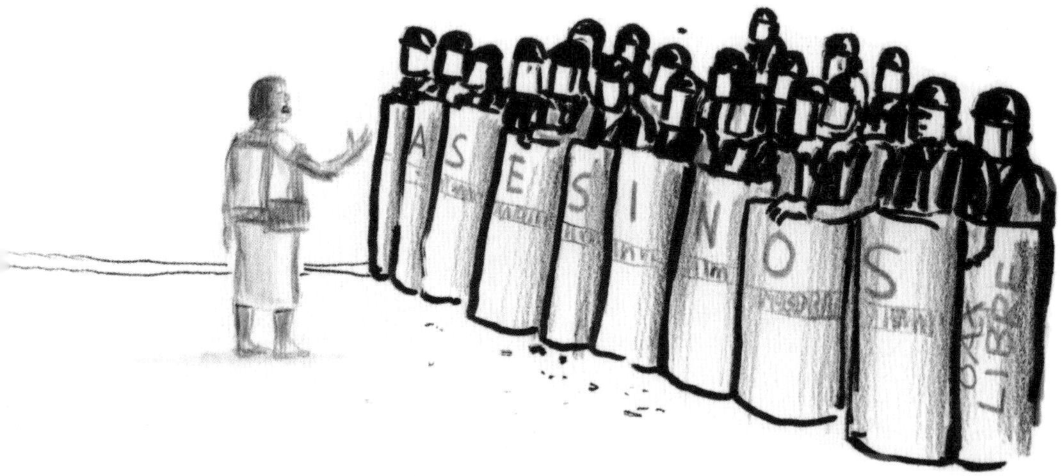
A S E S I N O S
OAX LIBRE

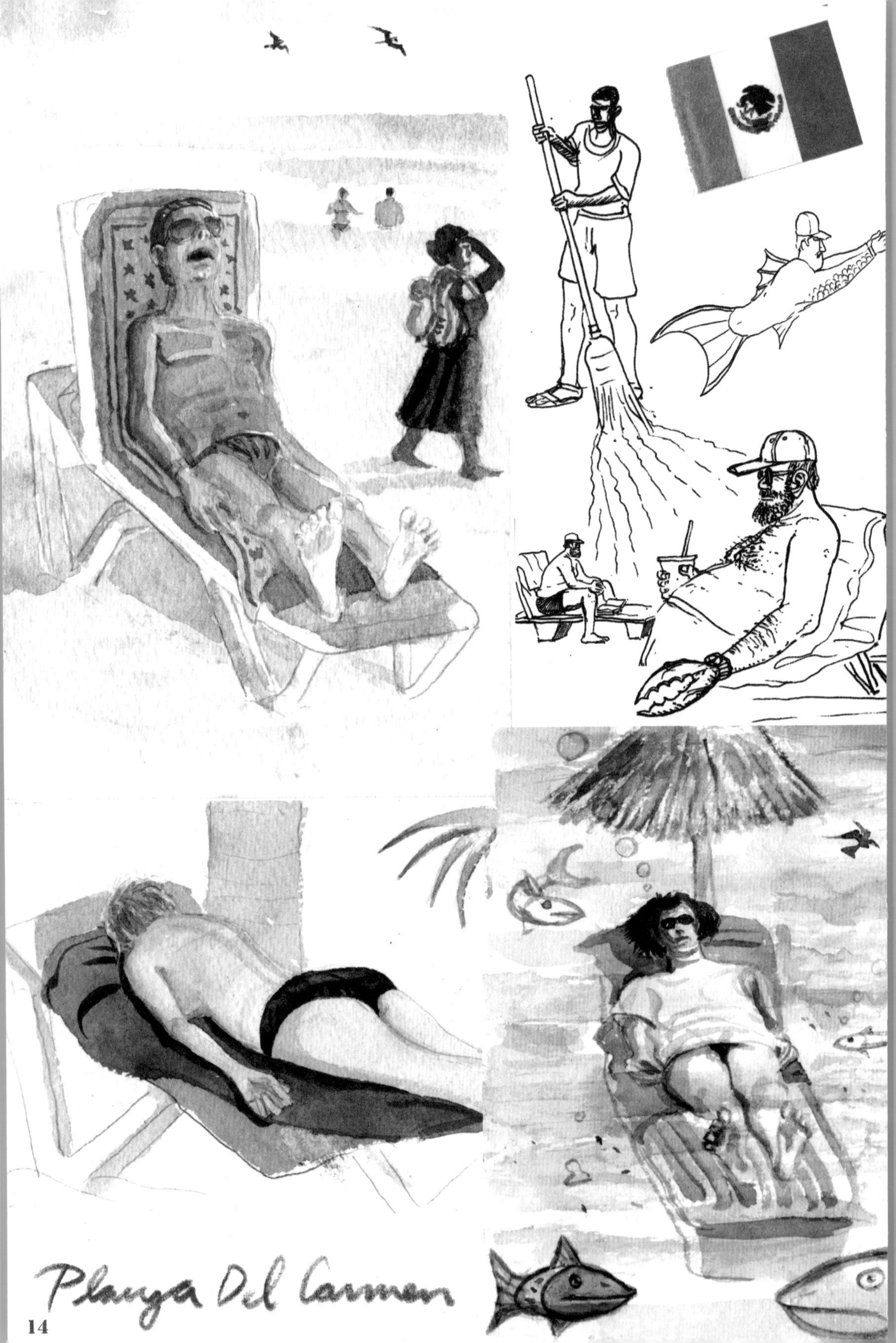
Playa Del Carmen

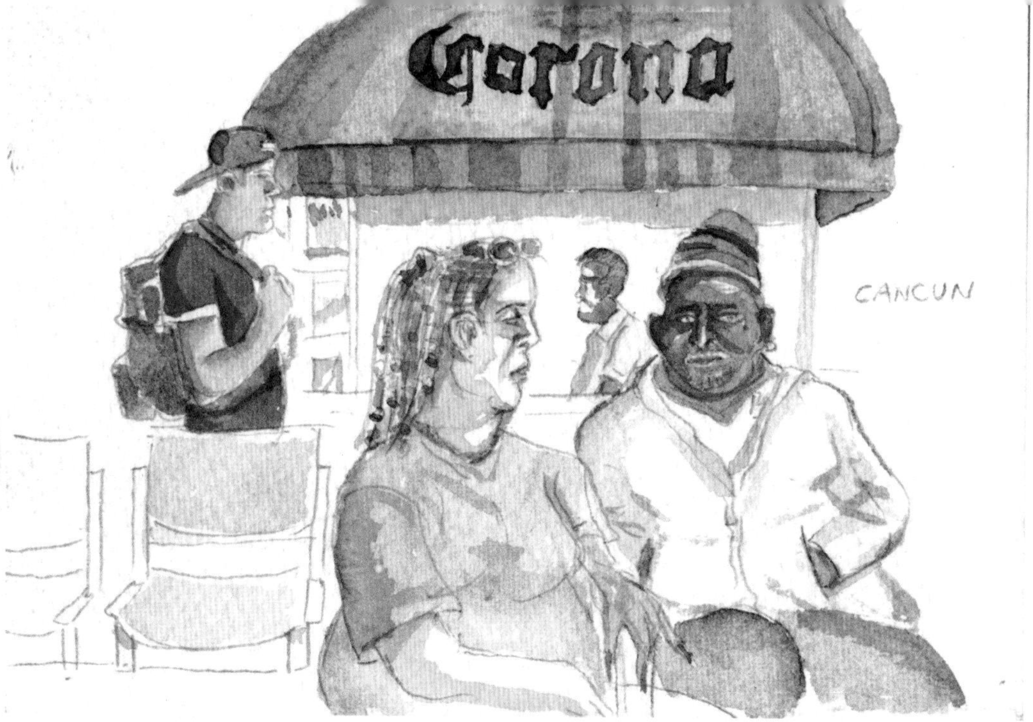
Corona
CANCUN

Like many North Americans, my first encounters with Mexico felt like a variation of a visit to Florida. When I reached Oaxaca however, there was no doubt I was in a different country...

Al igual que muchos norteamericanos, sentí mi primer encuentro con México como la variación de una visita a Florida. Sin embargo, cuando llegué a Oaxaca, no había duda de que estaba en un país diferente...

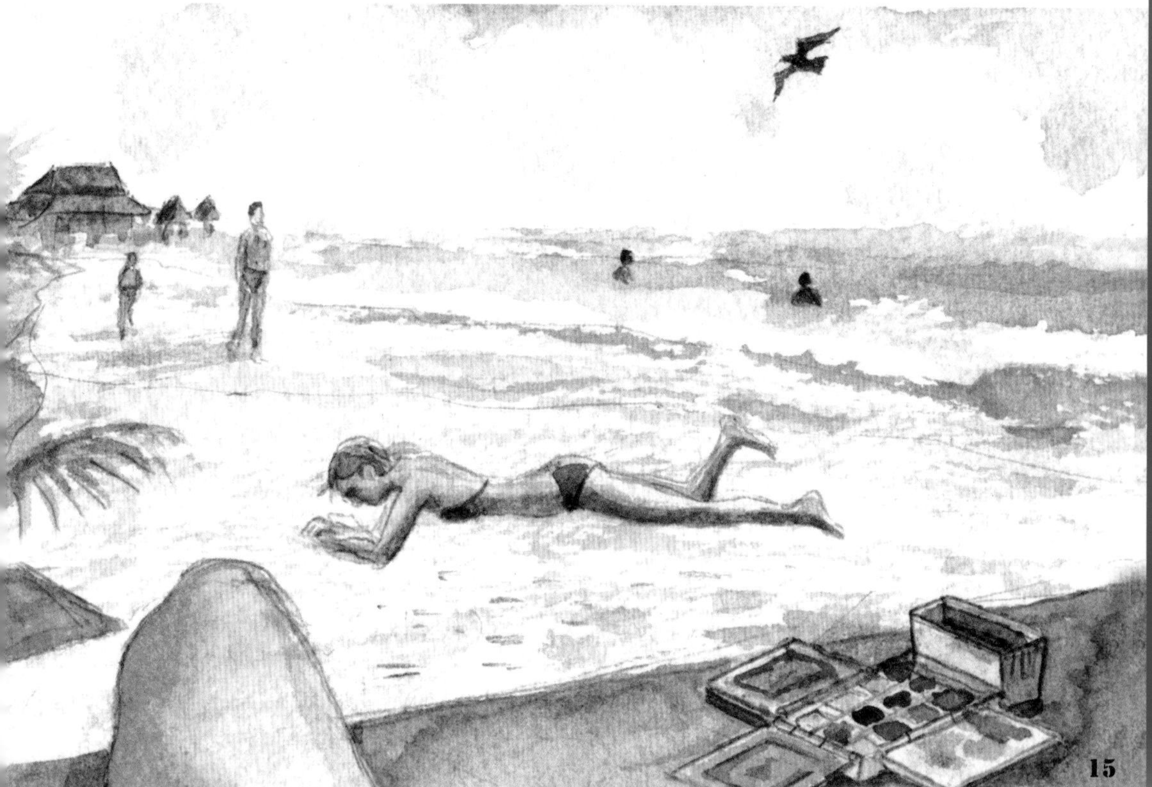

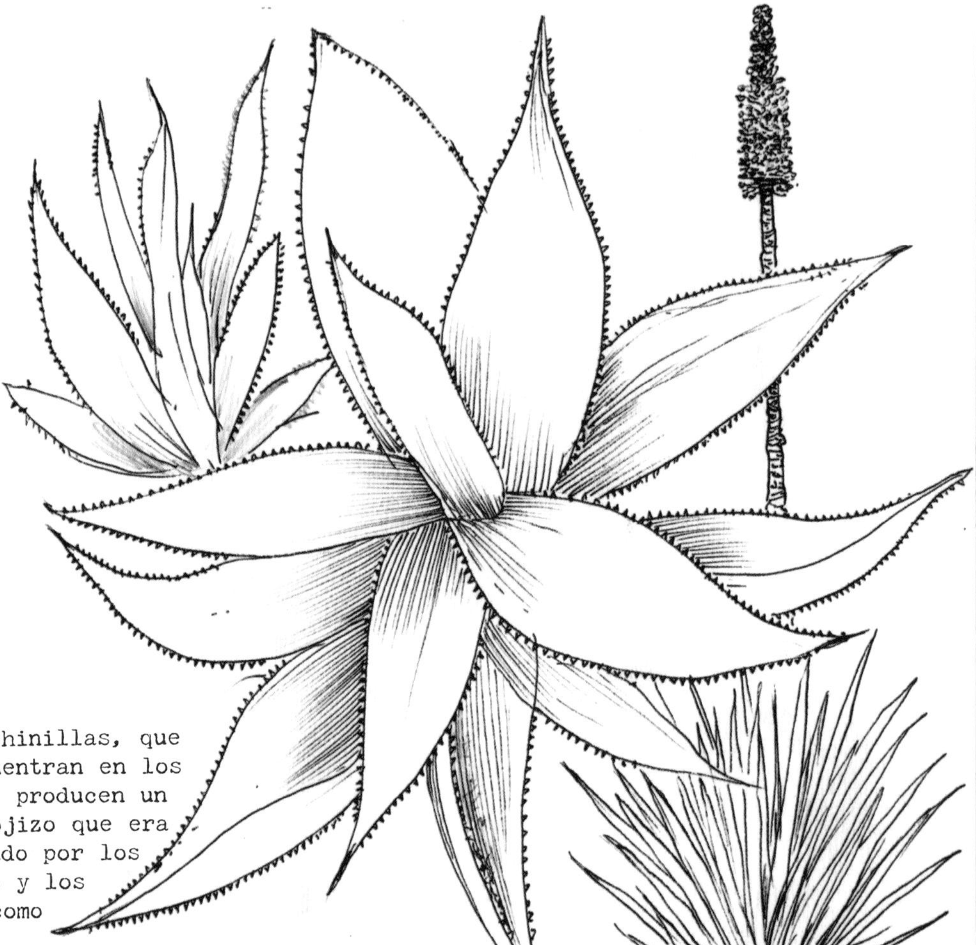

Las cochinillas, que
se encuentran en los
cactus, producen un
jugo rojizo que era
utilizado por los
aztecas y los
mayas como
tinte.
Tras la conquista, fue exportado
a Europa y utilizado por la
realeza. ¡Este pequeño
insecto dio origen a
la riqueza de Oaxaca y
ayudó a
construir
la ciudad
entera!

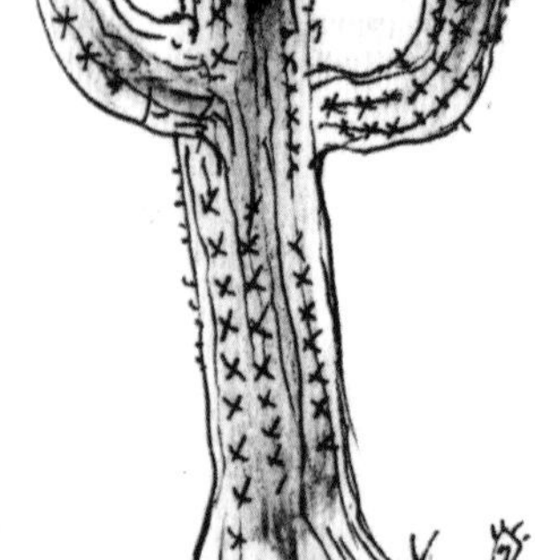

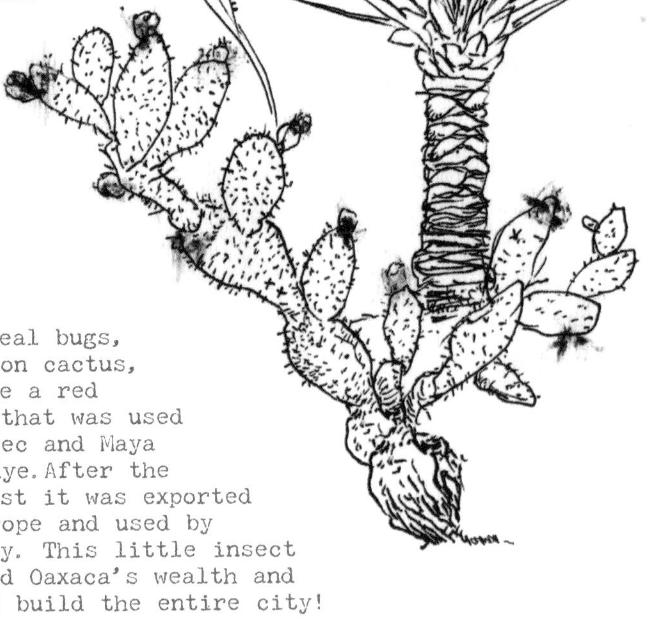

Cochineal bugs,
found on cactus,
produce a red
juice that was used
by Aztec and Maya
as a dye. After the
conquest it was exported
to Europe and used by
royalty. This little insect
created Oaxaca's wealth and
helped build the entire city!

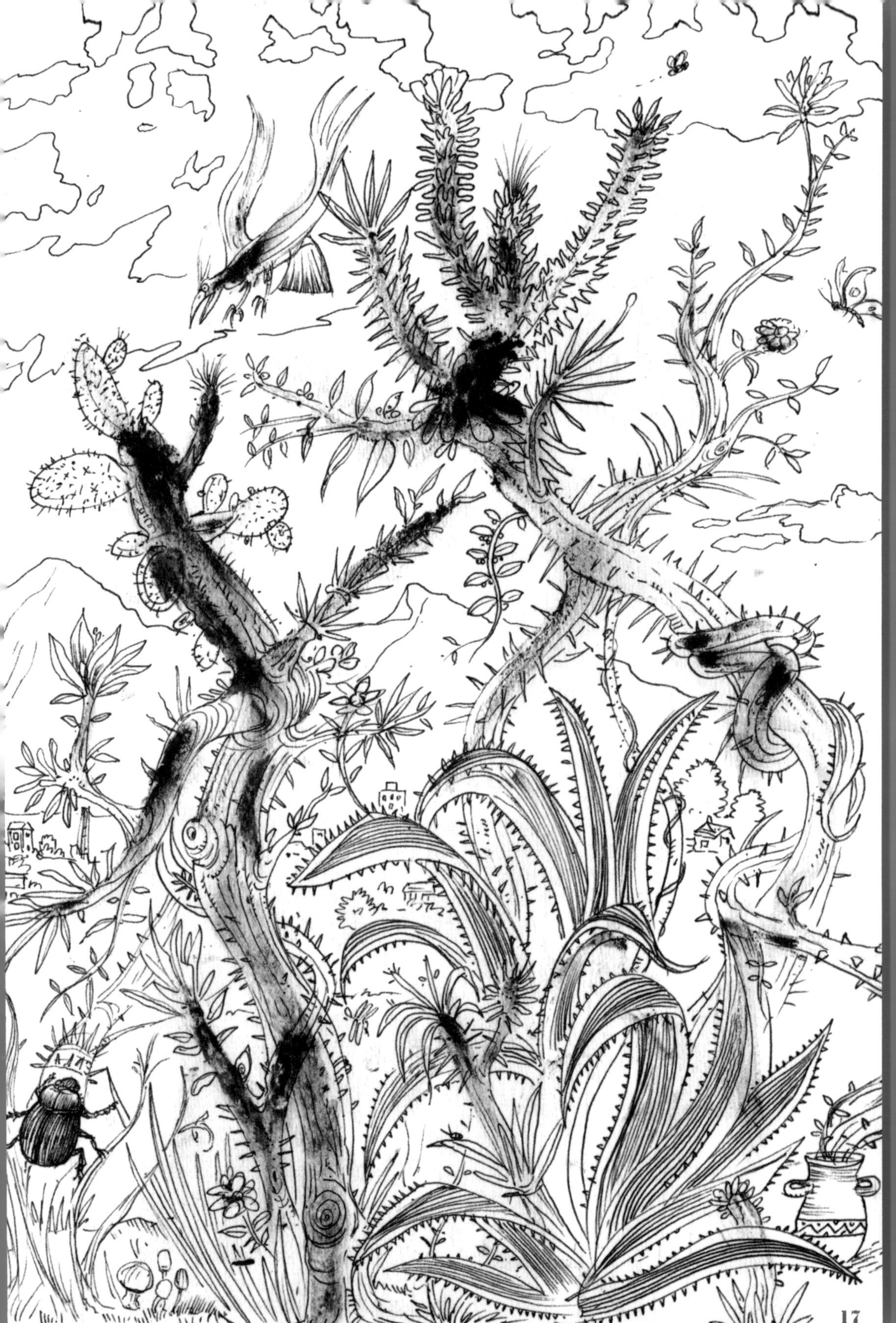

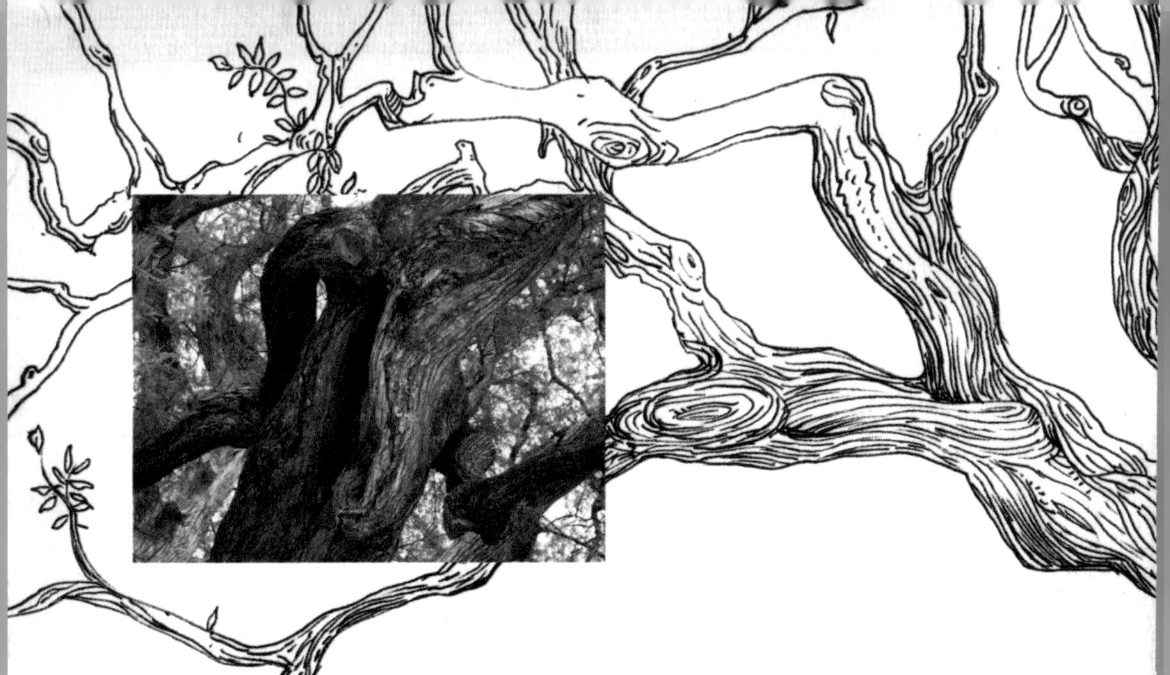

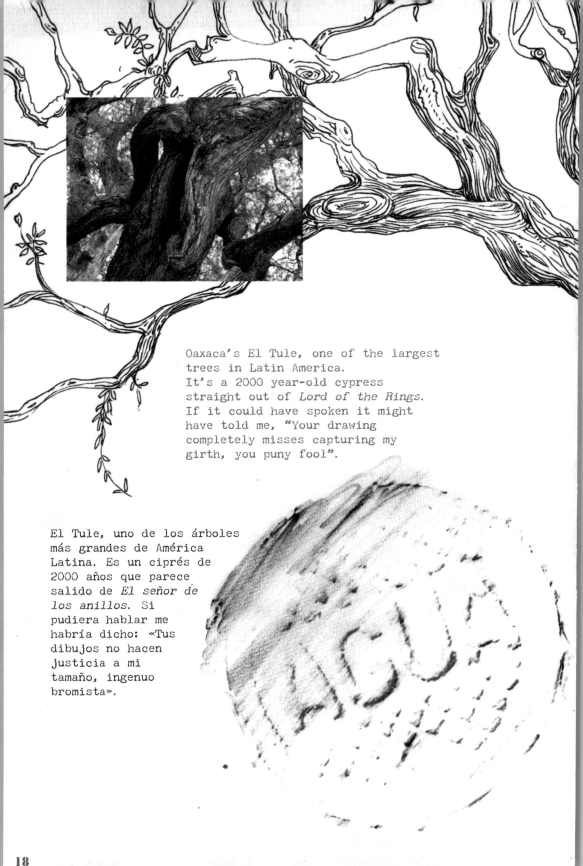

Oaxaca's El Tule, one of the largest trees in Latin America. It's a 2000 year-old cypress straight out of *Lord of the Rings.* If it could have spoken it might have told me, "Your drawing completely misses capturing my girth, you puny fool".

El Tule, uno de los árboles más grandes de América Latina. Es un ciprés de 2000 años que parece salido de *El señor de los anillos.* Si pudiera hablar me habría dicho: «Tus dibujos no hacen justicia a mi tamaño, ingenuo bromista».

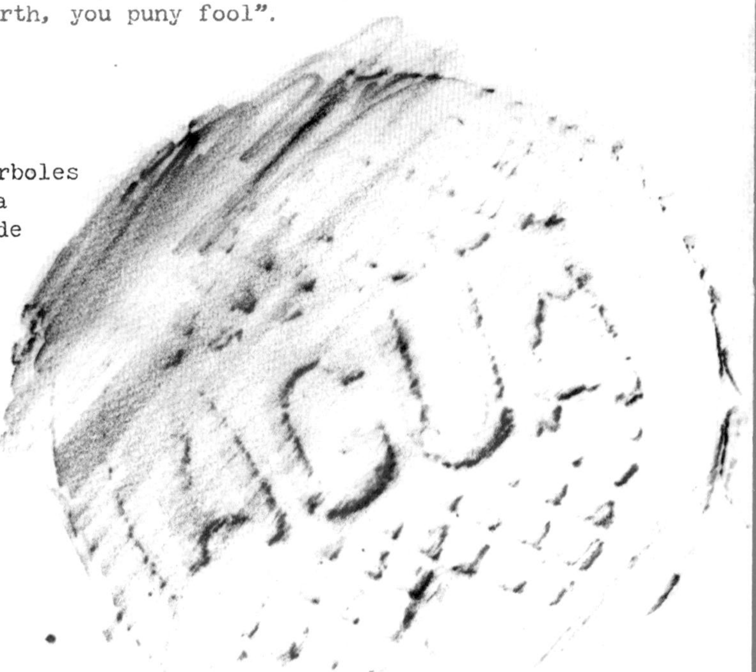

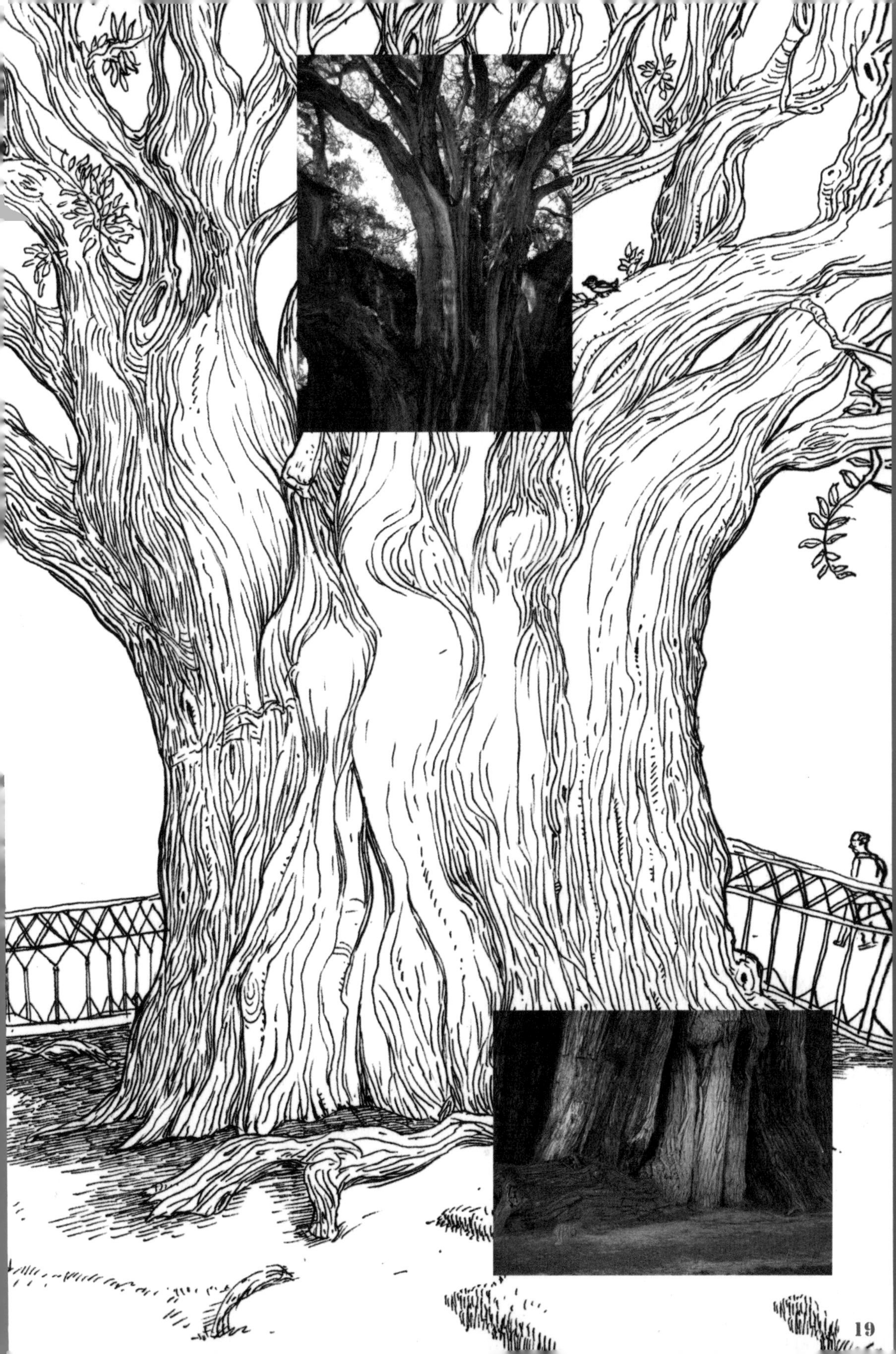

November 10, 2006

The first question I'm usually asked these days is, "What made you decide to move from New York City to Oaxaca, Mexico?"

This brings to mind some dialogue from the movie *Casablanca*:

Captain Louis Renault (Claude Rains):
  —What in heaven's name brought you to Casablanca?
  Rick Blaine (Humphrey Bogart):
  —My health. I came to Casablanca for the waters.
  Captain:
  —The waters? What waters? We're in the desert!
  Rick:
  —I was misinformed.

My daughter, Emily, wife, Betty and I didn't move here July 2006 for the waters, but for a year-long sabbatical. What we didn't come for was an exploding political situation, but we got one anyway.

Since May, the teachers of Oaxaca (pronounced wah-HA-ka) have been encamped in the town square (Zócalo). This strike has been an annual event for the last twenty-five years and usually lasted a couple of weeks or until their demands for pay raises and funds for schools were met. For the first time in the strike's history, the new governor, Ulises Ruíz Ortíz (URO), decided not to agree to their demands. Instead, on June 14th at 4:30 a.m., he sent in riot police in an attempt to forcibly expel them.

This attack completely backfired. Not only were the strikers not evicted, their demands and their numbers expanded. They were joined by a larger coalition of unions, the APPO (Asamblea Popular de los Pueblos de Oaxaca) who declared the strike would not end unless governor Ulises stepped down.

Since then, tensions rose and fell with periodic police actions against strikers, but they didn't budge.

After more than 5 months of unrest, the xit hit the fan. On Friday, October 27th the governor's thugs attacked strikers, killing 3 teachers and an American journalist. This pressured Mexico's president into ordering federal troops into Oaxaca the next day.

The Policia Federal Preventiva (PFP), as the federal troops are called, attacked the strikers and took over the Zócalo. As of this writing the Zócalo is no longer an encampment of teachers, but has been replaced by an encampment of military forces. The governor is refusing to leave office, even as pressure mounts from all sides, including from his own party.

So our move has been everything we'd hoped for —barricades, mayhem and lots and lots of riot police, all trumped by everything else this adventure has to offer. Water or desert, Oaxaca remains a fantastic choice.

Lo primero que se me pregunta por lo general en estos días es, «¿Qué hizo que te decidieras a mudarte de la ciudad de Nueva York a Oaxaca, México?»

Esto me trae a la mente un diálogo de la película *Casablanca*:

Capitán Louis Renault (Claude Rains):
—¿Qué demonios te trajo a Casablanca?
Rick Blaine (Humphrey Bogart):
—Mi salud. Vine a Casablanca por las aguas.
Capitán:
—¿Las aguas? ¿Qué aguas? ¡Estamos en el desierto!
Rick:
—Me informaron mal.

Mi hija Emily, mi esposa Betty y yo no nos mudamos aquí en julio de 2006 por las aguas, sino por un año sabático. No venimos en busca de una situación política explosiva, pero aún así nos topamos con ella.

Desde el mes de mayo los maestros de Oaxaca acampan en el centro de la ciudad (Zócalo). Esta huelga ha sido un evento anual de los últimos veinticinco años y por lo general duraba alrededor de dos semanas o hasta que sus demandas de aumentos y fondos escolares fueran satisfechas. Por primera vez en la historia de la huelga el nuevo gobernador, Ulises Ruiz Ortiz (URO), decidió no acceder a sus demandas. En vez de ello, el 14 de junio a las 4:30 am envió a la policía antidisturbios en un intento de expulsarlos a la fuerza.

Este ataque se le revirtió por completo. No sólo no lograron desalojar a los huelguistas, sino que incrementaron sus demandas y su movimiento creció en número. Se les unió una coalición mayor de sindicatos, la APPO (Asamblea Popular de los Pueblos de Oaxaca), que declaró que la huelga no concluiría a menos de que el gobernador Ulises renunciara.

Desde entonces, la tensión incrementaba y decaía ante las acciones policiacas periódicas contra los huelguistas, pero éstos no cedieron.

Tras más de cinco meses de intranquilidad, se armó la trifulca. El viernes 27 de octubre los hampones del gobernador atacaron a los huelguistas dando muerte a tres maestros y a un periodista norteamericano. Esto ocasionó que el presidente de México ordenara la movilización de tropas federales hacia Oaxaca al día siguiente.

La Policía Federal Preventiva (PFP) atacó a los huelguistas y se apoderó del Zócalo. Al momento de escribir esto, el Zócalo ya no es un campamento de maestros, sino que ha sido reemplazado por un campamento de fuerzas militares. El gobernador se ha negado a dejar su cargo, incluso conforme incrementa la presión por todos lados, incluido su propio partido.

De manera que nuestra mudanza ha sido todo lo que esperábamos: barricadas, caos y grandes cantidades de policía antimotines, pero todo ello es apabullado por el resto de lo que esta aventura nos ofrece. Agua o desierto, Oaxaca sigue siendo una elección fantástica.

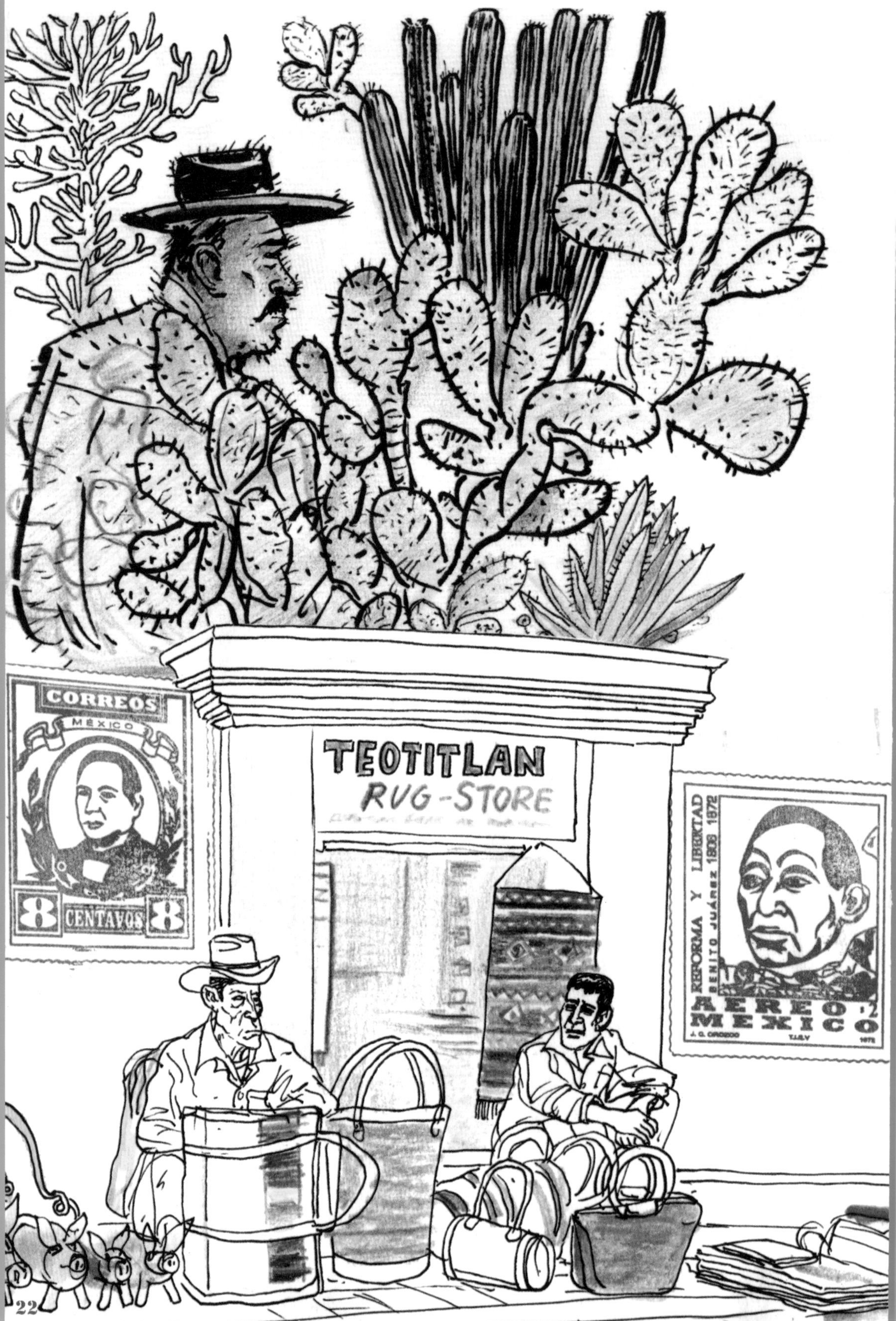
CORREOS
MÉXICO
8 CENTAVOS 8
TEOTITLAN
RUG-STORE
REFORMA Y LIBERTAD
BENITO JUÁREZ 1806 1972
AEREO 2
MEXICO

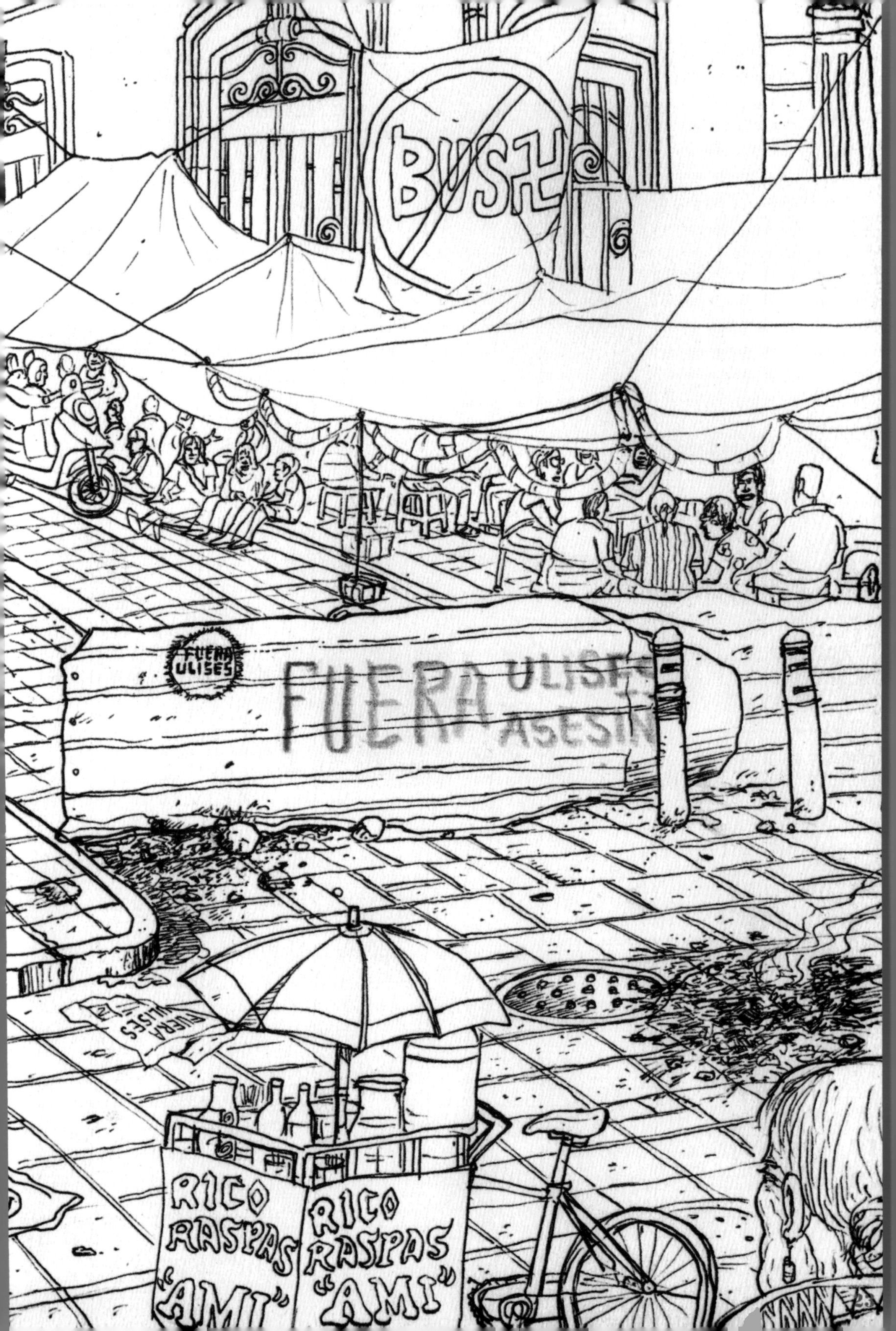
BUSH
FUERA ULISES
FUERA ULISES
FUERA ASESIN
FUERA ULISES
RICO RASPAS "AMI"
RICO RASPAS "AMI"

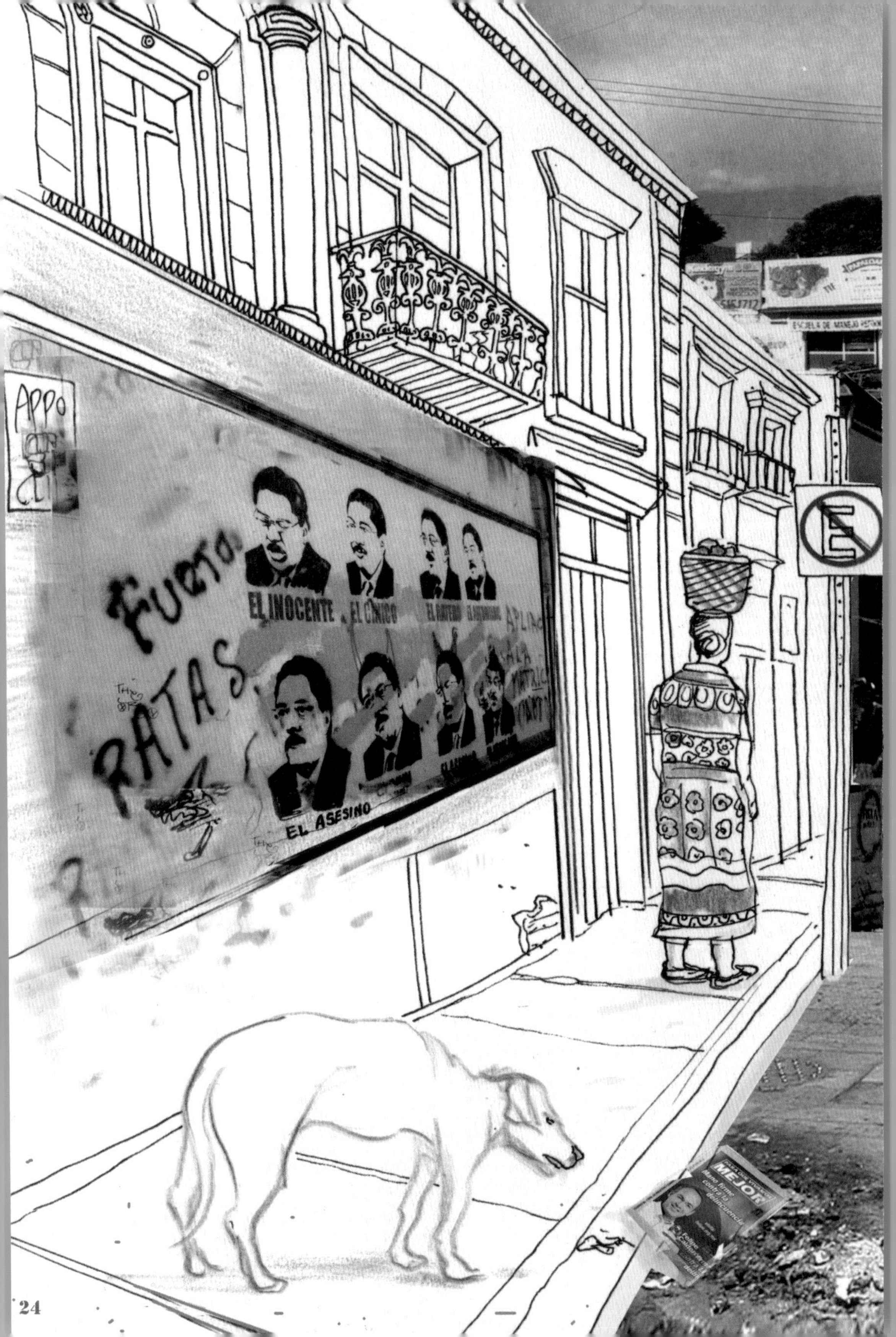
APPO
Fuera RATAS
EL INOCENTE
EL CINICO
EL ASESINO
MEJOR

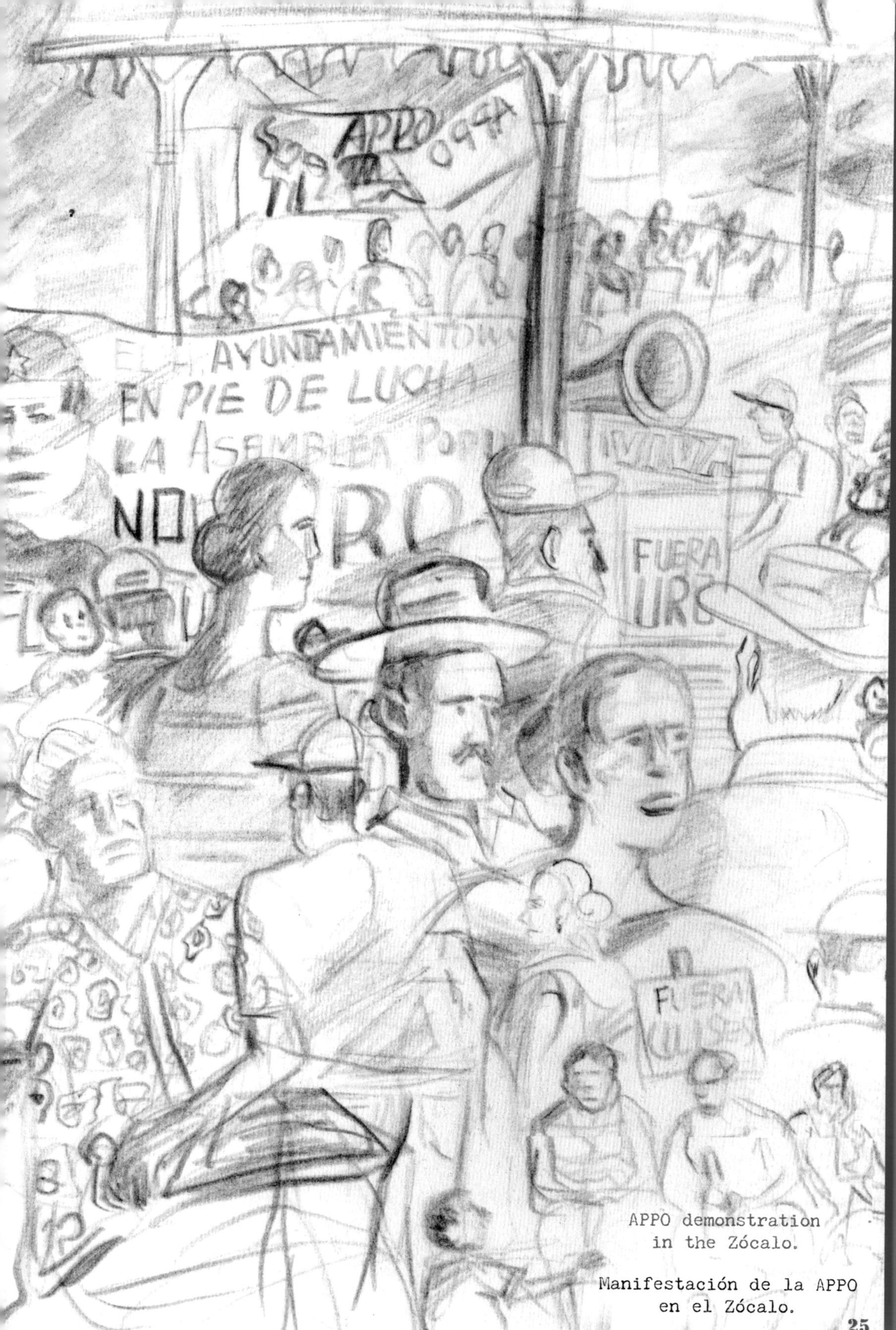
APPO
EN PIE DE LUCHA
FUERA
URO

APPO demonstration
in the Zócalo.

Manifestación de la APPO
en el Zócalo.

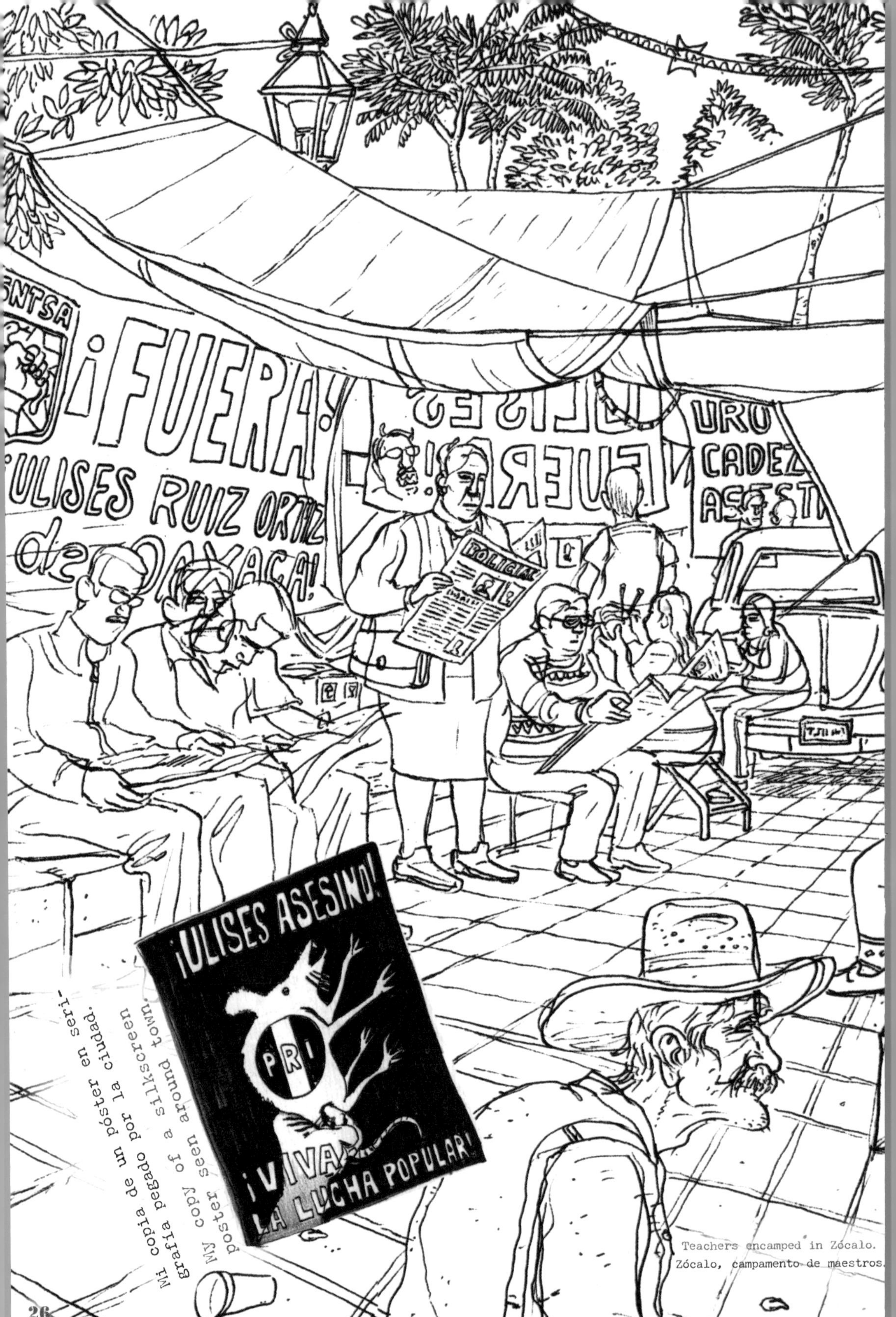
¡FUERA!
ULISES RUIZ ORTIZ
de OAXACA!
POLICIAL
¡ULISES ASESINO!
PRI
¡VIVA LA LUCHA POPULAR!

Mi copia de un póster en serigrafía pegado por la ciudad.
My copy of a silkscreen poster seen around town.

Teachers encamped in Zócalo.
Zócalo, campamento de maestros.

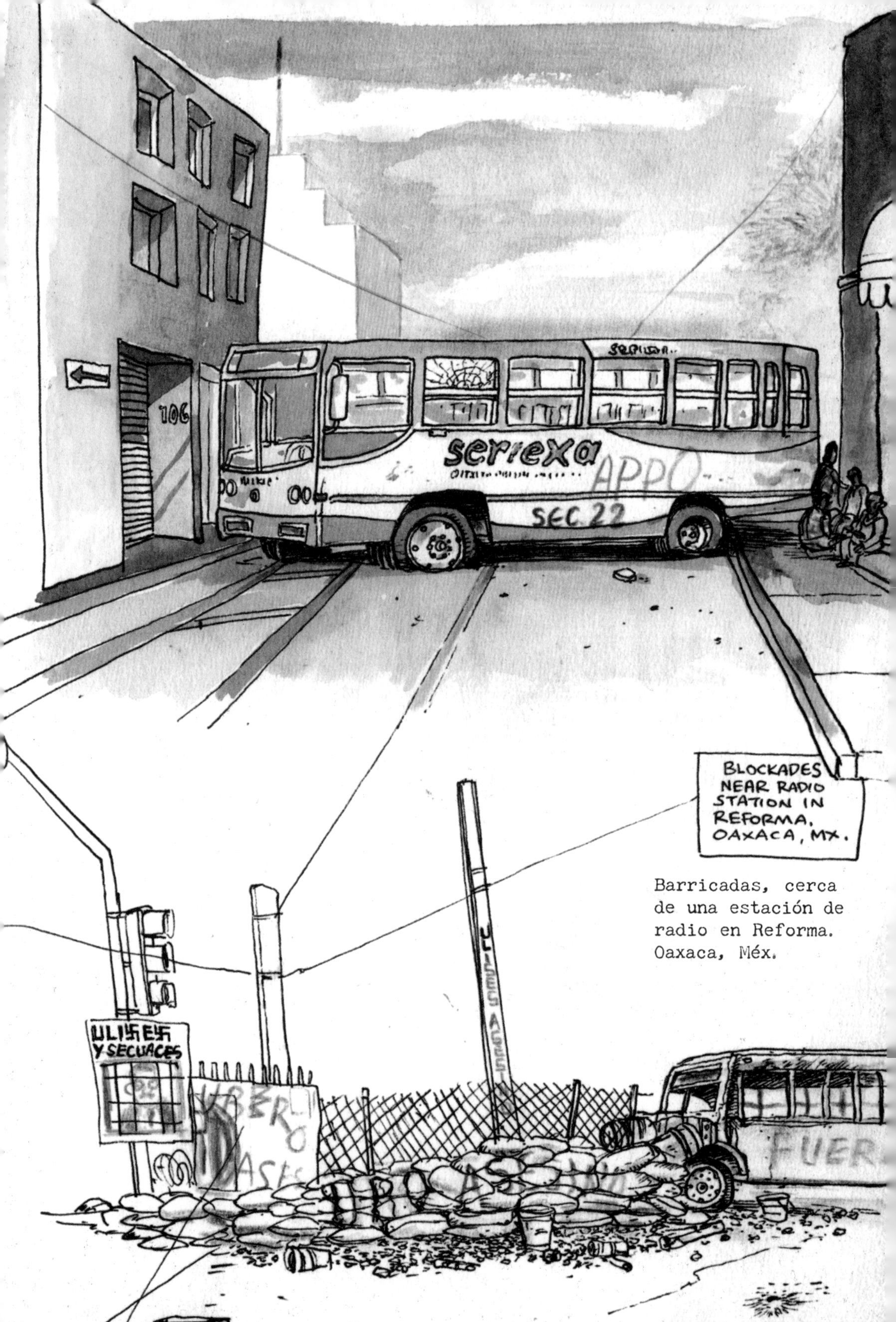
106
APPO
SEC 22
BLOCKADES NEAR RADIO STATION IN REFORMA, OAXACA, MX.
ULISES
Y SECUACES
FUER

Barricadas, cerca de una estación de radio en Reforma. Oaxaca, Méx.

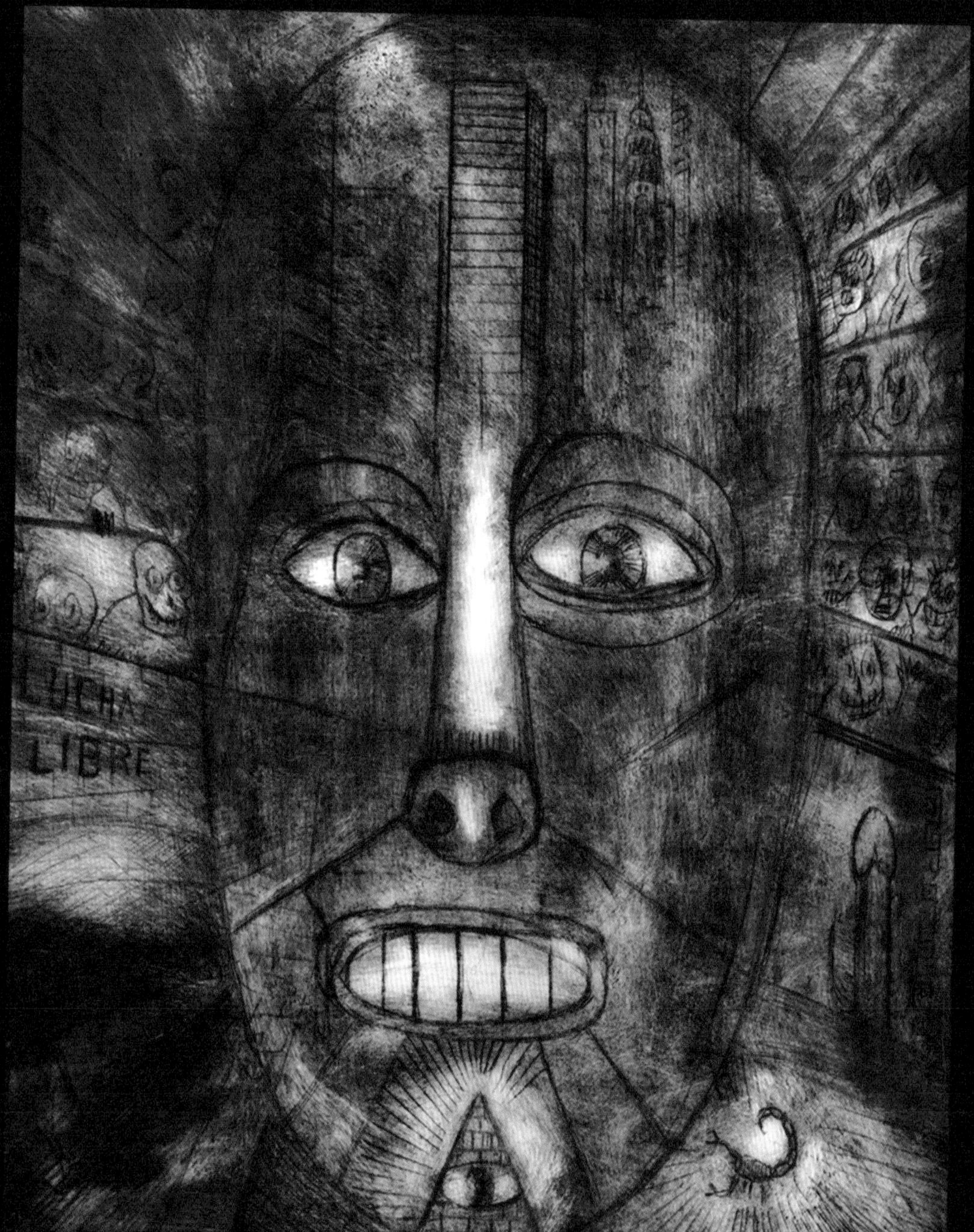
LUCHA
LIBRE

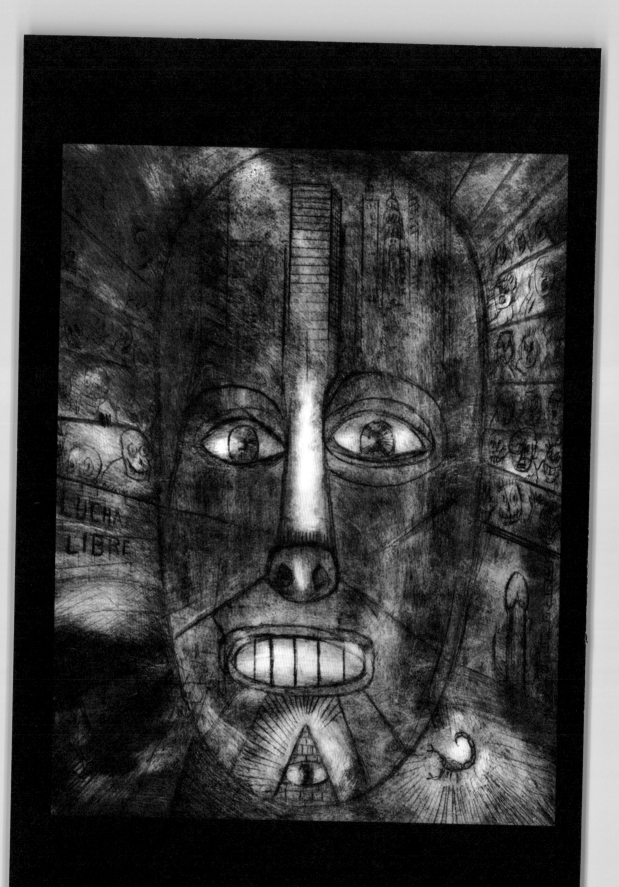

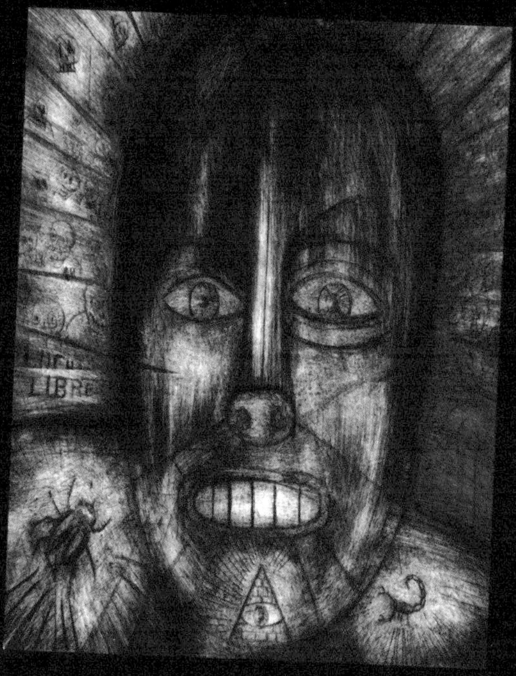

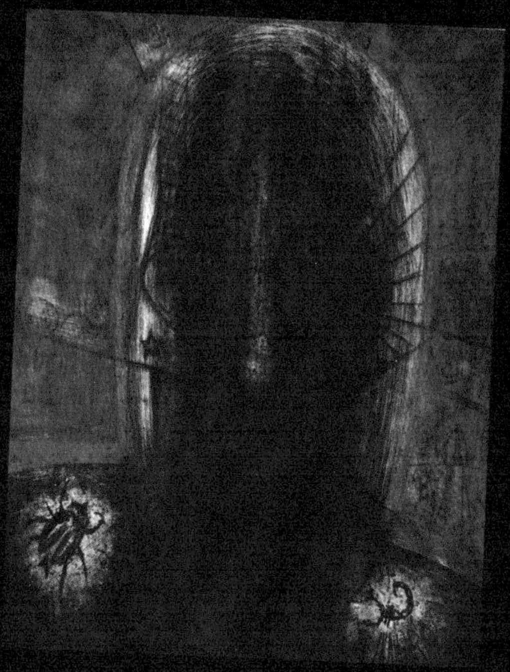

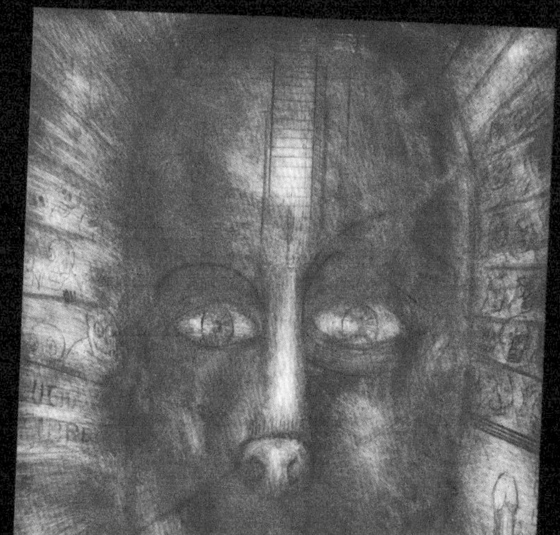

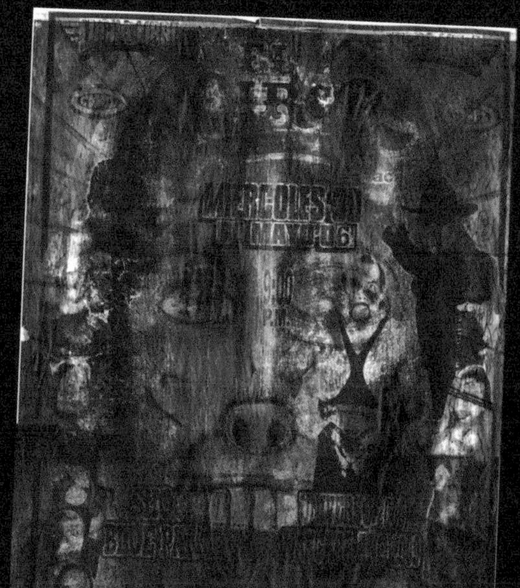
2X1 EN
BOTELLAS
UNA
LUCHA
MAS
APLICAN
RESTRICCIONES
COVER
$150.00
CARRETERA INTERNACIONAL RUMBO AL TULE
A UN LADO DEL ESTADIO DE LOS GUERREROS
MAYORES DE
18 AÑOS
VS

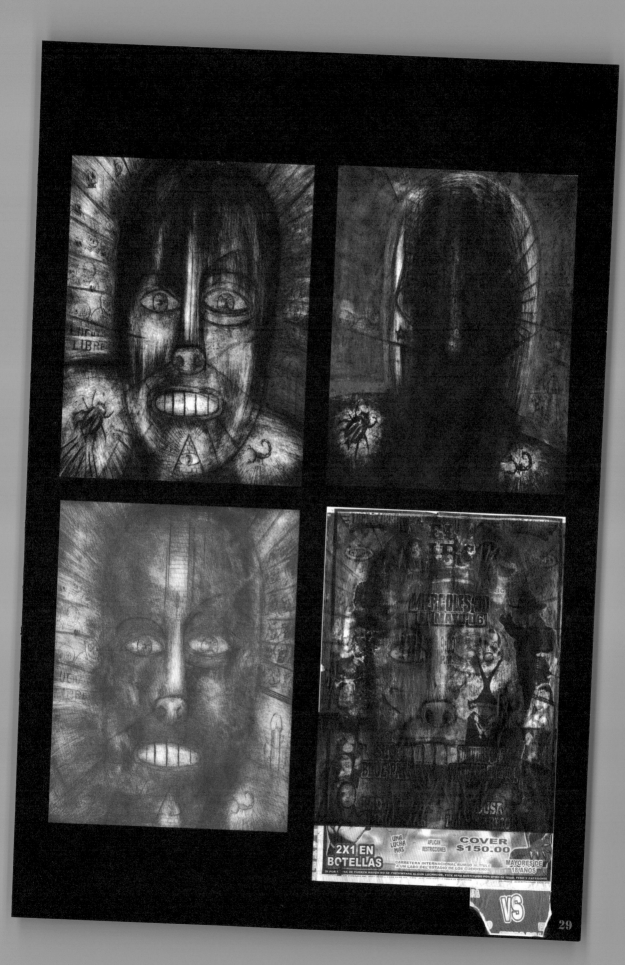

November 20th, 2006

It's a beautiful mid-November afternoon and I'm sitting at an outdoor café in the Zócalo. Scanning the bustling scene, I see a woman in a dazzlingly colored dress, carrying a basket of fruit on her head. Near a baroque gazebo, an old man is selling hand-carved animal figures next to a group of musicians playing some perfect Latin rhythm. The sun is dancing between tree branches and tanning my face as I sip my iced coffee.

This serene picture is shattered by the footfalls of marching soldiers. They parade past a gray steel tank and a line of helmeted riot police with shields and automatic weapons guarding each and every entrance to this town square.

Welcome to Oaxaca, Mexico.

Perhaps you are wondering how it came to this? Okay, let's roll it back a few weeks, to the "calm" before the storm… troopers.

It was Friday, October 27th when my friend Antonio Turok called to see if I wanted to join him for a behind-the-scenes tour of the barricades that had been set up around town. Antonio is a photographer, who has covered situations in Chiapas and El Salvador and had been documenting the teachers' strike that has engulfed Oaxaca City. He promised to ring me when he reached the town center where we'd rendezvous. I waited as the hours passed but he didn't call.

Towards the end of the day it began to rain and I volunteered to pick up our nine-year-old daughter from a playdate. As I drove along the bumpy cobblestone streets, a mild shower suddenly became a torrential downpour. I'd never experienced a flash flood —that is, until that day. As I skirted yet another newly erected blockade, I was met by a raging river where a street had been only minutes before. After many twists and turns I found a route through and managed to extract my (happily) drenched daughter from her friend's house and retrace my steps. Just as suddenly the rain subsided, but then the dam broke. A news report hit that while it was raining uptown, downtown a different kind of storm had struck. The "porros", paramilitary police working undercover for Governor Ulises Ruíz Ortíz, had attacked strikers manning barricades. Three Oaxacaños and an American journalist were shot dead. Brad Will, who captured the horrific event on film wasn't the first to die in this ongoing conflict, but the first American. I didn't know Brad, but later discovered that just about everyone I knew from the Lower East Side of Manhattan did, and it wasn't that much of a stretch to imagine myself in his shoes.

Antonio called as night fell to say he was holed up in an office building with a group of journalists and others who had taken refuge when the shooting started. Needless to say, we wouldn't be meeting.

20 de noviembre de 2006

Es una hermosa tarde de mediados de noviembre y estoy sentado
en un café al aire libre en el Zócalo. Mientras escaneo el
animado panorama veo a una mujer ataviada con un vestido que
deslumbra por su colorido, que carga una canasta con fruta
sobre su cabeza. Cerca de un cenador barroco, un hombre viejo
vende figuras de animales talladas a mano junto a un grupo de
músicos que tocan algún ritmo latino maravilloso. El sol
baila entre las ramas de los árboles y broncea mi rostro
mientras bebo mi café helado.

Esta serena imagen es despedazada por las pisadas de solda-
dos que marchan. Desfilan a un costado de un tanque de acero
gris y una fila de policías antidisturbios encasquetados con
escudos y ametralladoras que vigilan todas y cada una de las
entradas a esta plaza central.

Bienvenidos a Oaxaca, México.

Quizá se pregunten cómo sucedió esto. Bien, retrocedamos unas
cuantas semanas, hasta la «calma» previa a la tormenta… de
policías.

Fue un viernes 27 de octubre cuando mi amigo Antonio Turok
me llamó para ver si lo quería acompañar a un tour tras bam-
balinas de las barricadas que habían sido montadas alrededor
de la ciudad. Antonio es un fotógrafo que ha cubierto acontecimientos en Chiapas y El Salvador y que ha estado documen-
tando la huelga de maestros que ha azotado a Oaxaca durante
meses. Prometió que me llamaría cuando llegara al centro de la
ciudad, en donde nos encontraríamos. Esperé, conforme pasaron
las horas, pero nunca llamó.

Hacia el final del día empezó a llover y yo me ofrecí para
recoger a nuestra hija de nueve años de una reunión para
jugar con sus amigos. Mientras conducía por las irregulares
calles adoquinadas, lo que era una ligera llovizna de pronto
se convirtió en un aguacero torrencial. Nunca había experimentado una inundación relámpago, hasta aquel día. Mientras
bordeaba otra barricada recién montada, me topé con un río
furioso donde hacía unos minutos había una calle. Tras varios
serpenteos y vueltas encontré una ruta para atravesar y logré
recoger a mi (felizmente) empapada hija de la casa de su
amiga y volví sobre mis pasos. Con igual prontitud paró la
lluvia, pero fue entonces cuando se rompió la presa. Un
reporte informativo anunció que mientras llovía en San Felipe
del Agua, en el centro se abatía otro tipo distinto de tormenta. Los «porros» (policía paramilitar que trabajaba encu-
bierta para el gobernador Ulises Ruíz Ortíz) habían atacado a
los huelguistas que vigilaban las barricadas. Tres oaxaqueños
y un periodista americano fueron muertos a tiros. Brad Will,
que logró capturar el horrible acontecimiento en video, no fue
la primera persona en morir en este prolongado conflicto,
pero sí fue el primer norteamericano. Yo no conocí a Brad,
pero después descubrí que casi todas las personas que conocía

The next day the president of Mexico ordered 4500 federal troops to be flown into Oaxaca. The teachers and their supporters who had been encamped in the Zócalo since May were about to face an overwhelming new threat.

Weeks before, we had planned a birthday party for my wife on that very Saturday, and encouraged by attendees, the current situation notwithstanding, we decide to proceed. Better to hang out together than hang separately! Pam, another American on sabbatical with her family, was planning on bringing her mother, who was arriving that day from the States via Mexico City. Talk about timing. Virtually everyone who made it to our house had a different story about what was happening in the city. One person said the airport was shut down, another that all the roads in that direction were blocked. Then news came on the Internet that planeloads of federal troops had landed in Oaxaca.

As the PFP marched towards Oaxaca's town center, they were met by men, women and children mostly armed with banners denouncing the governor and this new invasion. Throughout this strike the teachers had managed their protests peacefully, but were regularly attacked by Governor Ulises' forces. Though we live only fifteen minutes uptown from the Zócalo, it remained a world away. I was reminded of how we felt in 2001, living on Manhattan's Upper West Side while a short subway ride downtown rubble from the Twin Towers smoldered. Courtesy of cellular phones, word reached Pam in the middle of our party that her mother's flight was boarding. PFP or no PFP, Pam headed out to pick her up. Antonio had gotten home safely that morning but called to say it was impossible to join us now. In fact, many roads were blockaded throughout the city and about half of our guests couldn't reach us. Amazingly, before the birthday candles were lit, Pam returned with her mother. We had a toast to their safe arrival, my wife's birthday, and above all our fervent hope that Governor Ulises would be forced to resign and bring the situation in Oaxaca to a peaceful resolution.

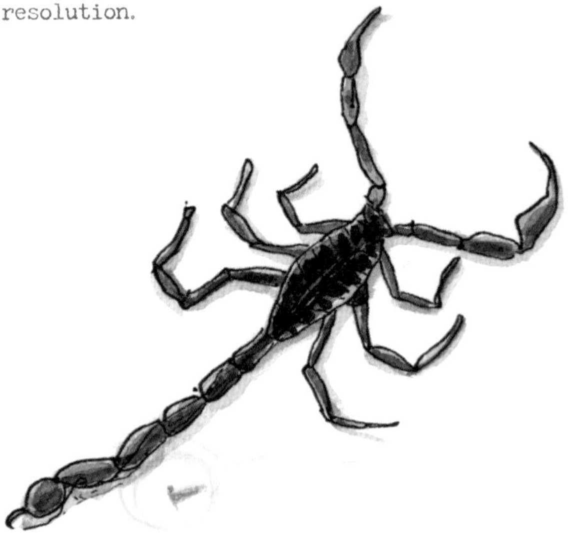

del Lower East Side de Manhattan lo conocían, y no me era muy difícil imaginarme en sus zapatos.

Antonio llamó esa noche para decir que estaba recluido en un edificio de oficinas con un grupo de periodistas y más gente que se había refugiado cuando comenzó el tiroteo. Sobraba decir que ya no nos veríamos.

Al día siguiente el presidente de México dio la orden de que volaran 4500 tropas federales hacia Oaxaca. Los maestros y sus simpatizantes que acampaban en el Zócalo desde mayo estaban por enfrentar una poderosa nueva amenaza.

Desde hacía semanas habíamos planeado una fiesta de cumpleaños para mi esposa ese mismo sábado por lo que, animados por los invitados y a pesar de la situación del momento, tomamos la decisión de seguir adelante. ¡Mejor permanecer juntos que separados! Pam, otra norteamericana en sabático con su familia, había planeado traer a su madre, que llegaba ese día de Estados Unidos vía la ciudad de México. ¡Qué oportuno era todo! Casi todos los que llegaron a nuestra casa contaban una historia distinta sobre lo que ocurría en la ciudad. Alguien dijo que habían cerrado el aeropuerto, otro que todas las carreteras que conducían en esa dirección estaban bloqueadas. Después nos enteramos por internet de que aviones repletos de tropas federales habían aterrizado en Oaxaca.

Conforme la PFP marchaba hacia el centro de Oaxaca se topó con hombres, mujeres y niños armados en su mayoría con pancartas que denunciaban al gobernador y a esta nueva invasión. A lo largo de la huelga (que buscaba incrementos salariales) los maestros habían montado protestas pacíficas, pero aun así fueron atacados de manera regular por las fuerzas del gobernador Ulises. Aunque vivimos tan sólo a quince minutos del Zócalo, estábamos a un mundo de distancia. Me vino a la mente la sensación que tuvimos en 2001, viviendo en el Upper West Side de Manhattan a tan sólo un corto viaje en metro de donde ardían los escombros de las Torres Gemelas. Gracias a los teléfonos celulares, Pam pudo enterarse a la mitad de nuestra fiesta de que el vuelo de su madre estaba abordando. PFP o no PFP, Pam se dirigió a recogerla al aeropuerto. Antonio había logrado llegar a salvo a casa esa mañana, pero llamó para avisar que ahora era imposible alcanzarnos. De hecho, varias calles de la ciudad estaban bloqueadas y aproximadamente la mitad de nuestros invitados no pudieron llegar. De manera sorprendente, antes de que encendiéramos las velitas de cumpleaños, Pam regresó con su madre. Brindamos por su llegada a salvo, por el cumpleaños de mi esposa y, sobre todo, por nuestra ardiente esperanza de que el gobernador Ulises se vería obligado a renunciar y con ello la situación en Oaxaca alcanzara una resolución pacífica.

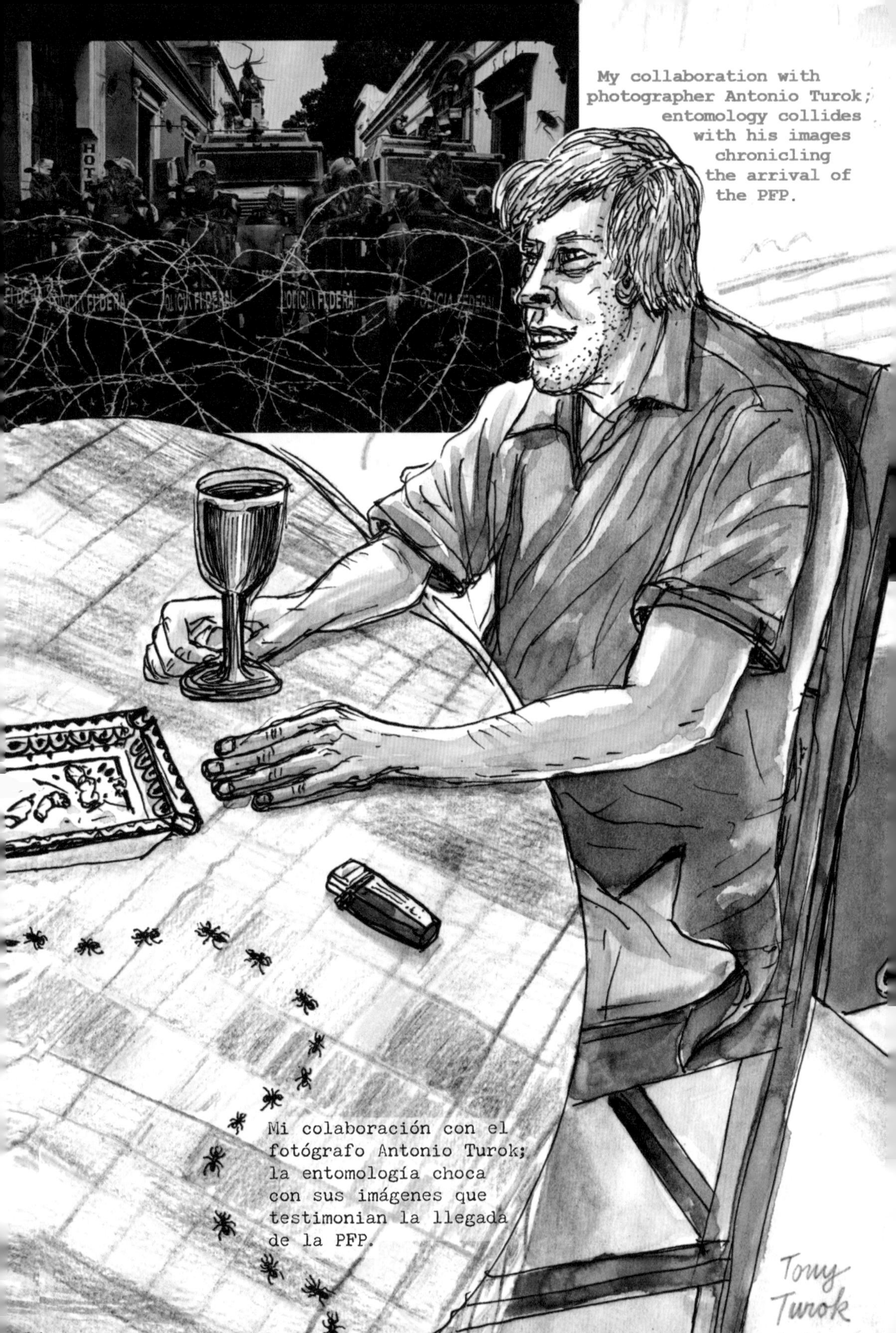
My collaboration with photographer Antonio Turok; entomology collides with his images chronicling the arrival of the PFP.
Mi colaboración con el fotógrafo Antonio Turok; la entomología choca con sus imágenes que testimonian la llegada de la PFP.
Tony Turok

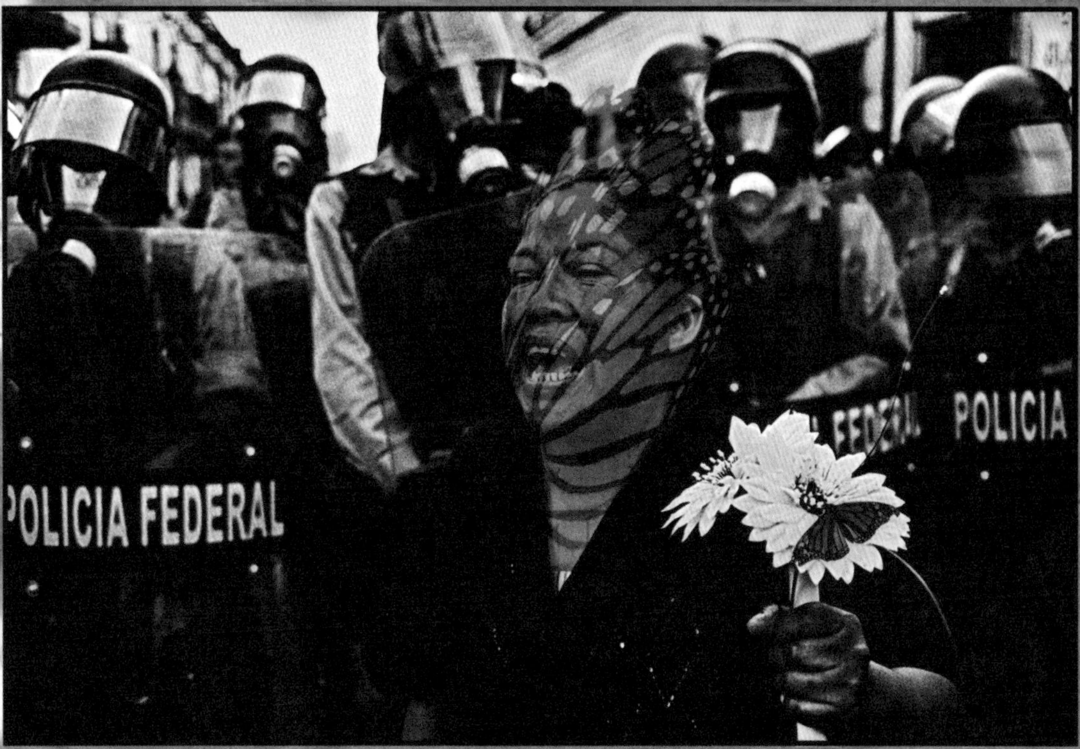
POLICIA FEDERAL
FEDERAL
POLICIA

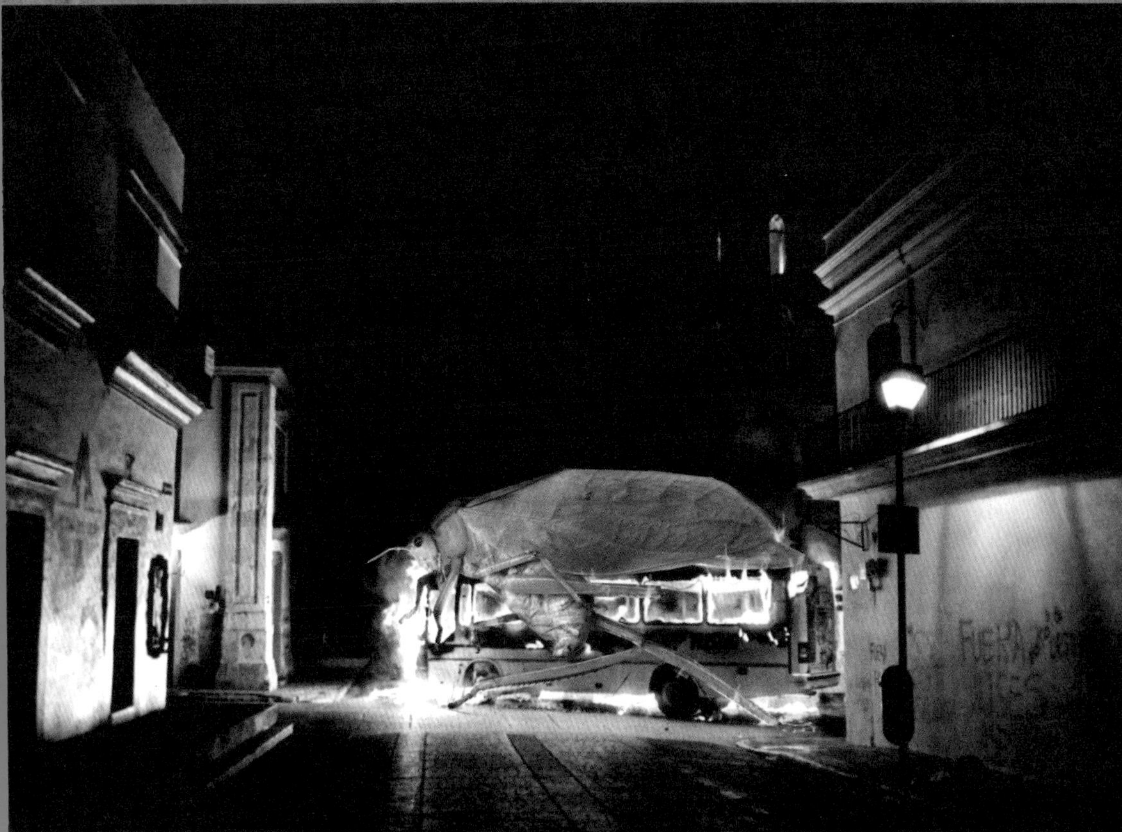

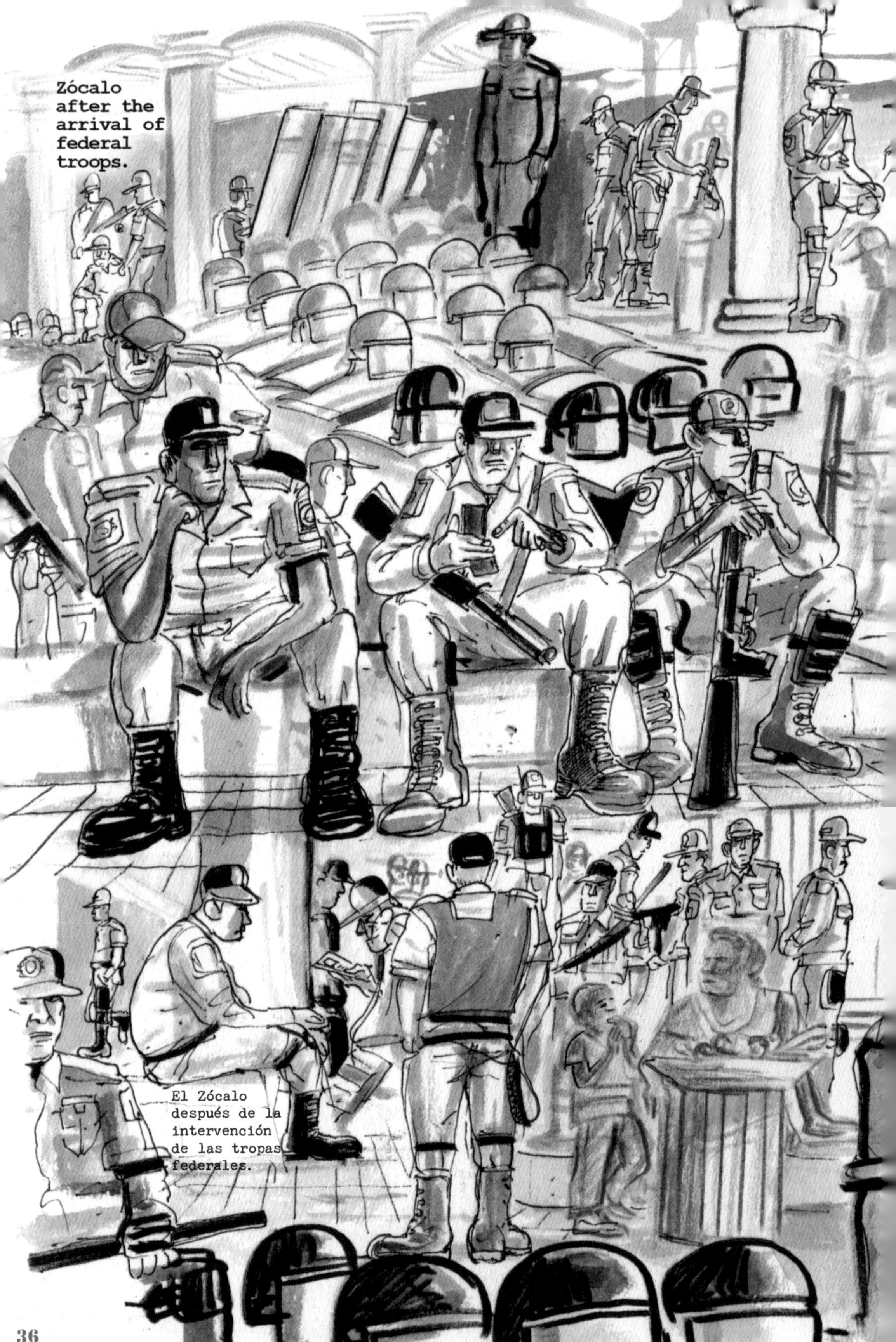
Zócalo
after the
arrival of
federal
troops.
El Zócalo
después de la
intervención
de las tropas
federales.

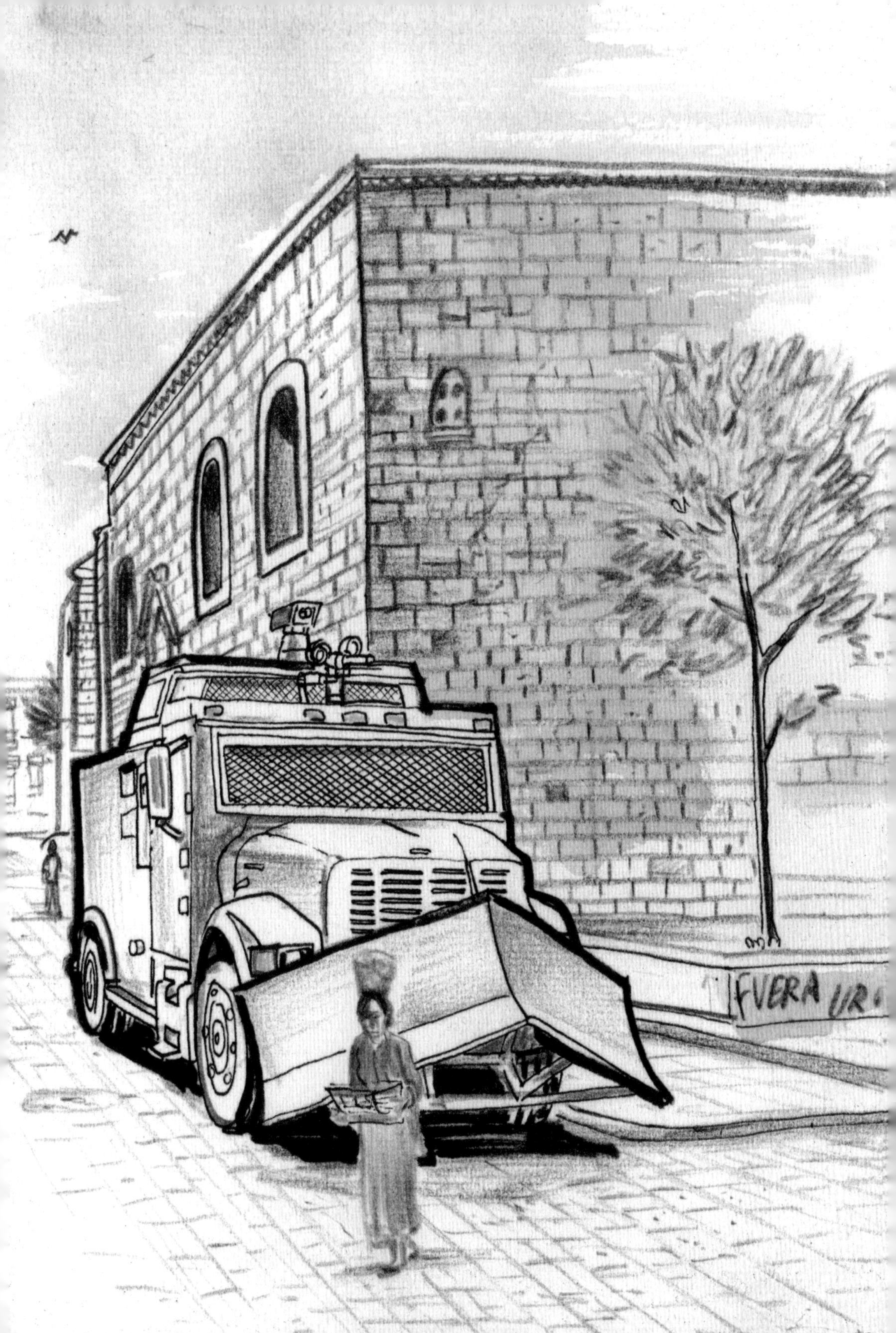
FVERA

Sculpture commemorating the people who had been killed during the teachers' strike.

Escultura que conmemora a los muertos durante la huelga de los maestros.

Día de los Muertos, Panteón Municipal, San Felipe del Agua.
Day of the Dead, Municipal cementery, San Felipe del Agua.

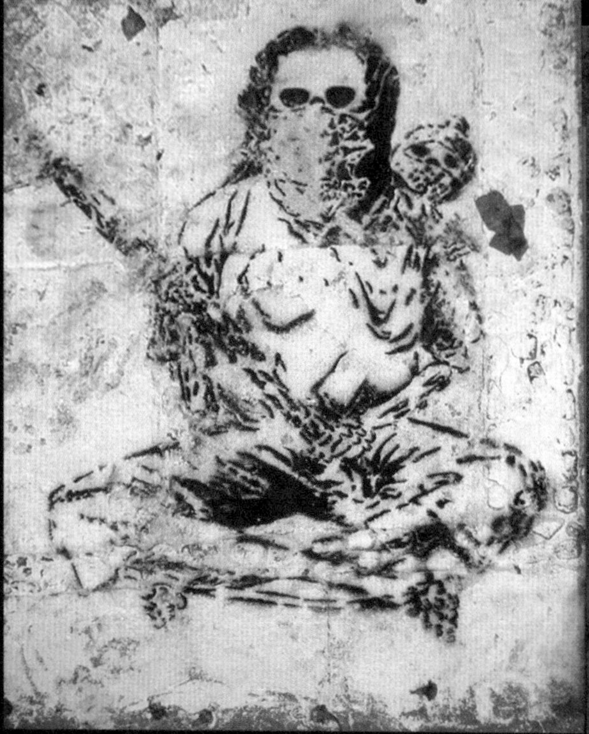

Sand sculpture in front of Santo Domingo church.

Escultura de arena frente a la iglesia de Santo Domingo.

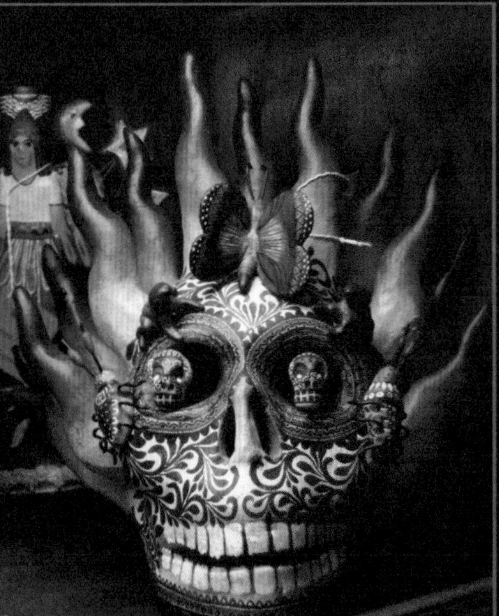

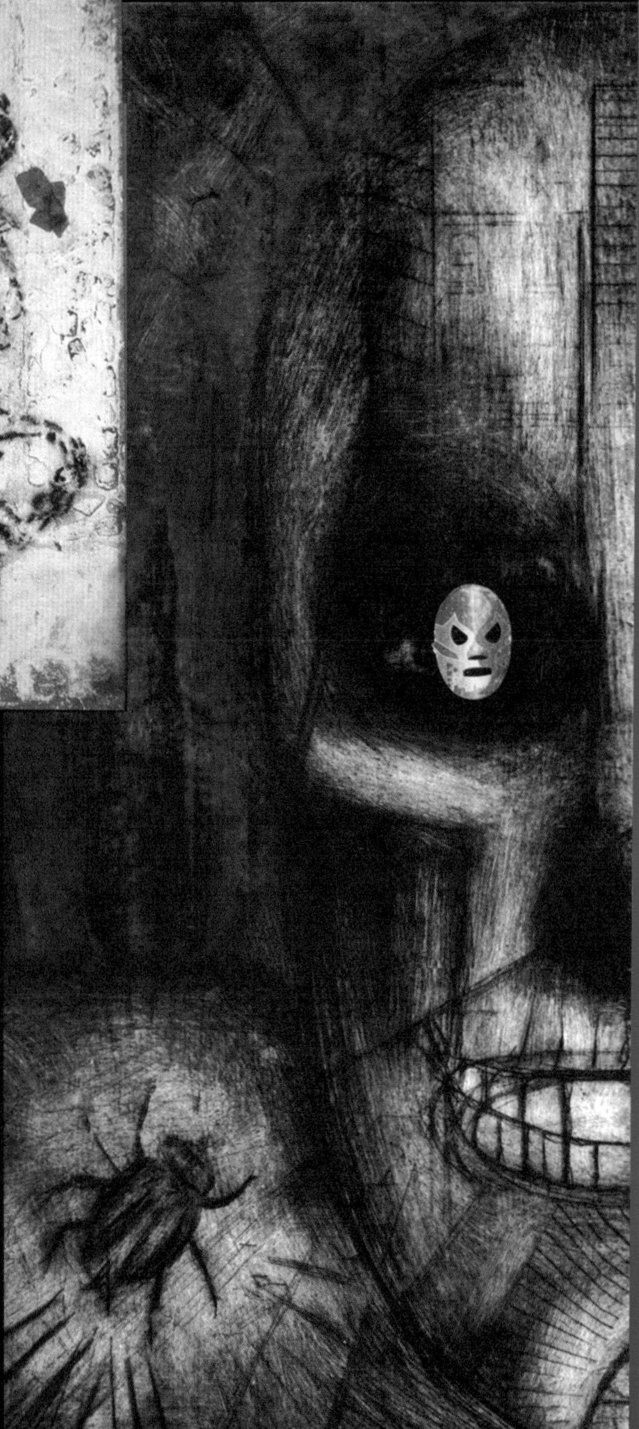

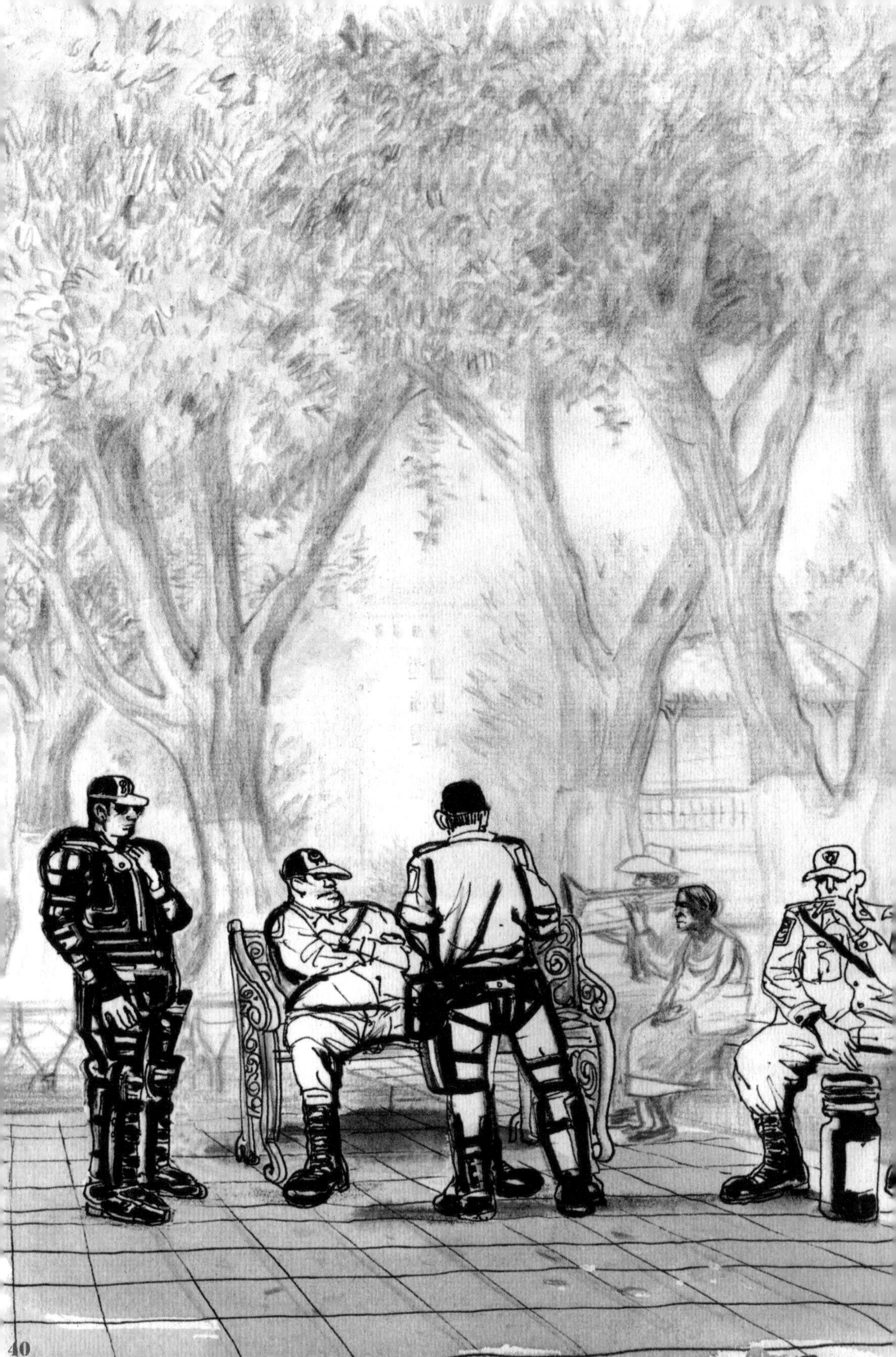

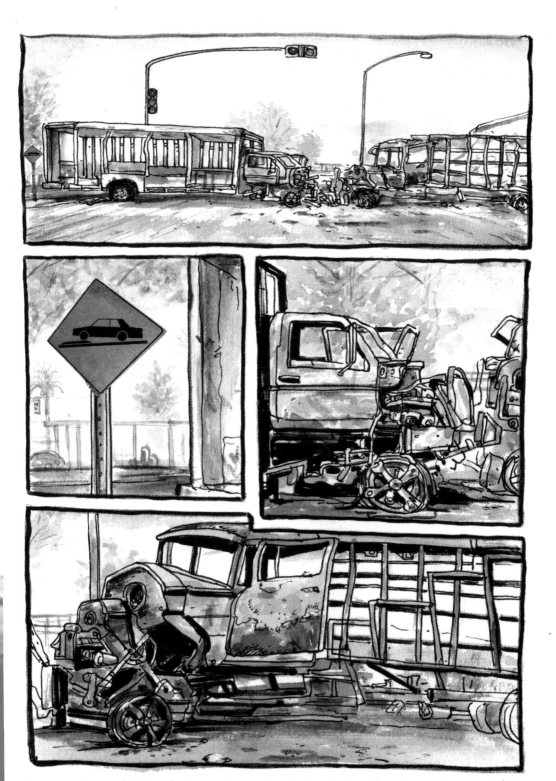

Barricade in front of the Autonomous University of Oaxaca Benito Juárez, where the APPO maintained their last radio station.

Barricada frente a la Universidad Autónoma Benito Juárez, en Oaxaca, donde la APPO mantenía su última estación de radio.

December 15th, 2006

Oaxaca has a long history of conquests and political struggle, from A-Z (Aztecs to Zapotecs, that is). Then there were
the Spanish conquistadors, who slashed their way to power and
built the gorgeous 16th century colonial capitol you see here
today.

For those who rule this state, the biggest change since
colonial times has been the method. Instead of swords, whee-
locks and horses, they maintain control using tear gas, automatic weapons and tanks. The circumstances for most indigenous people, on the other hand, haven't changed all that
much. The state of Oaxaca is the second poorest in all of
Mexico, and many people still live in homes with dirt floors,
in villages without electricity or running water. When they
dare to defend their limited rights, they usually do so
through marches, and violence is usually limited to throwing
sticks and stones.

Which brings us up to November 2006.

A teachers' strike had been going for five months. During
this time, teachers were encamped in the Zócalo. Federal
troops had been brought in after an American journalist was
killed by governor Ulises Ruíz Ortíz's police, and nerves
were wearing thin. The troops pushed strikers out of the
Zócalo, but the strikers regrouped further up the street and
made camp around the Santo Domingo church, continuing their
protest for better wages and demanding the removal of the
governor.

As the end of November drew near, tensions mounted. On
December 1st the new president, Felipe Calderón, would assume
power and should governor Ulises be forced to resign, he
would be able to appoint his own successor. For me, every
visit to downtown Oaxaca was a surreal experience. To enter
the Zócalo meant passing lines of riot police backed up by
tanks with water hoses ready for assault. In front of Santo
Domingo, strikers had strung tarps in their encampment to
give shelter from rain and sun. Every few feet, televisions
were playing DVDs of the history of the strike, with videos
of marches to Mexico City, construction of barricades around
town and altercations between police and strikers. One DVD
showed the major conflict from November 2nd, when the PFP
attempted to take over the last remaining radio station
manned by strikers at a university. It was a scene of complete mayhem, with helicopters hovering overhead and tanks
rolling through the streets amid clouds of tear gas. Strikers
set up burning barricades and hurled rocks at lines of marching police.

Oaxaca ha tenido una larga lista de conquistas y luchas políticas, desde la A hasta la Z (es decir, de los aztecas a los zapotecas). Después aparecieron los conquistadores españoles, que se hicieron del poder por la vía sangrienta y construyeron el deslumbrante Palacio Legislativo que aquí se muestra.

Para los gobernantes de este estado, el mayor cambio desde los tiempos coloniales ha residido en el método. En vez de espadas, fusiles y caballos, mantienen el control mediante gas lacrimógeno, ametralladoras y tanques. Por su parte, la situación de la mayoría de los indígenas no ha cambiado mucho. El estado de Oaxaca es el segundo más pobre de todo México, y mucha gente aún vive en casas con pisos de tierra, en pueblos sin electricidad o agua potable. Cuando se atreven a defender sus limitados derechos, por lo general lo hacen mediante marchas, y la violencia por lo general se limita a arrojar palos y piedras.

Lo que nos conduce a noviembre de 2006.

La huelga de maestros llevaba ya cinco meses. Durante este periodo, los maestros habían acampado en el Zócalo. Después de que la policía del gobernador Ulises Ruiz matara a un periodista americano, el gobierno envió tropas federales y los nervios estaban a flor de piel. Las tropas desalojaron a los huelguistas del Zócalo, pero éstos se reagruparon en una calle un poco más arriba y acamparon alrededor de la Iglesia de Santo Domingo, continuando con sus protestas en busca de mejores salarios y pidiendo la remoción del gobernador.

Conforme se aproximaba el fin de noviembre, la tensión se incrementó. El 1 de diciembre el nuevo presidente, Felipe Calderón, tomaría el poder y si el gobernador Ulises se viera obligado a renunciar, podría nombrar a su propio sucesor. Para mí, cada visita al centro de Oaxaca era una experiencia surrealista. Entrar al Zócalo implicaba atravesar hileras de policía antimotines respaldadas por tanques con mangueras listas para atacar. Enfrente de Santo Domingo, los huelguistas habían atado lonas en su campamento para protegerse de la lluvia y del sol. Cada pocos metros había televisiones que mostraban la historia de la huelga en DVD, así como videos de las marchas a la ciudad de México, la construcción de barricadas alrededor de la ciudad y los altercados entre la policía y huelguistas. Un DVD mostraba el conflicto principal del 2 de noviembre, cuando la PFP hizo un intento por apoderarse de la última estación de radio controlada por los huelguistas en una universidad. Fue una escena de caos total, que mostraba helicópteros suspendidos en el aire y tanques que rodaban por las calles entre nubes de gas lacrimógeno. Los huelguistas erigieron barricadas y arrojaron piedras a las hileras de la policía que marchaba.

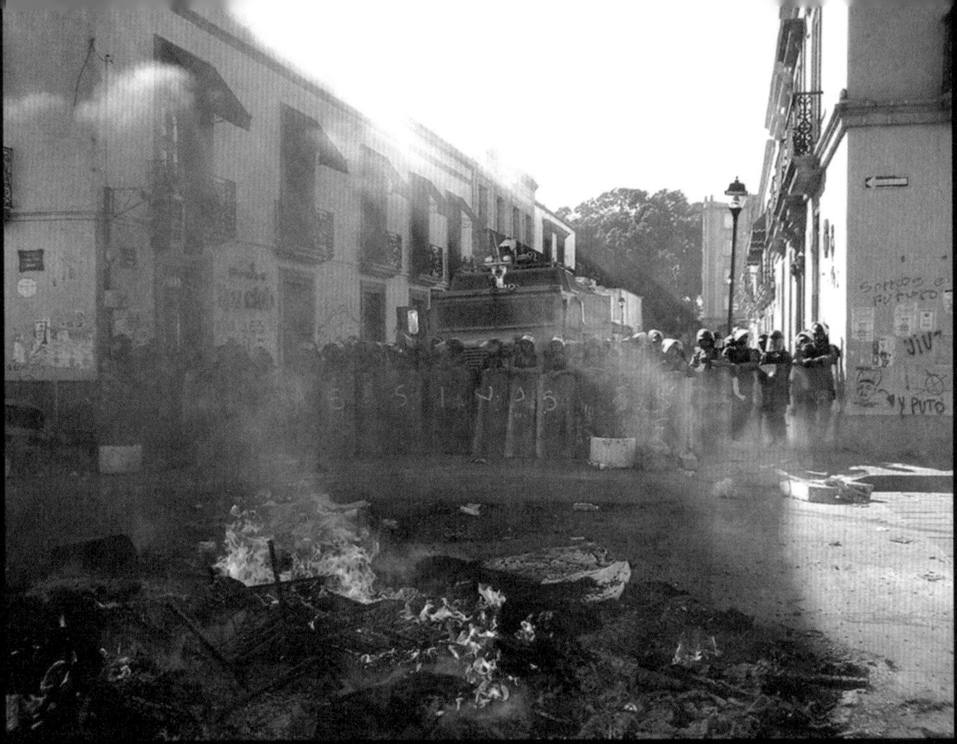

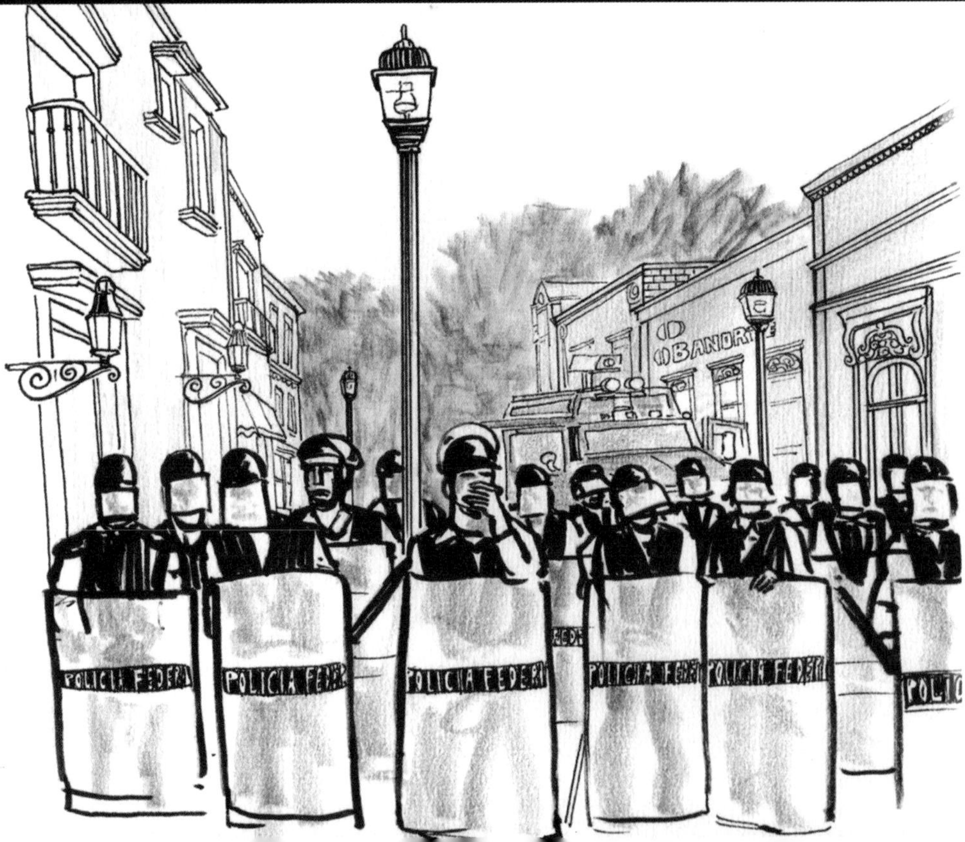
BANORTE

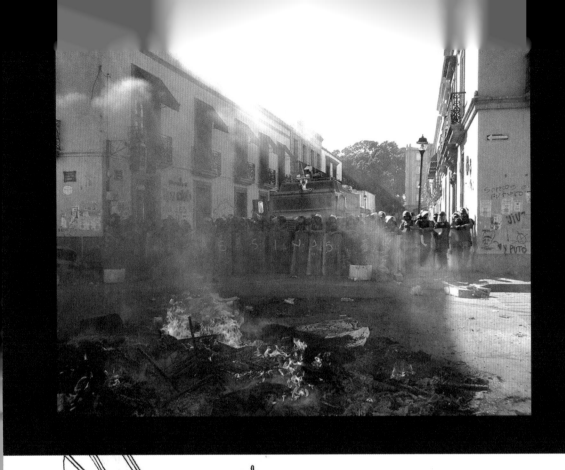

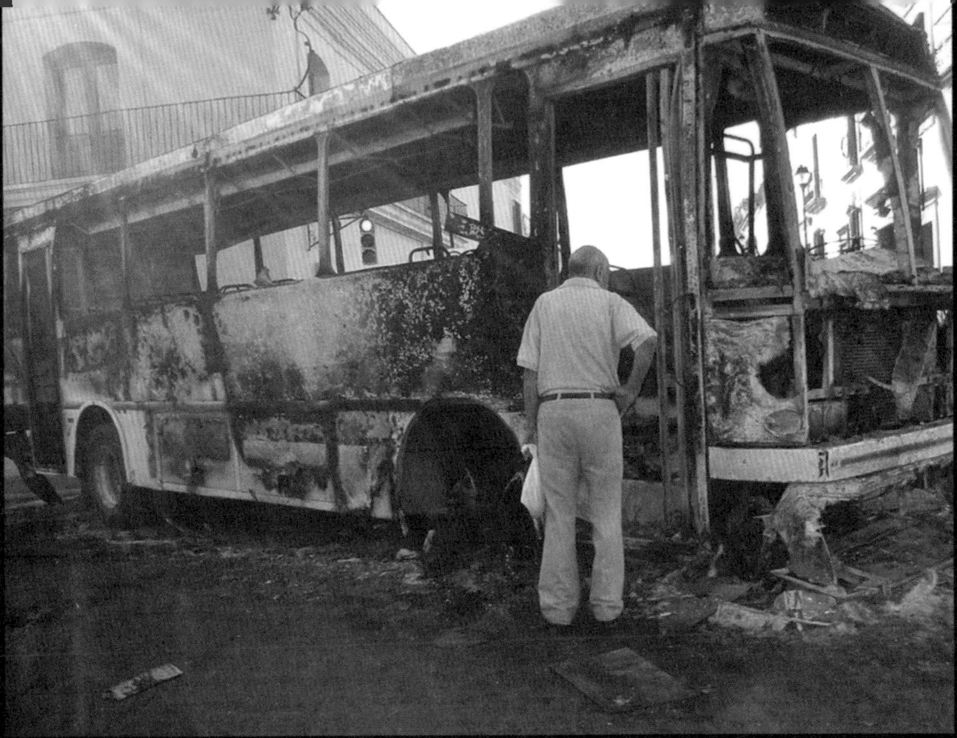

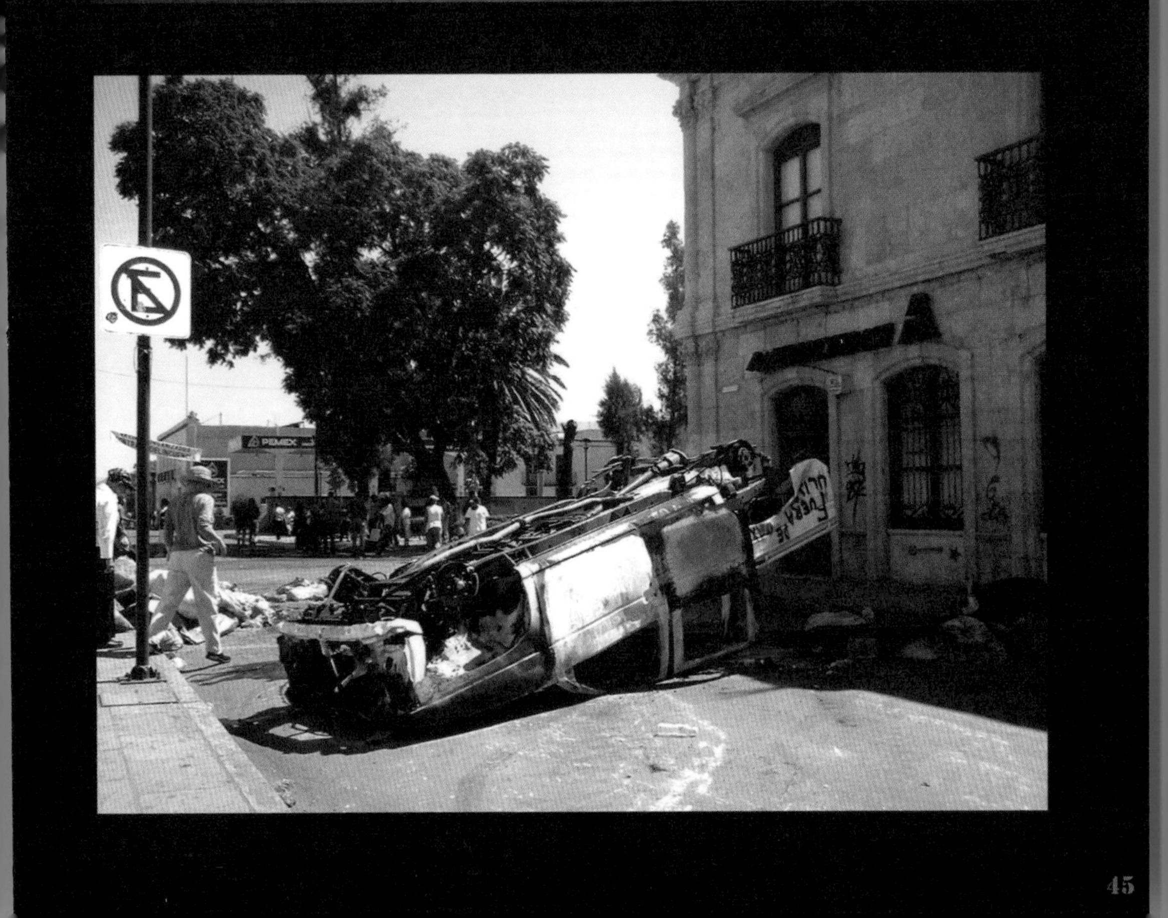
PEMEX
FUERA

In a bizarre twist, riot police are seen throwing rocks back at strikers, who use corrugated metal or wood as makeshift shields. This particular DVD was a favorite among strikers and played on a continuous loop, since the PFP were successfully repelled that day and the radio station continued transmitting.

On the last Saturday in November, my wife and I got a surprise dispensation in the form of a sleepover for our daughter. It was a rare weekend date; with our daughter out of harm's way, we decided to go out and walk around town. We knew that strikers had planned a march that day and we wanted to see for ourselves. So far, I had gone out solo, witnessing events as they unfolded to do drawings and take photos. This was a good opportunity for my wife to join me and apply some of her good sense to my foolhardy tendencies.

Crowds were already forming as we arrived, and people were making their way toward the police blockades that surrounded the Zócalo. The marchers' plan was to encircle the Zócalo in a non-violent action that would impede police movement for 48 hours and bring wider attention to Oaxaca's situation. I pulled out my sketchbook and camera, snapping photos and drawing as the crowd swelled. It had the feel of a traditional Day of the Dead parade, with protesters wearing face masks and dressed in layers of colorful clothing. Some carried hand-made signs calling for the expulsion of Ulises and bottles of half-flat Coca Cola (a proven remedy for tear-gassed eyes). As usual, people of all ages, children and the elderly alike, made up the strikers' march that day. Although it had a festive quality, the weight of the long struggle and the price so many people had already paid hung heavily over the proceedings.

At 4:30, after milling around for a while, my wife and I headed home. Fortunate timing as it turned out, since minutes after we departed, the PFP suddenly attacked. Firing from rooftops, they shot marbles —yes, marbles— from slingshots, and volleys of tear gas. Instead of their usual slow march forward, the PFP moved quickly in the confusion and surrounded the encampment at Santo Domingo. It was payback time for their humiliation at the university; during the next few hours, they pulled down the encampment, then continued to round up protesters in outlying neighborhoods as well, jailing anyone they caught on the streets. During the melee, PFP clubbed and wounded over forty protesters and at least 160 people were jailed.

En un extraño giro, se aprecia cómo la policía antimotines
arroja piedras de regreso a los huelguistas, que utilizan metal
o madera corrugados como escudos improvisados. Este DVD en particular era muy popular entre los huelguistas y se mostraba de
manera ininterrumpida, puesto que la PFP fue repelida con éxito
aquel día y la estación de radio continuó con sus transmisiones.

El último sábado de noviembre, mi esposa y yo recibimos una
inesperada libertad ocasionada por una invitación a nuestra
hija a quedarse a dormir en casa de una amiga. Era una cita
de fin de semana poco frecuente; con nuestra hija fuera de
peligro, decidimos salir y caminar por la ciudad. Sabíamos
que los huelguistas habían planeado una marcha para ese día y
la queríamos presenciar en persona. Hasta el momento, yo
había ido solo, presenciando los acontecimientos conforme se
desarrollaban para poder dibujar y tomar fotos. Ésta era una
buena oportunidad para que mi esposa me acompañara y aportara
algo de su sentido común a mis imprudentes inclinaciones.

Cuando llegamos ya se estaba reuniendo la multitud, y la
gente avanzaba hacia las barricadas policiacas que rodeaban el
Zócalo. El plan de los marchistas era rodear el Zócalo como
una acción no violenta que impediría la movilización policiaca
durante cuarenta y ocho horas y atraería mayor atención a la
situación de Oaxaca. Saqué mi libreta para dibujar y mi cámara,
y empecé a tomar fotos y a dibujar conforme la multitud
crecía. Se sentía el ambiente de una tradicional celebración de
Día de Muertos, ya que los manifestantes portaban máscaras y
se habían ataviado con capas de colorida tela. Algunos portaban
pancartas escritas a mano que pedían la expulsión de Ulises y
botellas de Coca-Cola con poco gas (un remedio comprobado contra los gases lacrimógenos). Como siempre, gente de todas las
edades, incluidos niños y ancianos, participaba en la marcha de
ese día. Aunque la atmósfera era festiva, el peso de la larga
lucha y el precio que tanta gente ya había pagado gravitaba
con pesadez sobre la manifestación.

A las 4:30, tras dar vueltas por ahí durante un rato, mi
esposa y yo nos dirigimos a casa. Resultó ser justo a tiempo
puesto que, minutos después de que nos marchamos, la PFP atacó
de manera repentina. Disparando desde las azoteas, dispararon
canicas —sí, canicas— con resorteras y descargas de gas
lacrimógeno. En lugar de su habitual pausada marcha frontal, la
PFP se movió con agilidad en medio de la confusión y rodeó el
campamento de Santo Domingo. Era su venganza por la humillación
en la universidad; en las siguientes horas, levantaron el campamento y prosiguieron a reunir a los manifestantes en los
barrios adyacentes, encarcelando a cualquier persona que se
toparan en las calles. Durante la melé, la PFP golpeó e hirió a
más de cuarenta manifes-
tantes, y por lo menos
160 personas fueron
encarceladas.

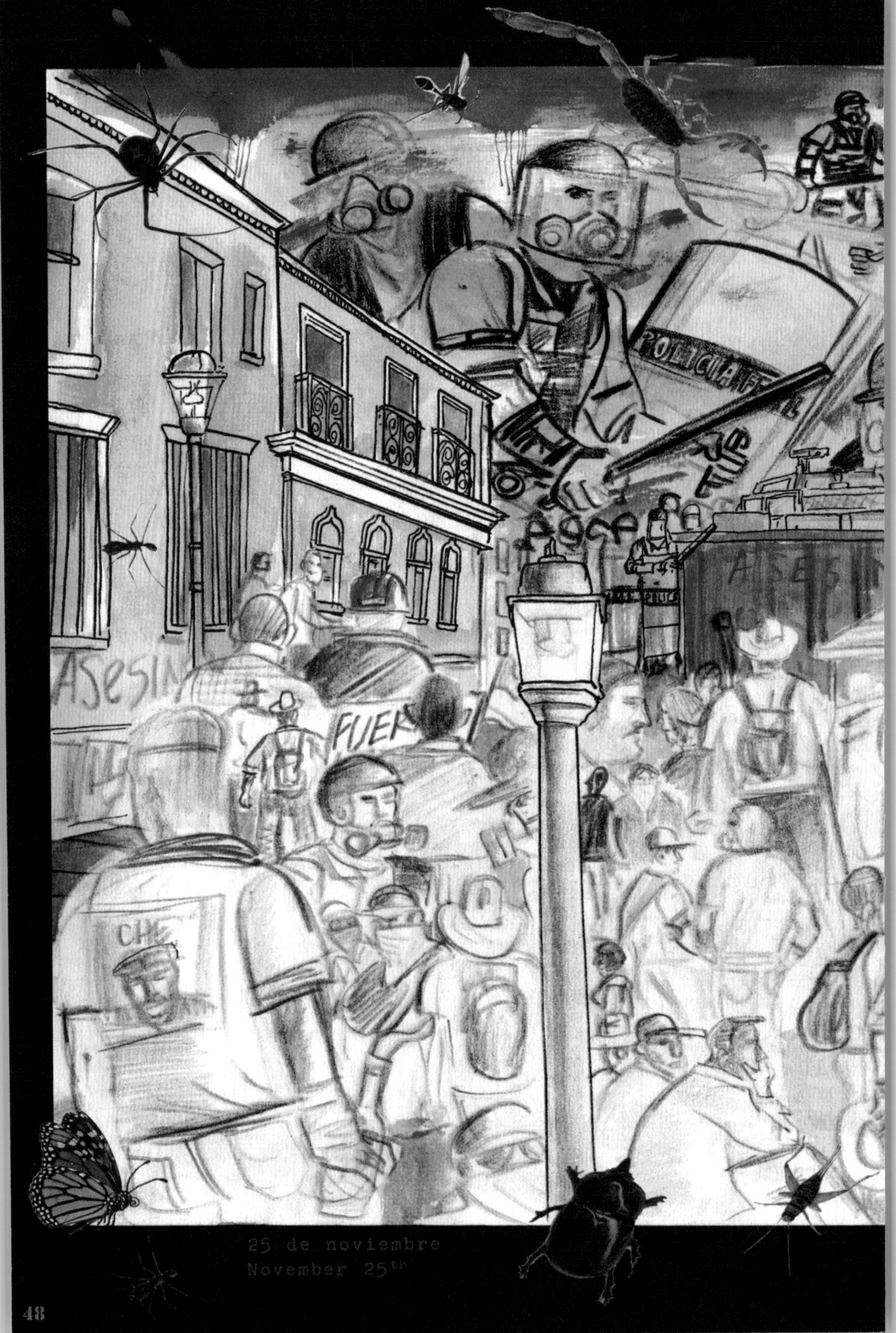
ASESIN
FUER
CHE
ASESIN

25 de noviembre
November 25th

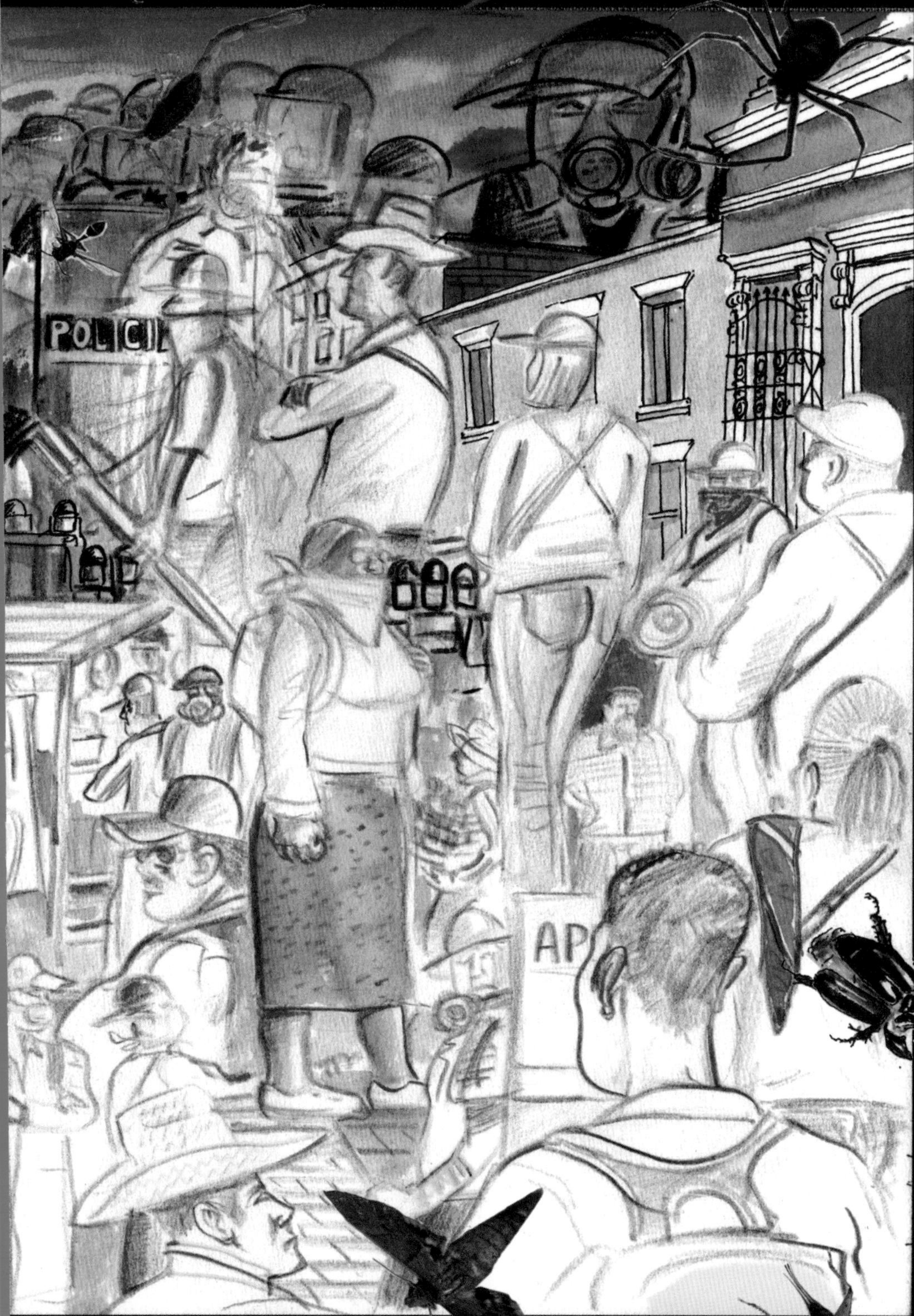
POLICI
AP

The world press reported that the violent protesters attacked first and set numerous buildings ablaze, but given the force they encountered, the protesters would have had limited opportunity to cause the damage newspapers described. As we had left the scene before the fires began, I have no way of knowing who was behind every action. Curiously, two of the buildings that were razed contained all of the papers of Governor Ulises' business dealings as well as the previous administration's, rendering an investigation into missing funds that was underway impossible to conclude.

It has been very instructive to watch the spin on events in the press. It reminds me how difficult it can be to find out what's happening in distant lands —let alone right around the corner!

Since that explosion a few weeks ago, it has been eerily calm. Still, a shadow hangs over Oaxaca and many protesters are languishing in prison without hearings or sentencing. Nonetheless, rumors that Ulises will be removed from office by the new president continue to swirl about and there has even been a trickle of tourism returning to downtown.

Even as this upheaval nips at our heels, we haven't decided to pack our bags. I do, however, keep my sketchbook and camera handy at all times.

La prensa mundial informó que los violentos manifestantes atacaron primero y que prendieron fuego a varios edificios pero, dada la fuerza con la que se toparon, los manifestantes hubieran tenido escasa oportunidad de infligir el daño que los periódicos describían. Como nosotros nos fuimos del lugar de los hechos antes de que comenzara el fuego, no tengo forma de saber quién estuvo detrás de cada acto. Es curioso que dos de los edificios que fueron incendiados albergaban todos los documentos de los negocios del gobernador Ulises, así como los del gobierno anterior, ocasionando que fuera imposible concluir una investigación en curso sobre fondos faltantes.

Ha sido un gran aprendizaje ver el manejo de los aconteci-mientos en la prensa. Me recordó lo difícil que puede ser averiguar lo que está ocurriendo en tierras distantes, ¡por no decir que también a la vuelta de la esquina!

Desde esa explosión de hace unas semanas, la cosa ha estado muy en calma. Aun así, una nube pende sobre Oaxaca y varios manifestantes languidecen en prisión sin audiencias ni sentencias. También persisten los rumores de que Ulises será removido del cargo por el nuevo presidente e incluso ha habido un ligero torrente de turistas que regresan al centro.

Si bien esta agitación nos pisa los talones, no hemos decidido empacar ni marcharnos. A pesar de todo sigo manteniendo mi cuaderno de dibujos y mi cámara a la mano en todo momento.

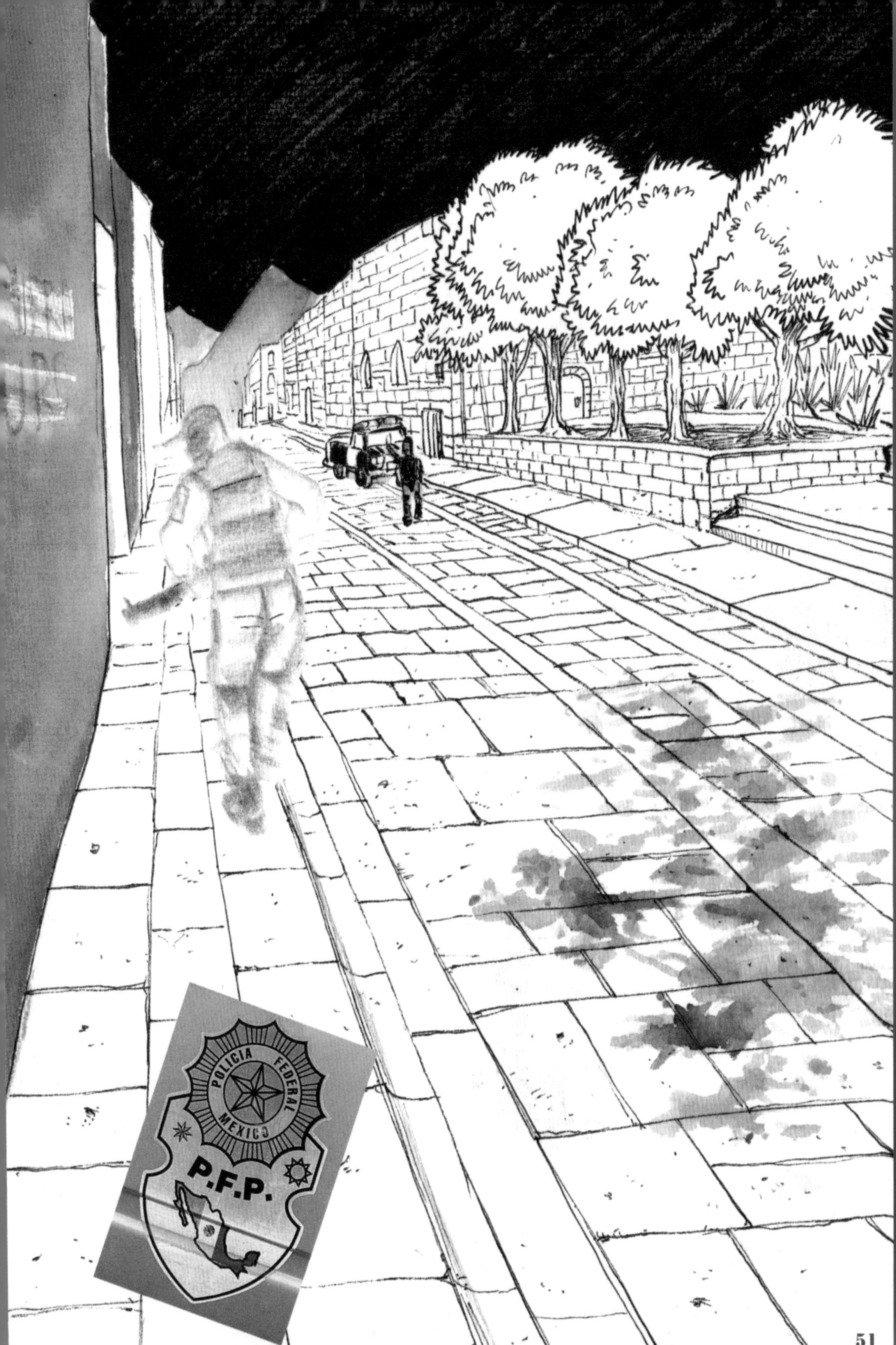
POLICIA FEDERAL
MEXICO
P.F.P.

Ulises at the Radish Festival

Ulises en el Festival del Rábano

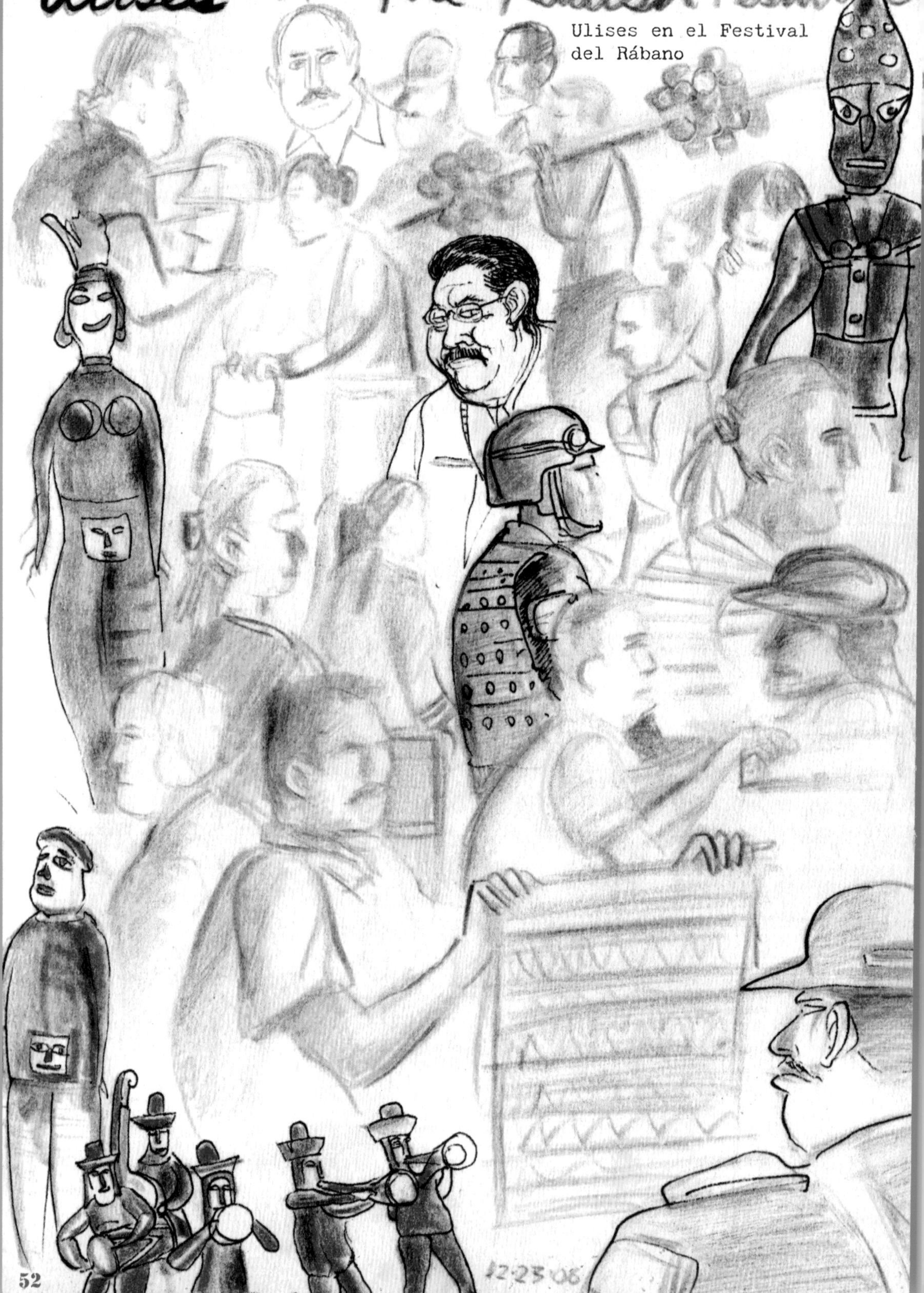
12-23-06

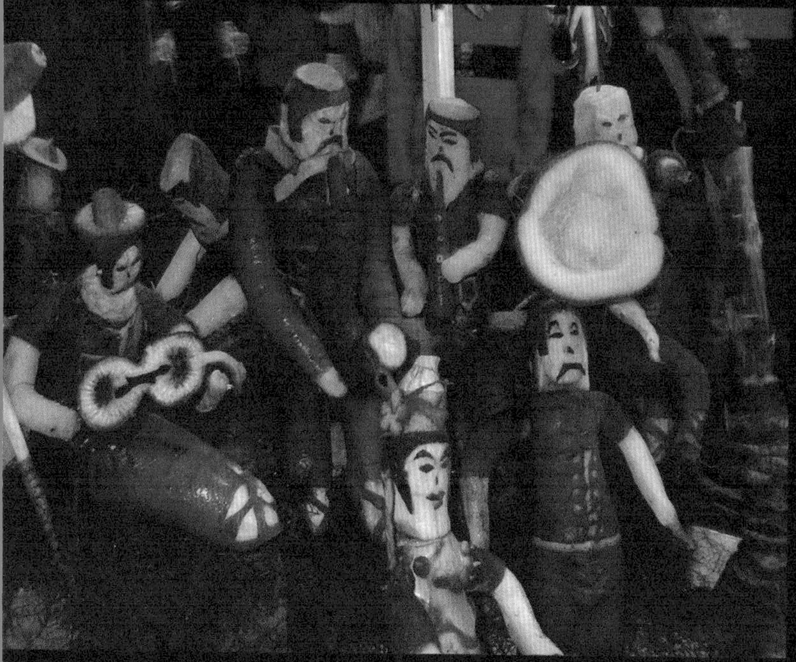

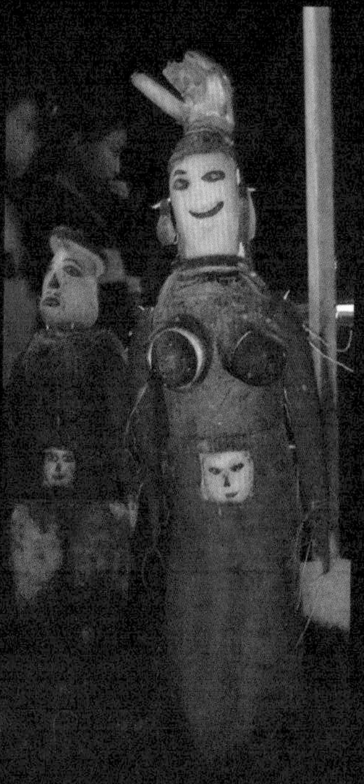

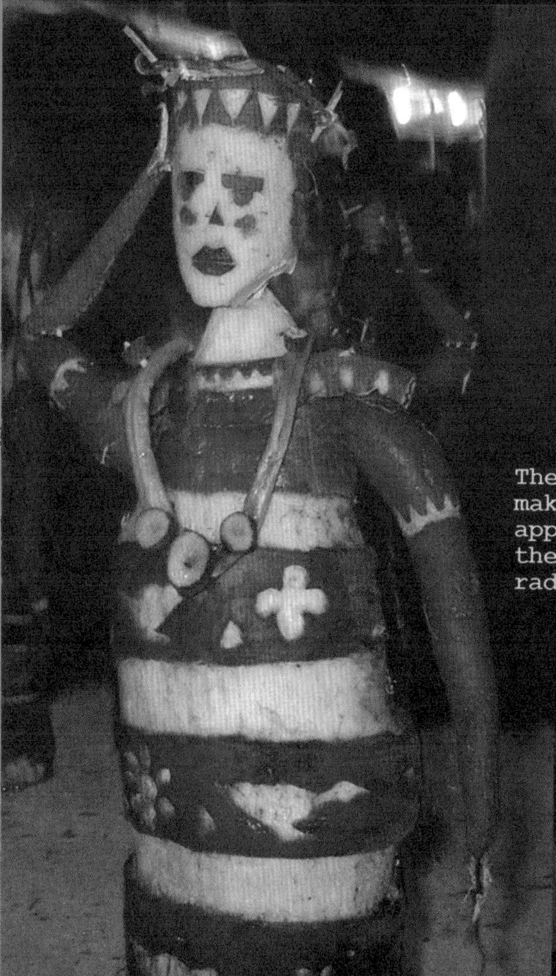

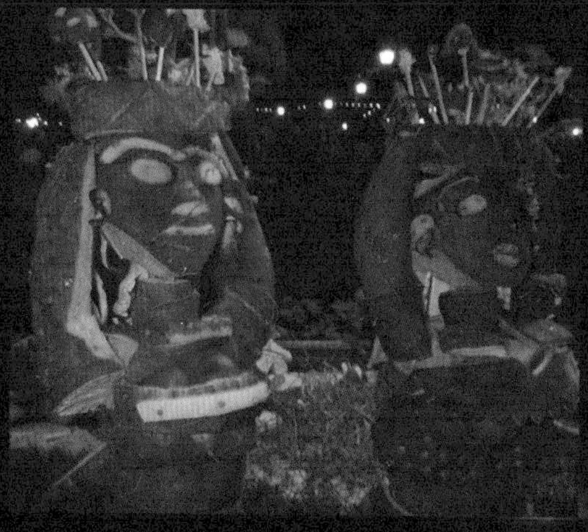

The governor makes a surprise appearance at the annual radish festival.

El gobernador hace una aparición sorpresa en el festival anual del rábano.

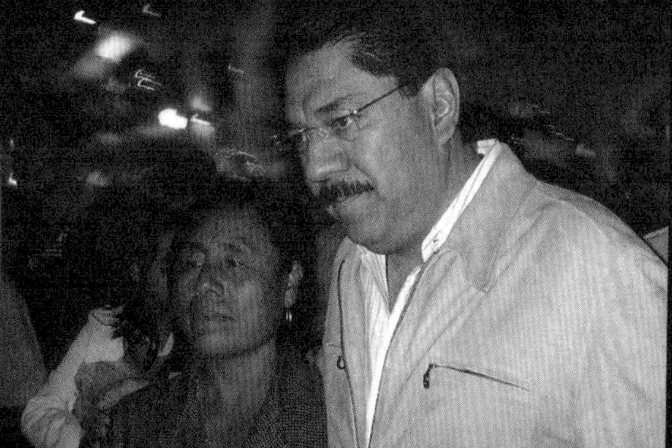

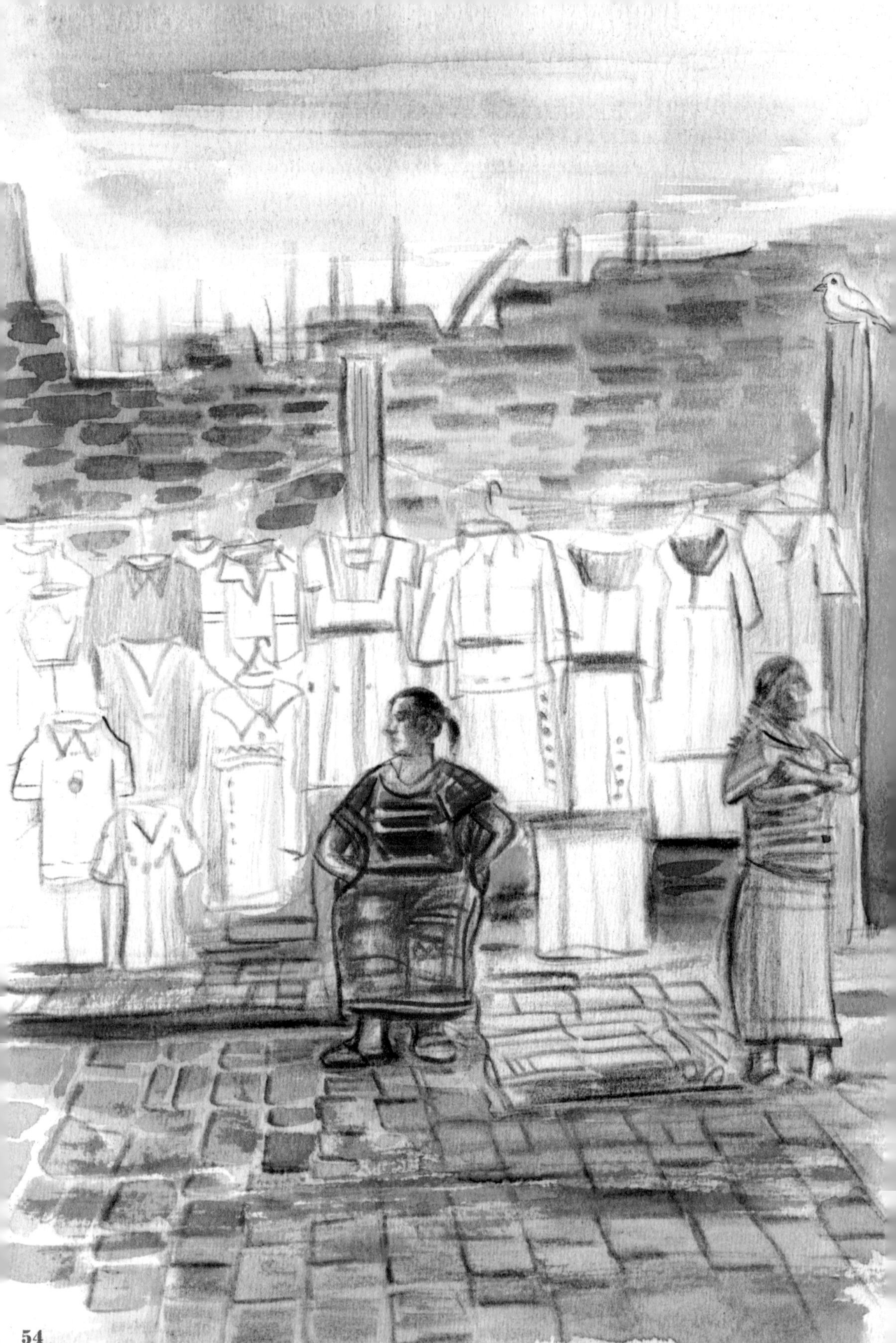

December 28th, 2006

Police *Navidad*

It was X-mas in Oaxaca and all through the town
not a teacher was stirring (they're in jail, not around).
   The graffiti with protests has been covered with paint
and police roam the streets to enforce that it's quaint.
All barricades gone, tear gas dissipated,
burning buses removed and encampments have faded.
   It's like nothing has happened,
Gov'nor Ulises will pretend,
no cheating, nor violence he'll declare 'til the end.
   But the people know better, they will never forget
and the deeds of Ulises will haunt like the debt
that will never be paid, though would ease with his leaving
and return of the money that he took with his thieving.
   Then maybe, just maybe things would start to be right
and the wronged of Oaxaca might enjoy X-mas night.

28 de diciembre de 2006

Police Navidad

Fue navidad en Oaxaca y por toda la ciudad
no había un solo maestro revoltoso (están en la cárcel y por
eso no se ven).
   Los grafitis de protesta han sido cubiertos con pintura
y la policía patrulla las calles para asegurarse de que aquí
todo sea pintoresco.
   Las barricadas han sido levantadas, el gas lacrimógeno se
ha disipado, los autobuses en llamas han sido removidos y los
campamentos se han esfumado.
   Es como si nada hubiera sucedido,
eso fingirá el gobernador Ulises,
no hubo trampa ni violencia, declarará hasta el final.
   Pero la gente sabe que no es cierto, nunca olvidará
y los actos de Ulises persistirán como la deuda
que nunca se saldará, aunque se aliviaría con su partida
y con la devolución del dinero que tomó con sus fechorías.
   Quizá entonces, tan sólo quizá, las cosas se compondrían
y las víctimas de Oaxaca podrían disfrutar la navidad.

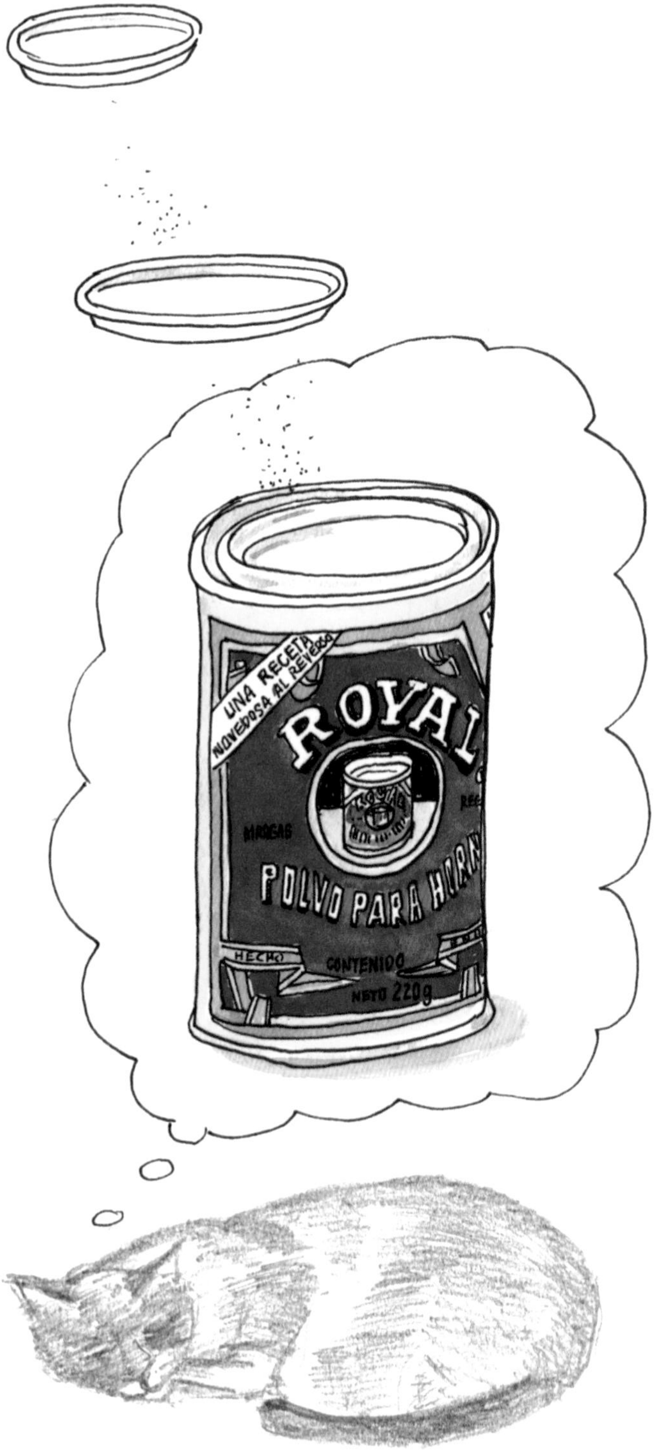
UNA RECETA
NOVEDOSA AL REVERSO
ROYAL
POLVO PARA
HECHO
CONTENIDO
NETO 220g

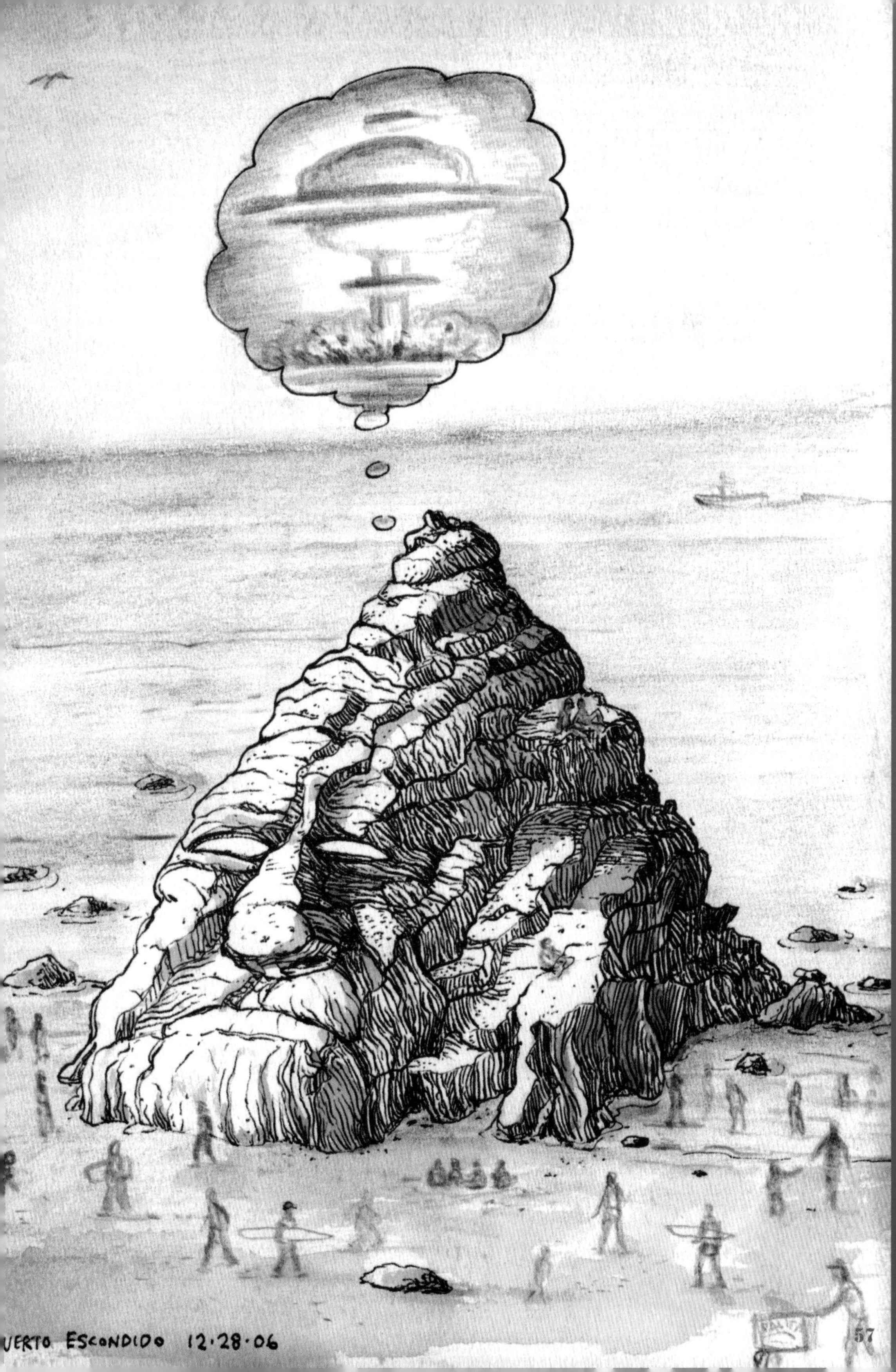
UERTO ESCONDIDO 12·28·06

January 9th, 2007

I don't want to sound like a broken record repeating the travails of Oaxaca City, especially given all the amazing aspects of Oaxaca State. This region of Mexico boasts greater variety of ecological environments than any other part of the country, from dusty brown mountain ranges to deep blue coastlines. An especially incredible area includes the beaches surrounding Puerto Escondido or Hidden Port. I first visited there with a couple of buddies back in 1983 and the place left me with indelible memories. There was the beauty of a remote seaside village, a fantastic abundance of ocean wildlife and an undertow that almost snuffed out our lives.

Returning with my wife and daughter to the very spot where I almost bought it 24 years ago gave me a renewed appreciation of...well, surviving.

Though Puerto Escondido has undergone tremendous changes over time, it remains a magical place. One of my favorite memories: after struggling out of the pounding surf, my friends and I sat down with a cold beer to watch the sun slowly set. As a bonus, a full moon was rising in counter balance and a deep calm washed over everyone on the beach. Everybody stopped and sat quietly as the sun dipped below the horizon; they began to clap as it disappeared. It was like the spontaneous joy passengers sometimes feel as a plane lands safely, or in this case, recognition of the paradise that flashes before us here every day.

New Year's Eve was an exact replication of the experience, including full moon, clapping and a beer. The biggest difference was the beautiful blond woman and ten year-old girl sitting next to me, which made me wonder —where the hell were my wife and daughter when they could be sharing the moment with me? (Answer: back at the hotel playing Crazy Eights as it turned out.)

Anyway, the six days we spent in Puerto Escondido was like arriving in Mexico anew and a perfect way to ring in the New Year. When we returned to our neighborhood up the hill from Oaxaca's capitol, I felt refreshed and thrilled to leave a vacation in Mexico only to return home to… Mexico!

Which brings me back to this city. Now that that the strikers have been vanquished, barricades torn down and most of the graffiti painted over, there is little visible evidence of what transpired during the six-month strike. Most of the events that took place in Oaxaca's center exist only as memories.

On the positive side, the teachers returned to work after many of their demands were met, including receiving back pay. Still, hundreds were jailed and many of them still languish behind bars. Governor Ulises remains in power, his administration as corrupt as ever, and the roots of the teachers' discontent remain unanswered. Though the streets are quiet, just below the surface Oaxacan peoples' anger festers over the oppressive poverty they are forced to endure. Outwardly, the only reminder of the long struggle and confrontations, the tear gas and fatalities are the stains left on the cobblestone streets; remnants of the burned vehicles and everything that signifies.

No quiero sonar como disco rayado que repite las tribulaciones de la ciudad de Oaxaca, en especial dados todos los maravillosos aspectos del estado de Oaxaca. Esta región de México alberga una mayor variedad de ecosistemas ecológicos que cualquier otra del país, que van desde paisajes de montañas café polvo hasta líneas costeras azul profundo. Una zona particularmente impresionante incluye las playas alrededor de Puerto Escondido. Lo visité por primera vez con un par de amigos en 1983 y este lugar me dejó recuerdos imborrables. Poseía la belleza de una remota aldea a un costado del mar, una fantástica abundancia de fauna oceánica y una resaca que casi termina con nuestras vidas.

Regresar con mi esposa e hija al preciso lugar en el que casi muero hace veinticuatro años me dio una renovada apreciación de... bueno, de la supervivencia.

Aunque Puerto Escondido ha experimentado tremendos cambios a lo largo del tiempo, sigue siendo un lugar mágico. Uno de mis recuerdos favoritos: tras salir con trabajos del demoledor surf, mis amigos y yo nos sentamos con una cerveza fría para ver cómo se ponía el sol lentamente. Como añadido, una luna llena se elevaba como contrapeso y una profunda calma se apoderaba de cada uno de los que estábamos en la playa. Todo el mundo se detuvo y se sentó en silencio conforme el sol se sumergía en el horizonte; la gente empezó a aplaudir mientras desaparecía. Fue como el júbilo espontáneo que los pasajeros sienten de vez en cuando ante el seguro aterrizaje de un avión o, en este caso, provocado por el reconocimiento del paraíso que irradia frente a nosotros cada día en este lugar.

La tarde del año nuevo fue una réplica exacta de esta experiencia, luna llena incluida, aplausos y una cerveza. La principal diferencia fue la hermosa rubia y su niña de diez años sentadas junto a mí, que me hizo preguntarme, ¿dónde demonios estaban mi esposa e hija cuando podrían compartir este momento conmigo? (Respuesta: resultó que estaban en el hotel jugando el juego de cartas «Crazy Eights»).

De cualquier manera, los seis días que pasamos en Puerto Escondido fueron como una nueva llegada a México y una forma perfecta de recibir el año nuevo. Cuando regresamos a nuestro barrio, situado en la colina del Palacio Legislativo de Oaxaca, me sentí refrescado y feliz de terminar una vacación en México para regresar a casa en… ¡México!

Lo cual me hace volver a pensar en esta ciudad. Ahora que los huelguistas se han esfumado, que las barricadas han sido levantadas y que han puesto pintura encima de la mayoría de los grafitis, queda poca evidencia visible de lo que ha ocurrido durante la huelga de seis meses. La mayoría de los acontecimientos que tuvieron lugar en el centro de Oaxaca existen sólo como recuerdos.

En cuanto a lo positivo, los maestros regresaron a sus labores después de que se atendieran varias de sus demandas, incluida la de recibir pagos retroactivos. Sin embargo, cientos de ellos fueron encarcelados y varios aún languidecen tras las rejas. El gobernador Ulises permanece en el poder, su gobierno es tan corrupto como siempre, y la raíz del descontento de los maestros sigue sin ser atendida. Aunque las calles están tranquilas, debajo de la superficie subyace todo aquello por lo que lucharon los oaxaqueños, así como la opresiva pobreza que siguen soportando. Hacia fuera, el único recordatorio de la larga lucha y confrontaciones, del gas lacrimógeno y de las fatalidades, son las manchas que permanecen en las calles adoquinadas; vestigios de los vehículos en llamas y todo lo que ello significa.

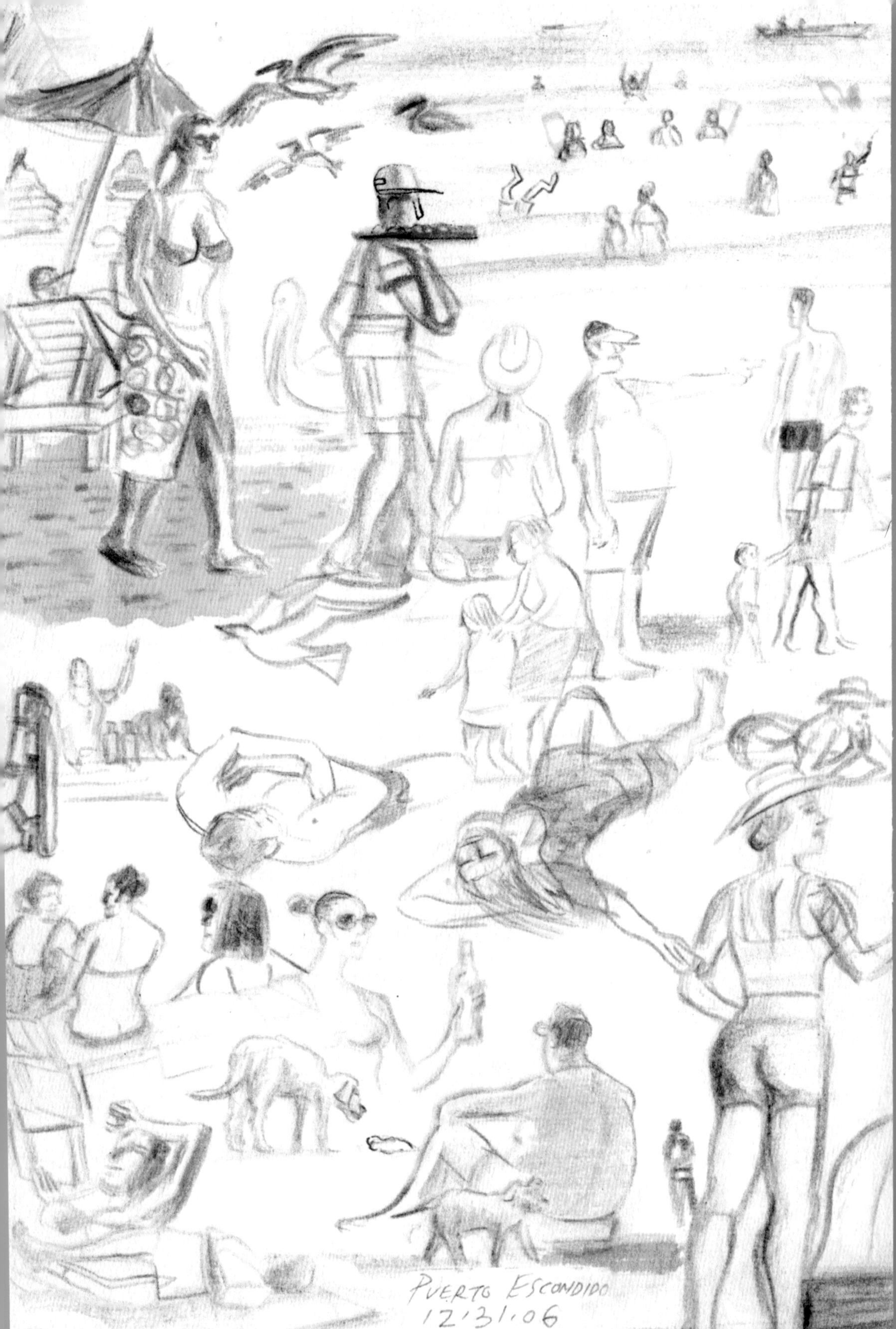
PUERTO ESCONDIDO
12'31.06

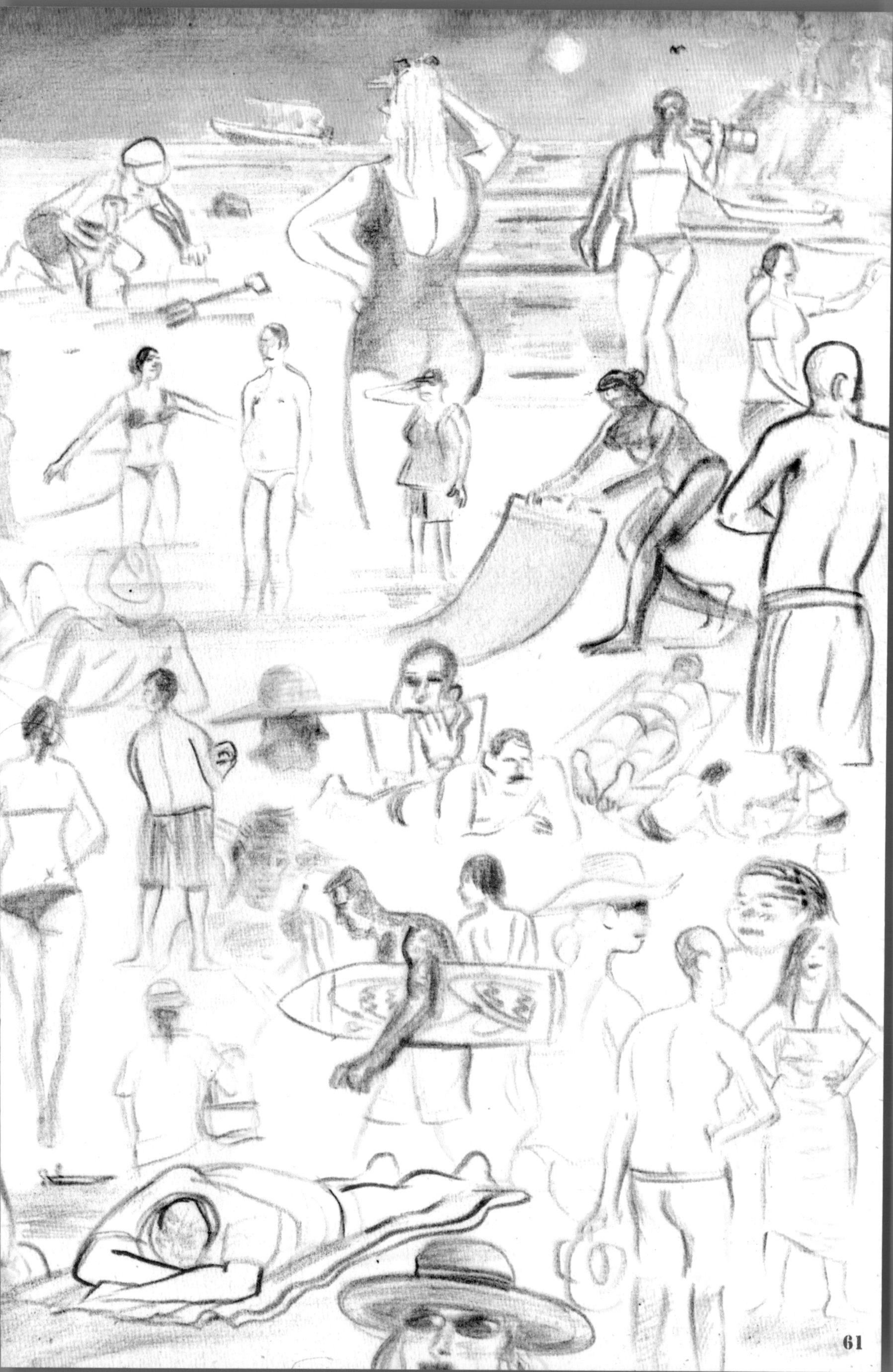

Pelea en la playa

Fight on the beach

Puerto Escondido
12 · 29 · 2006

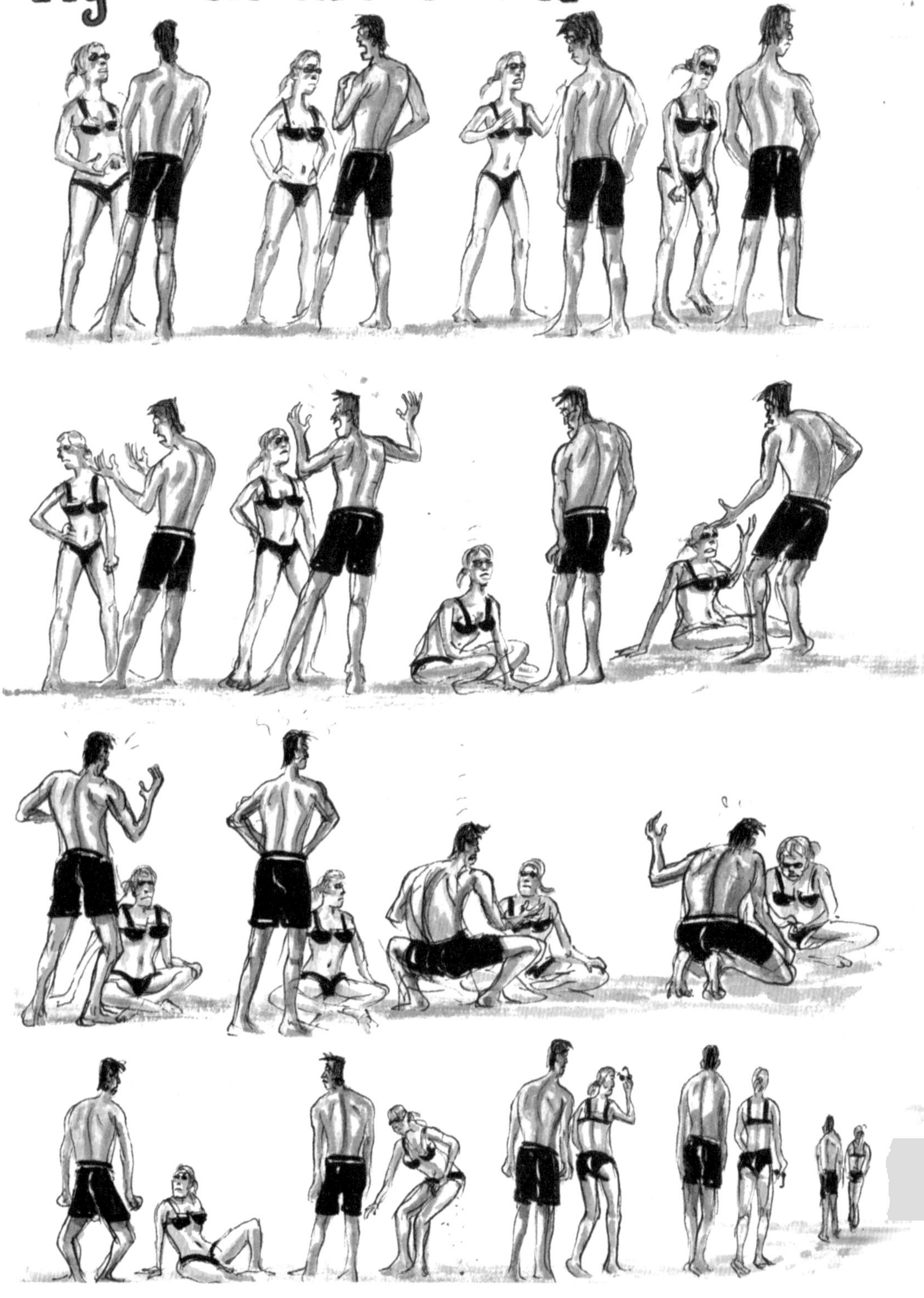

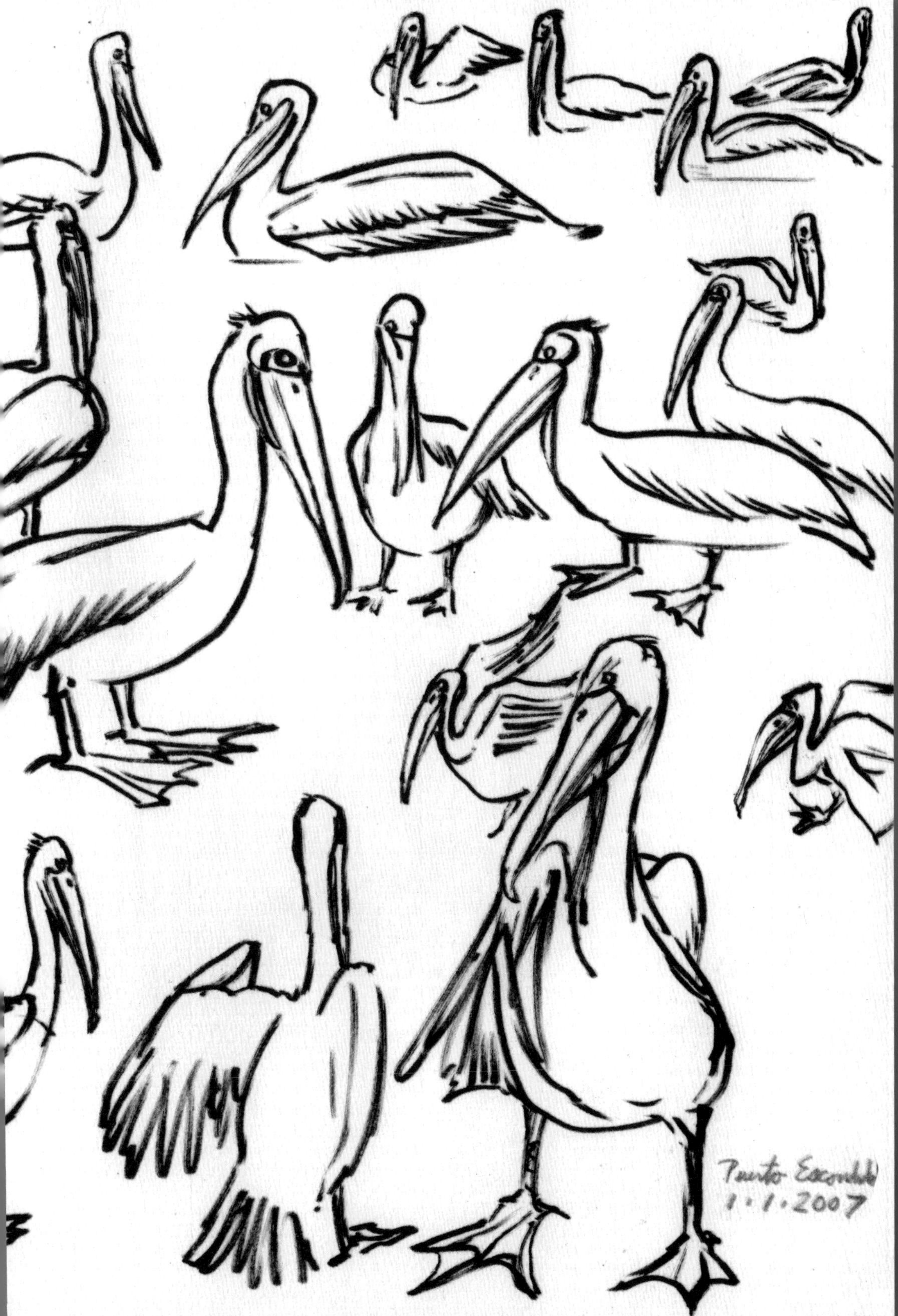
Puerto Escondido
1·1·2007

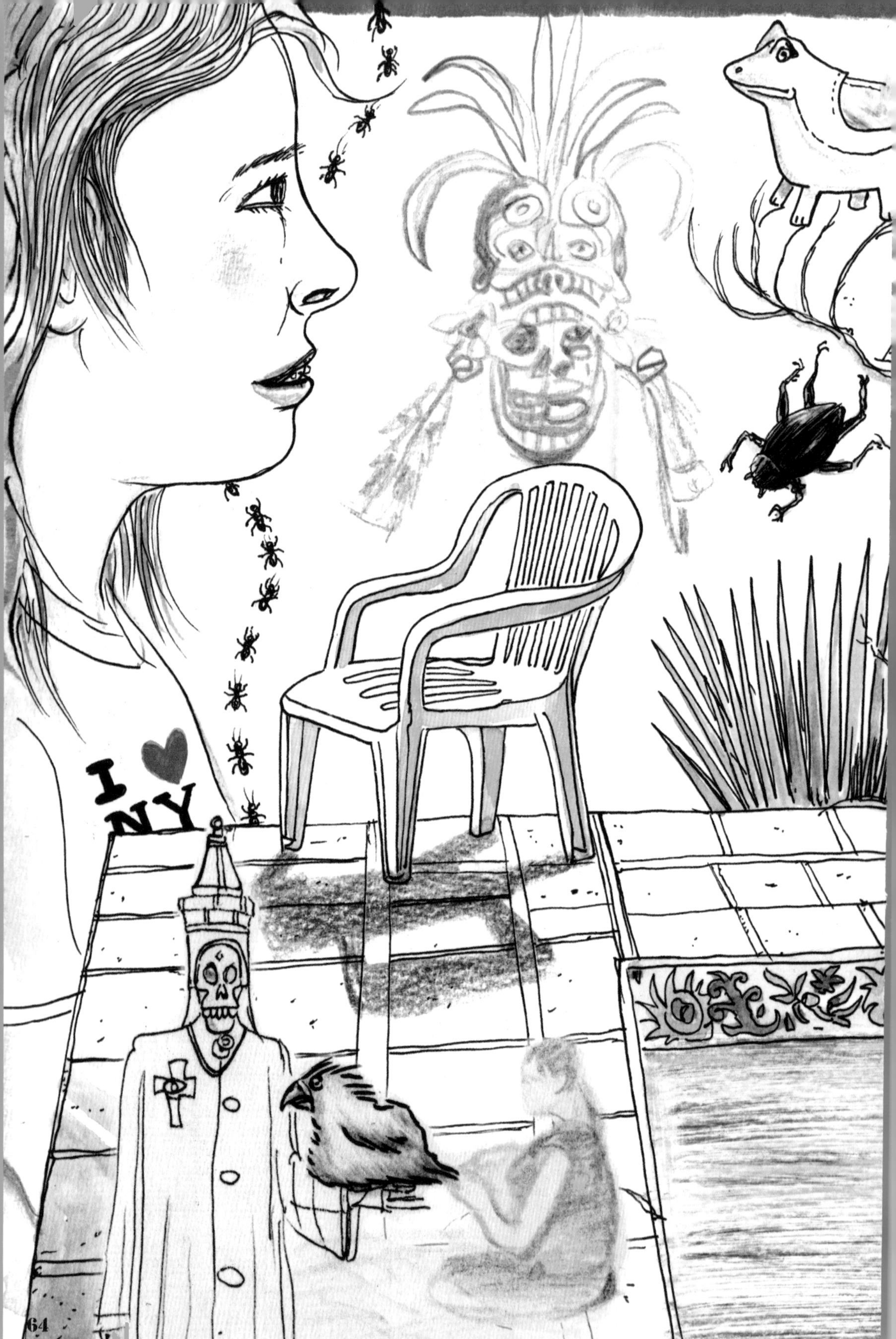
I ♥ NY

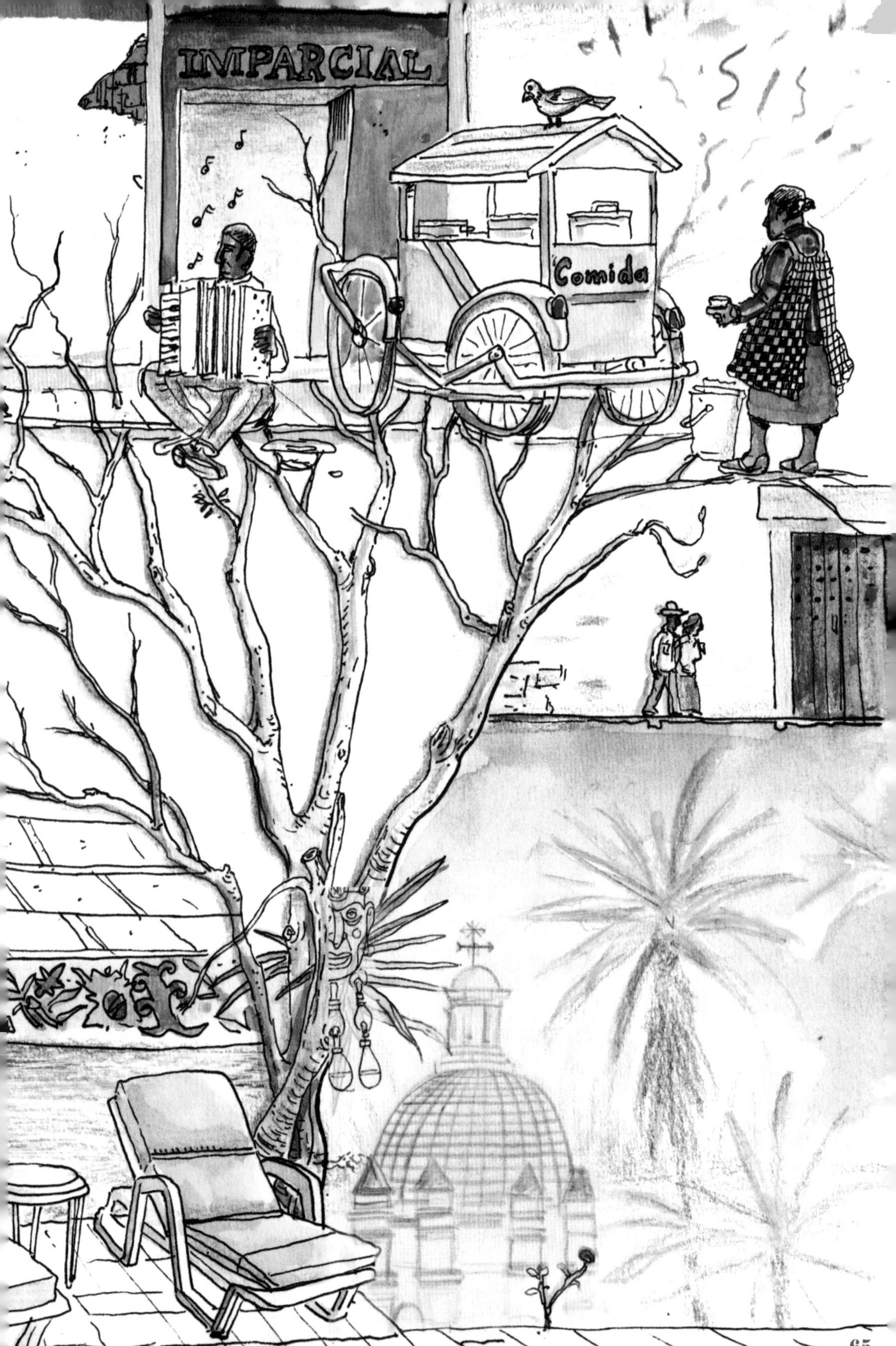
IMPARCIAL
Comida

CORNER OF ALLENDE mo Esquina de Allende
ALCALA y Alcalá Oaxaca
OAXACA

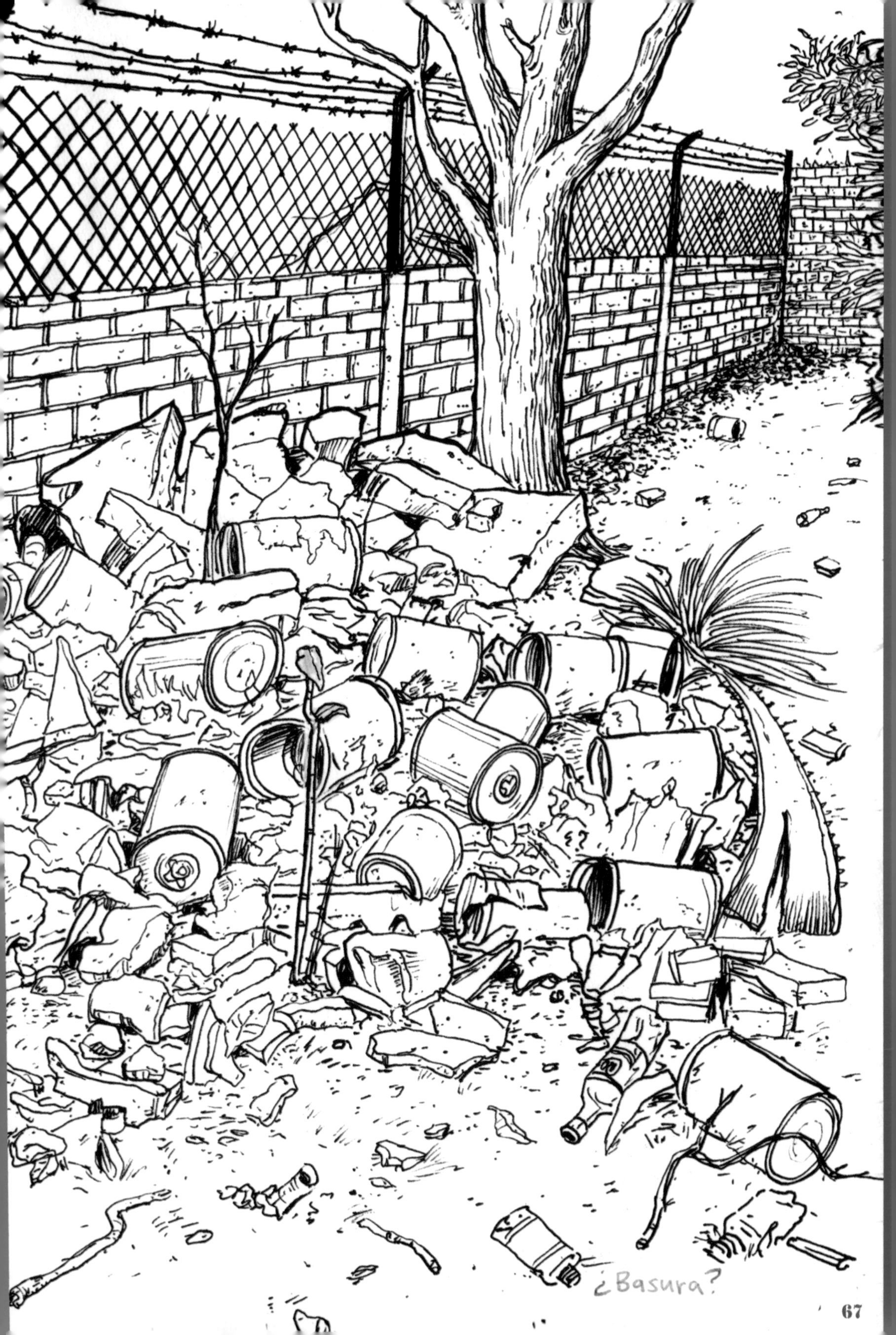
¿Basura?

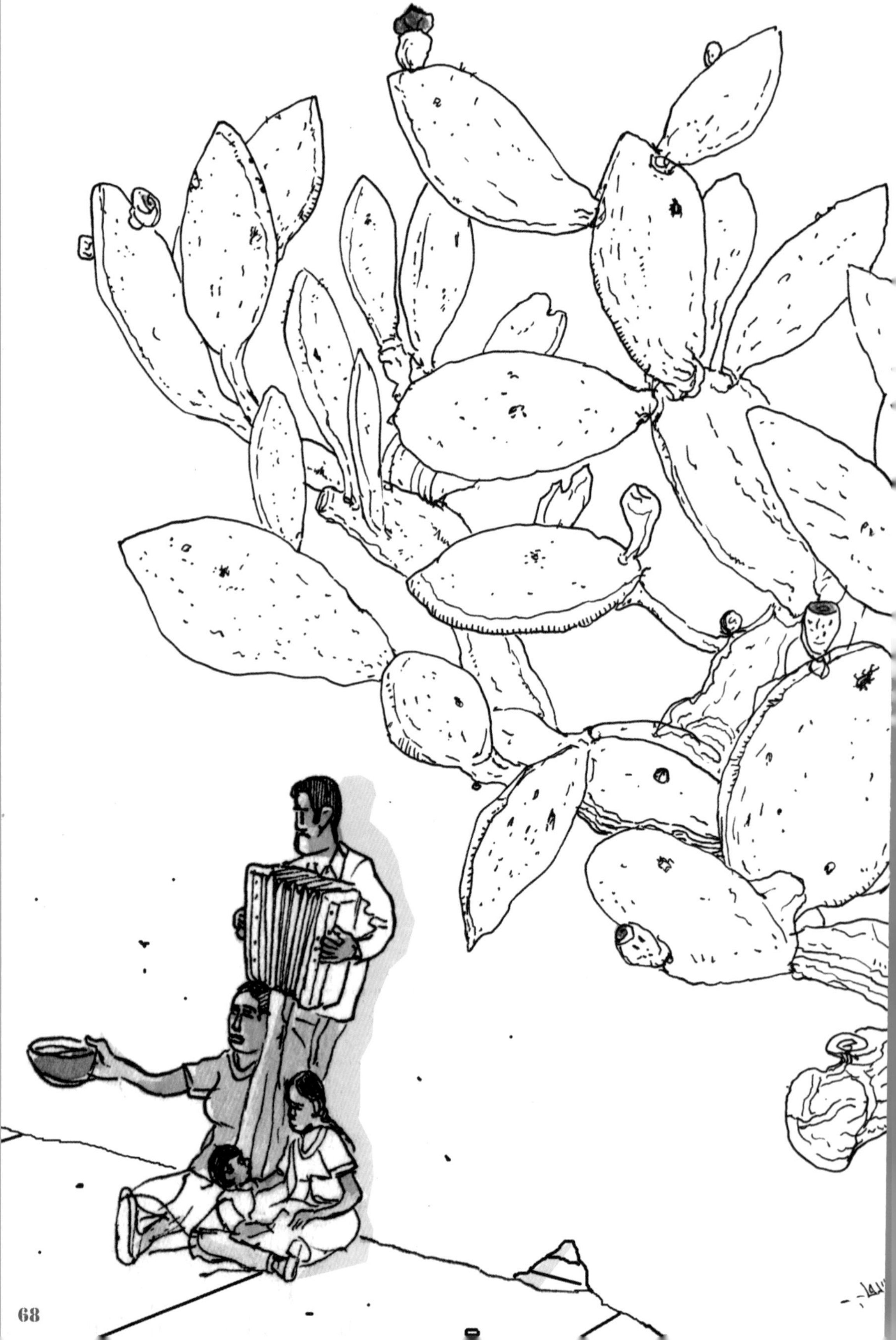

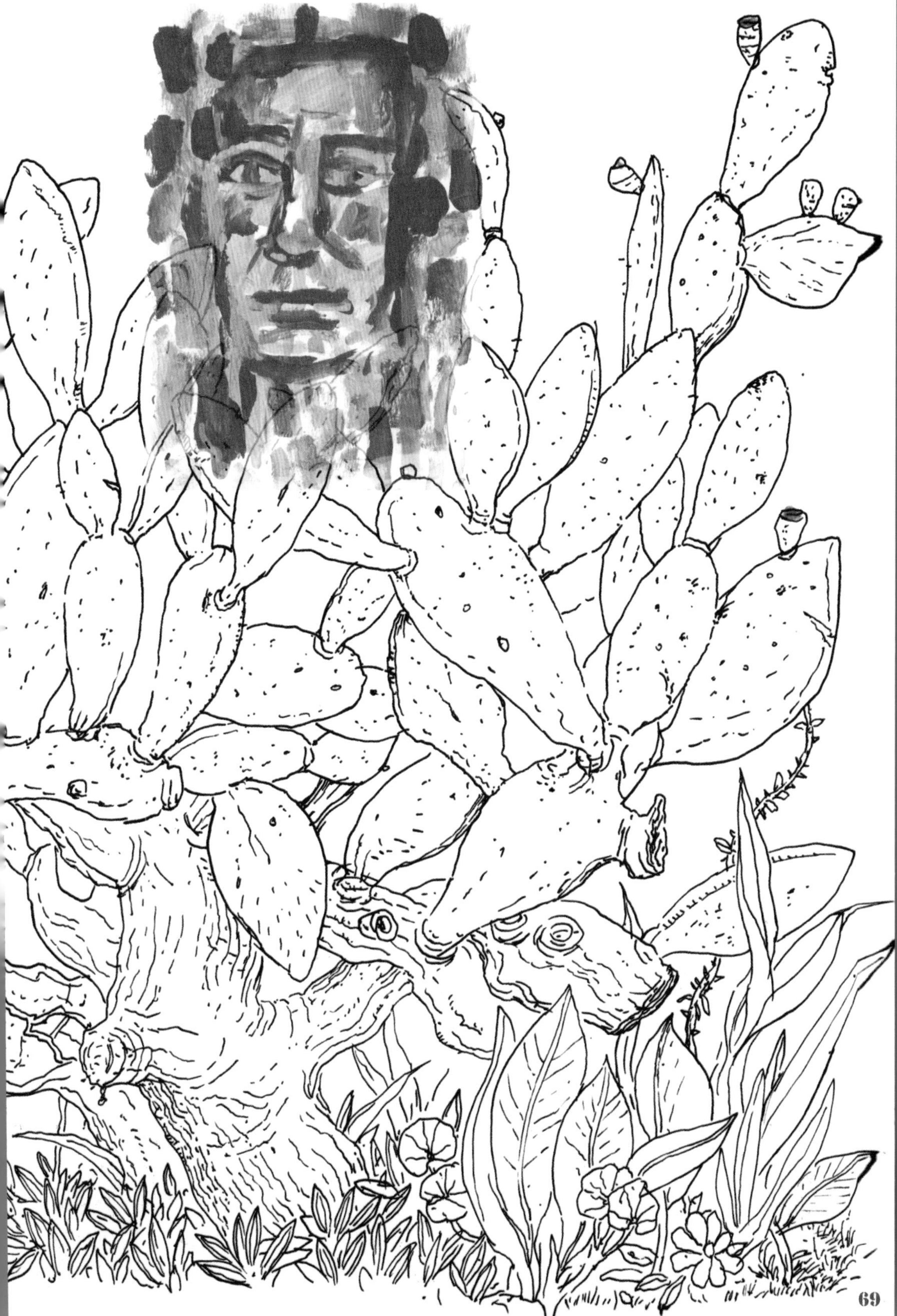

March 6th, 2007

Before the idea of becoming an artist was even a scribble in my mind, I was determined to become an entomologist, or "bugger" as I declared to a friend of my parents who worked at the natural history museum. The study of insects, especially butterflies, was my first love and almost as soon as I became enthralled, I heard about a seemingly mythical place where Monarch butterflies migrated annually. To get there, the fragile Monarchs traveled over two thousand miles from Canada across the United States to reach a remote forest in the mountains of the Mexican state of Michoacan.

A visit to this hallowed ground had been buried on my "must do" list so long I'd forgotten I'd made myself the promise.

Fast-forward forty years and here I am living in Oaxaca, Mexico, driving distance from the Monarch's habitat. Better still, my ten-year-old daughter has inherited the "bugger" gene and for her class project is studying this butterfly's life cycle. As part of her project, we collect the monarch's eggs from the local milkweed, get a terrarium and watch as they hatch, feed, transform and within a few short weeks, emerge in their orange splendor. To complete her project we plan a visit to Michoacan, a 12-hour drive northwest from Oaxaca. Though it's a long trip and we have to negotiate potholed roads, unmarked obstructions and a snare of Mexico City traffic, it is nothing compared to the trek the Monarchs have endured to reach their mating ground.

So why do these butterflies punish themselves every year to reach this forest for sex with a stranger who will promptly die? Or a better question might be; how on earth does the next generation know exactly where to fly to find this unique mountain forest thousands of miles from where they hatch? The answer is quite simple as the lepidopterists that have studied the Monarchs patterns for decades can attest. They have no f-ing idea! It could be some internal compass, it could actually be the smell of their fallen brothers and sisters, or it could be guidance from UFO's! Whatever it is that draws them to these particular forests, it works like a magnet and the sight of millions, literally MILLIONS of them is beyond comprehension.

Almost any description will sound like a cliché, but let me give it a whirl.

There are several different sanctuaries that have been more or less preserved for the butterflies' annual arrival. The biggest, El Rosario, is our first stop. It has been made easily accessible with a cement staircase leading up through the forest, but it is still a struggle since the altitude is high enough to leave you short of breath as you ascend.

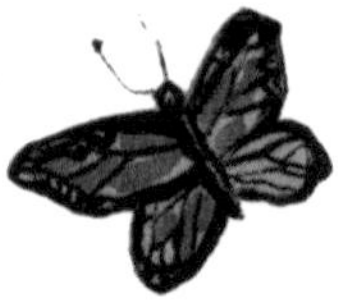

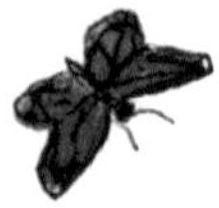

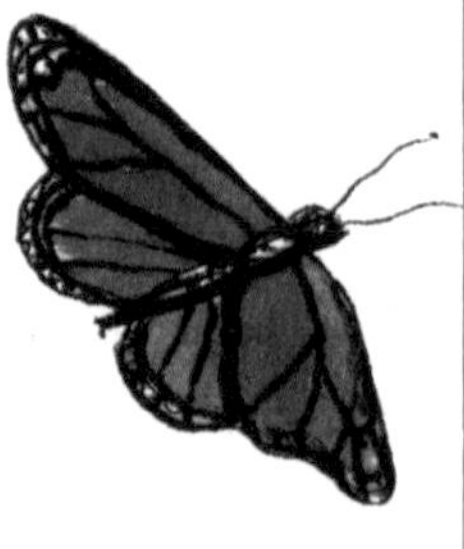

6 de marzo de 2007

Antes de que siquiera me pasara por la cabeza la idea de convertirme en artista, estaba determinado a ser entomólogo, o «bugger», como le conté a un amigo de mis padres que trabajaba en el museo de historia natural. El estudio de los insectos, en especial las mariposas, fue mi primer amor y casi tan pronto como quedé cautivado, escuché sobre un lugar en apariencia mítico al que migraban de manera anual las mariposas monarcas. Para llegar ahí, las frágiles monarcas viajaban más de tres mil kilómetros desde Canadá, atravesando Estados Unidos, para alcanzar un remoto bosque en las montañas del estado mexicano de Michoacán.

Visitar este santuario estuvo enterrado en mi «lista de cosas por hacer» durante tanto tiempo que había olvidado la promesa que alguna vez me hice.

Adelantemos el tiempo cuarenta años y me encuentro viviendo en Oaxaca, México, a una distancia del hábitat de las mariposas monarca que se puede conducir en auto. Todavía mejor, mi hija de diez años ha heredado el gen «bugger» y está estudiando para un proyecto de su escuela el ciclo vital de esta mariposa. Como parte del mismo, recolectamos los huevos de la monarca de la planta del algodoncillo local, conseguimos un terrario y observamos cómo emergen de los mismos, se alimentan y se transforman en unas cuantas semanas, hasta surgir en su esplendor naranja. Para completar su proyecto planeamos una visita a Michoacán, situado a 12 horas en coche al noroeste de Oaxaca. Aunque es un viaje largo y tenemos que sortear caminos plagados de baches, obstrucciones no señalizadas y la trampa que es el tráfico de la ciudad de México, no es nada en comparación con la travesía que las monarcas soportaron para alcanzar su lugar de apareamiento.

Pero, ¿por qué se castigan de manera anual estas mariposas para llegar a este bosque y tener sexo con un desconocido que pronto morirá? O quizá una mejor pregunta sea: ¿cómo diablos sabe la siguiente generación exactamente a dónde volar para encontrar este único bosque montañoso a miles de kilómetros de donde nacen? La respuesta es muy simple, como lo pueden corroborar los estudiosos de los lepidópteros. ¡No tienen la más p--- idea! Podría ser alguna brújula interna, podría ser el aroma de sus hermanos y hermanas caídos, ¡o podría ser que son guiadas por extraterrestres! Lo que sea que las atraiga a estos bosques en particular, opera como un imán y el avistamiento de millones, literalmente MILLONES de mariposas escapa a toda comprensión.

Casi cualquier descripción sonará como cliché, pero permítanme intentarlo.

Hay varios santuarios distintos que han sido preservados más o menos para la llegada anual de las mariposas. El más grande, llamado El Rosario, es nuestra primera parada. Se ha vuelto muy accesible mediante una escalera de concreto que lleva hasta el bosque, pero aún así presenta dificultades puesto que la altitud es lo suficientemente elevada como para dejarte sin aliento mientras asciendes.

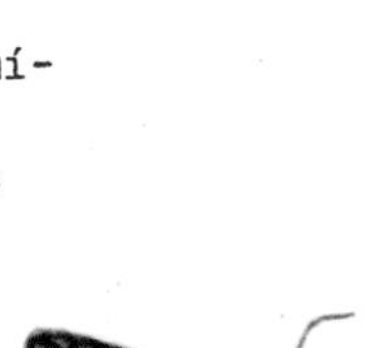

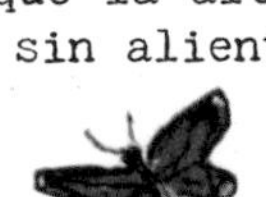

Monarch caterpillars and chrysalis on Milkweed

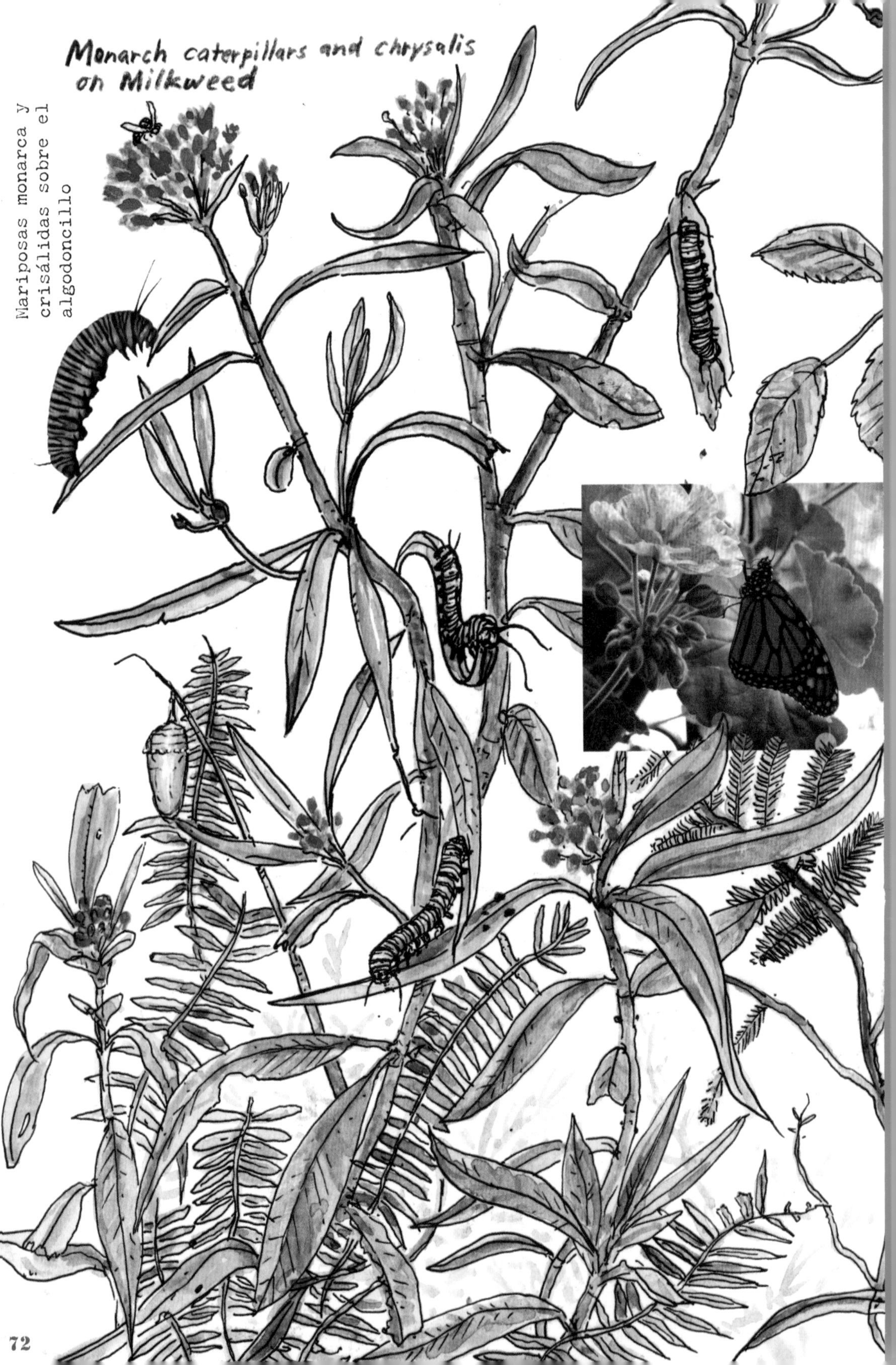

Mariposas monarca y crisálidas sobre el algodoncillo

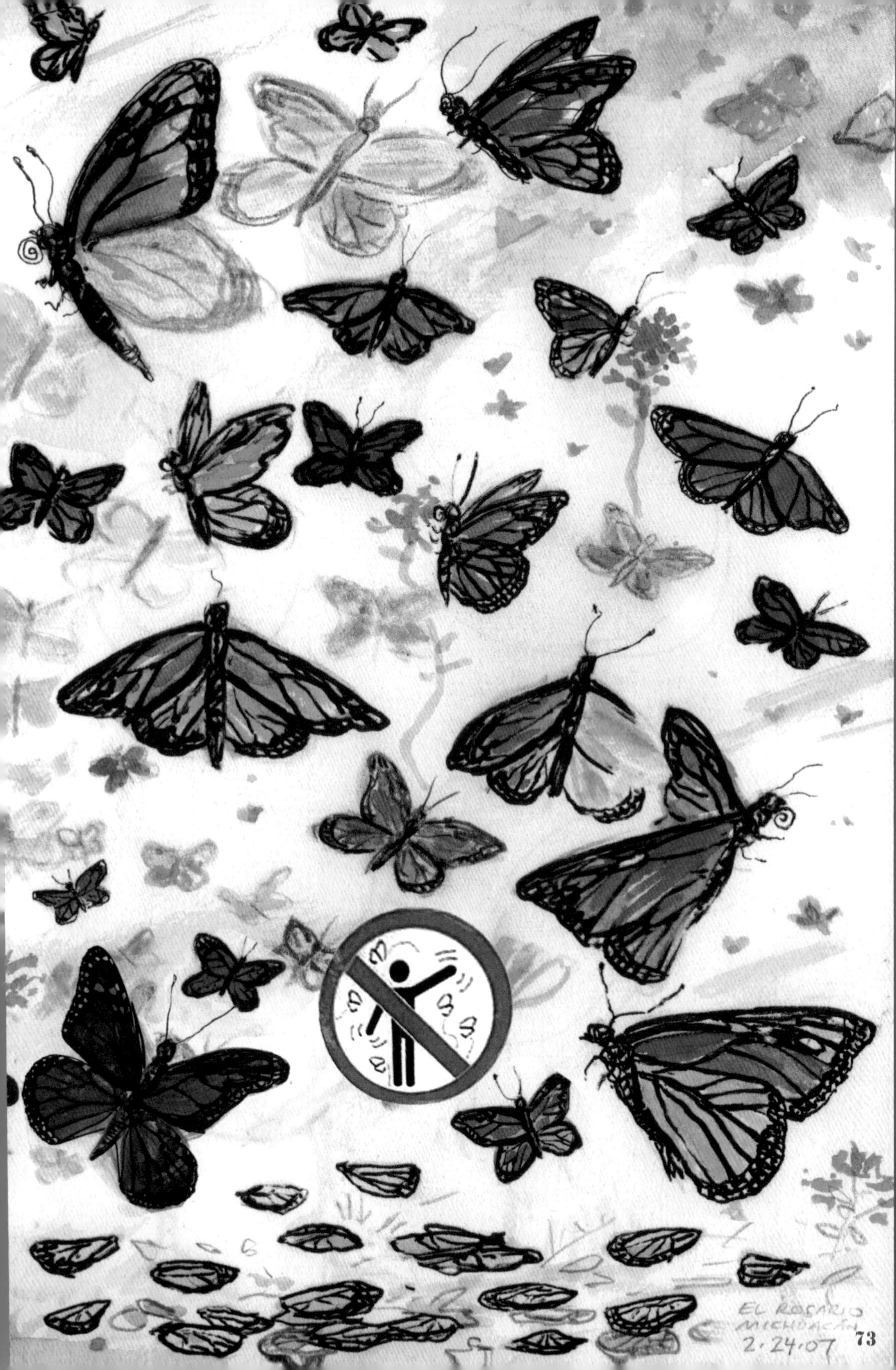
EL ROSARIO
MICHOACAN
2.24.07

From the moment you park you notice butterflies flitting
about, but farther along the trickle becomes a stream and
then rather suddenly a flurry of flapping orange wings. What
at first appears to be autumn leaves filling the Oyamel pines
reveals itself to be huge clusters of Monarchs hanging in
such numbers as to make the branches sag. Periodically they
will flutter off the trees and rise through the air like
sparks from a fire. Moving in and out of the sunlight their
wings flash and dance like light reflected on the ocean. They
fill every gap of blue sky between pines and looking down at
the ground, you see their shadows race past your feet as
though you were standing in a raging river. My brain had
trouble processing the sights and I exhausted most of my
clichés trying to convey the visual impact in words. The photos I took could not compare to the experience either; they

froze the flurry of
activity without a sense
of scale and the rush
hour of color was
reduced to specks of
dirt on my lens.
Fortunately I also toted
along my movie camera,
which has made it possi-
ble to revisit the
scenes subsequently and
see the reality I had
otherwise only experi-
enced as a dream state.

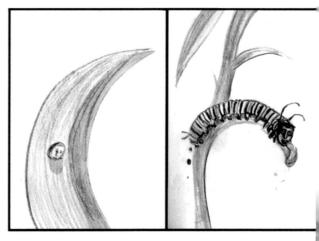

On our second day we
visited the Sierra
Chincua forest, a much
more natural setting and a much more arduous hike to reach.
Though there were smaller concentrated areas of butterflies
than El Rosario, the difference was indistinguishable and I
took the opportunity to sketch the endless procession of
beauty as fast as my colored pencil could move. There was so
much activity you could hear the flap of wings and they regularly brushed past your face. Admittedly had this been any-
thing other than butterflies—say, locusts or flying monkeys,
we would have run screaming in every direction!

After hours of the hiking and drop-jawed staring, we headed
back up the rocky path. Happily some entrepreneurial locals
awaited exhausted tourists and for a few dollars we galumphed
our way by horseback to our car.

Delirious from the experience and countless hours of driving, we returned home to Oaxaca. It has remained quiet here
for the last couple of months, though my guess is that this
is a fragile state that will likely change as the teachers'
annual strike returns to the town center this May.

Desde que uno se estaciona se advierten las primeras mariposas revoloteando por ahí, pero más adelante el goteo se convierte en chorro y repentinamente en un torrente de aletazos anaranjados. Lo que en una primera impresión parecen ser hojas otoñales rellenando los pinos Oyamel resultan ser enormes conjuntos de monarcas colgadas en magnitudes tales que hacen que las ramas se comben. Con cierta periodicidad, aletean alejándose de los árboles y se elevan por el aire como chispas que emanan de un fuego. Se mueven dentro y fuera del espectro de la luz solar y sus alas arrojan destellos y bailan como luz reflejada en el océano. Ocupan cada espacio del cielo azul entre los pinos y si miras hacia el suelo sus sombras pasan veloces junto a tus pies como si estuvieras parado sobre un río embravecido. Mi cerebro tuvo problemas para procesar lo que veía y agoté la mayoría de mis clichés en el intento de transmitir el impacto visual en palabras. Las fotografías que tomé tampoco se

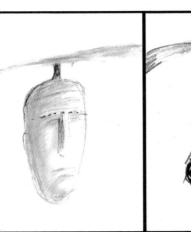

pueden comparar con la experiencia; congelaban el torrente de actividad sin conferir un sentido de la escala y el clímax del color se vio reducido a manchas en mi lente. Por fortuna, también llevaba conmigo mi cámara de video, que ha vuelto posible revisitar con posterioridad las escenas y ver la realidad que de otra forma sólo había vivido como un estado de sueño.

En nuestro segundo día visitamos el bosque de la Sierra Chincua, un entorno mucho más natural al que se llega mediante una escalada mucho más ardua. Aunque las zonas de concentración de las mariposas eran más pequeñas que en El Rosario, la diferencia era imperceptible y aproveché la oportunidad para dibujar la interminable procesión de belleza tan rápido como mi lápiz de color podía moverse. La actividad era tal que se podía escuchar el revoloteo de las alas y constantemente pasaban rozando nuestros rostros. Hay que reconocer que si esto hubiera sido cualquier cosa distinta de las mariposas —digamos, langostas o monos voladores— ¡hubiéramos corrido dando de gritos en todas direcciones!

Tras horas de ascender y contemplar boquiabiertos, regresamos por el rocoso sendero. Felizmente, algunos oriundos emprendedores esperaron a los turistas exhaustos y por unos cuantos pesos galopamos a caballo hasta nuestro coche.

Delirando por la experiencia y las incontables horas de conducir, regresamos a nuestro hogar en Oaxaca. Los últimos dos meses han sido tranquilos, aunque pienso que el actual es un estado de las cosas frágil que posiblemente cambiará cuando la huelga anual de maestros regrese al Zócalo este mayo venidero.

FELIZ DÍA DE MUERTOS

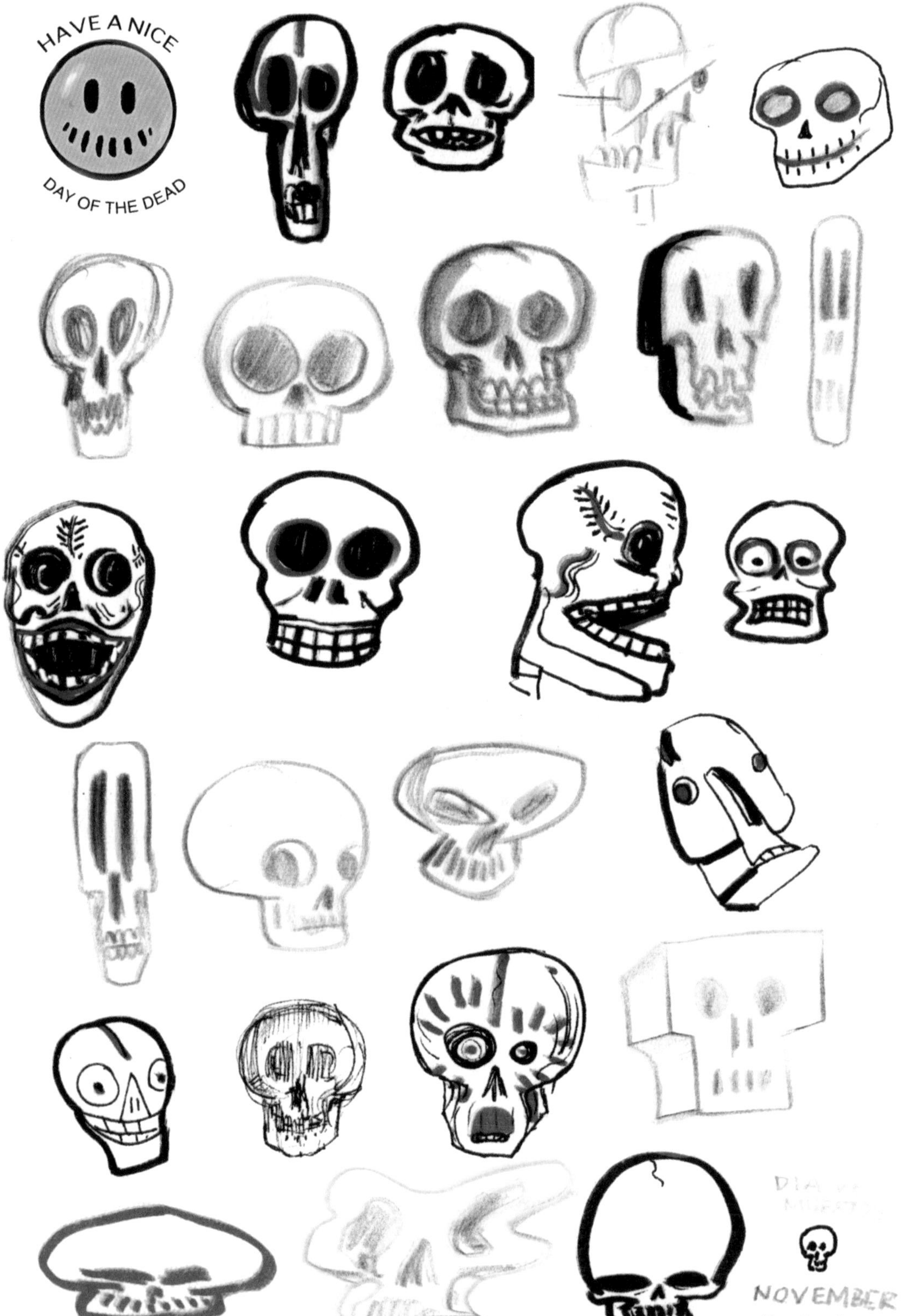
HAVE A NICE
DAY OF THE DEAD
NOVEMBER

Noviembre

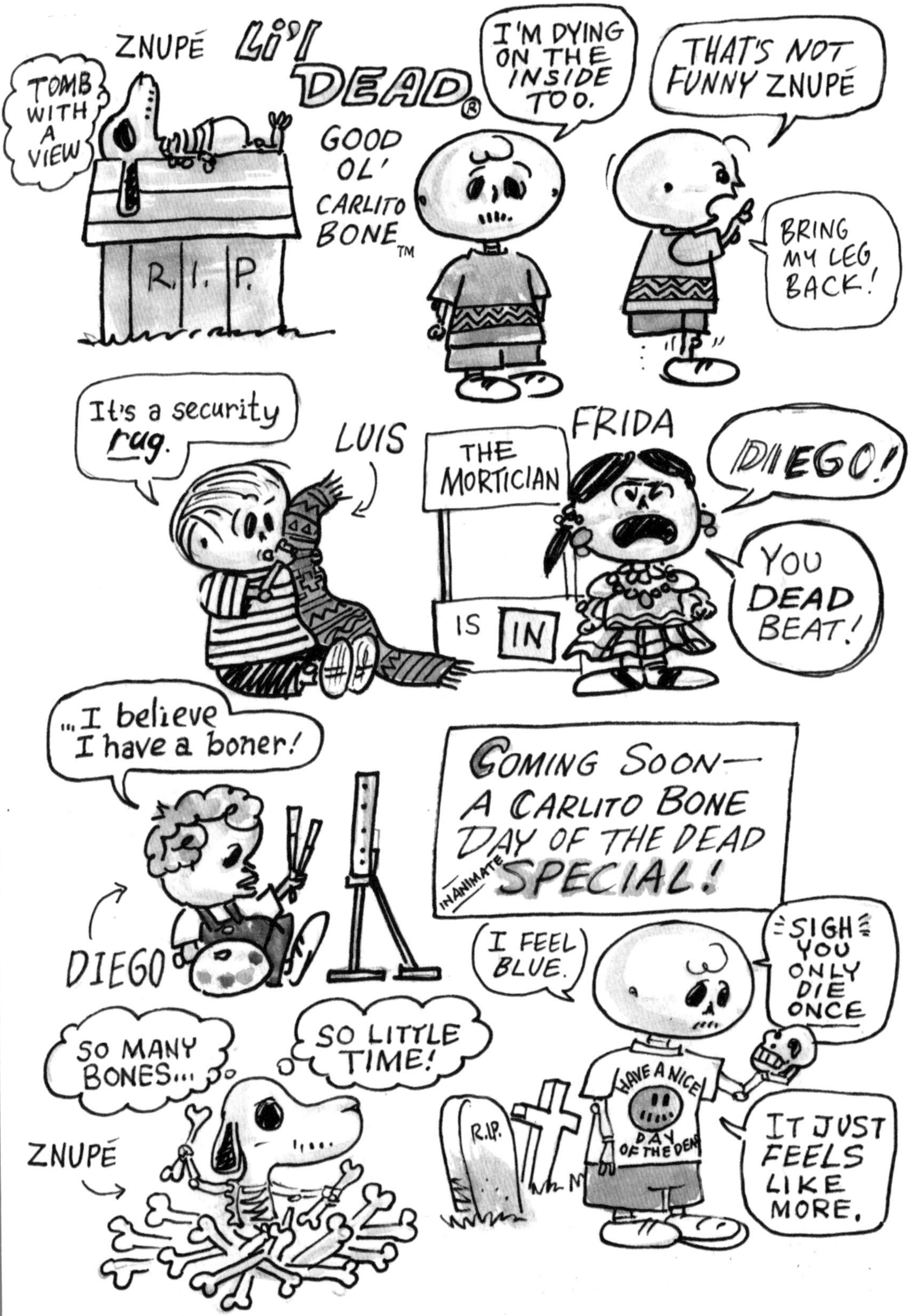
ZNUPÉ
LI'L DEAD®
TOMB WITH A VIEW
R.I.P.
GOOD OL' CARLITO BONE™
I'M DYING ON THE INSIDE TOO.
THAT'S NOT FUNNY ZNUPÉ
BRING MY LEG BACK!
It's a security rug.
LUIS
THE MORTICIAN
IS IN
FRIDA
DIEGO!
YOU DEAD BEAT!
...I believe I have a boner!
DIEGO
COMING SOON— A CARLITO BONE DAY OF THE DEAD INANIMATE SPECIAL!
I FEEL BLUE.
SIGH YOU ONLY DIE ONCE
HAVE A NICE DAY OF THE DEAD
R.I.P.
IT JUST FEELS LIKE MORE.
SO MANY BONES...
SO LITTLE TIME!
ZNUPÉ

While Halloween is wrapping up in the USA, here in Mexico the cemeteries are just warming up for Día de los Muertos (Day of the Dead).

As an American who grew up viewing cemeteries as grim places synonymous with mourning and discomfort, it is a relief to be in a culture that converts that bleak environment into a place to play music and sing, laugh, rejoice and celebrate memories of the dear departed. Altars are set up with flowers and food, including skulls made of sugar, incense and candles and other items that both commemorate the dead and entice them to return from the afterlife to enjoy the festivities.

As part of a group show I recently curated at a gallery near the town center, I asked participants to create self-portraits that were in the spirit of Day of the Dead.

Laura Blanconá

Bernardo Porraz

Cristina Luna

Gina Iturbe

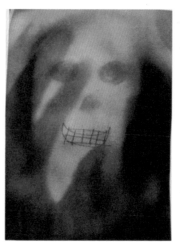
Azagra Rojo

Maries Mendiola

1 de noviembre de 2007

Conforme Halloween concluye en Estados Unidos, aquí en México los cementerios apenas calientan motores para el día de muertos.

Como norteamericano que creció con una visión de los cementerios como lugares sombríos que eran sinónimo de duelo e incomodidad, es un gran alivio estar en una cultura que transforma ese ambiente lóbrego en un sitio donde se toca música y se canta, se ríe, hay regocijo y se celebra la memoria de los que se fueron antes. Se montan altares con flores y comida, incluidos cráneos hechos de azúcar, incienso, velas y otros objetos que conmemoran a los muertos y los atraen para que regresen del más allá a disfrutar de las festividades.

Como parte de la exposición grupal que curé recientemente en una galería cerca del Zócalo de la ciudad, le pedí a los participantes que crearan autorretratos que entonaran con el espíritu del día de muertos.

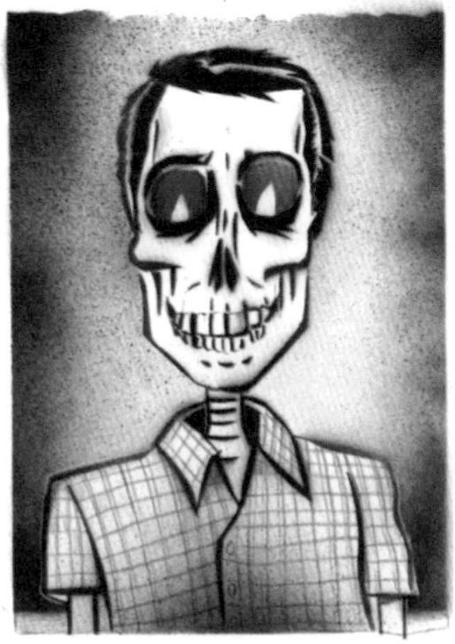

Peter Kuper

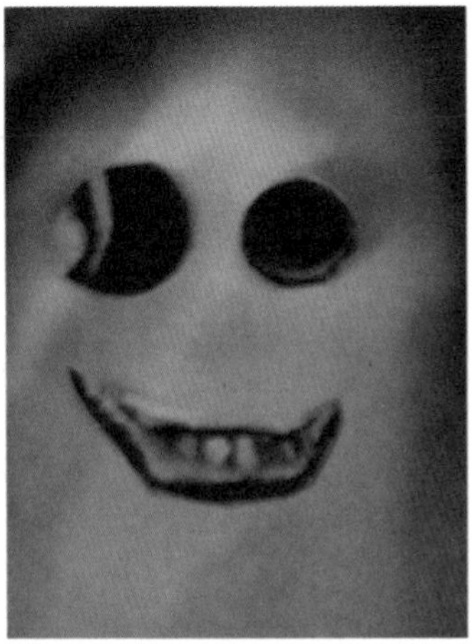

Azagra Rojo

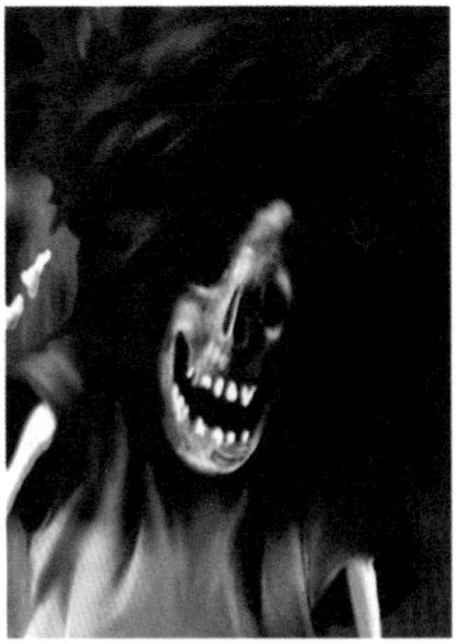

Esther Guizar

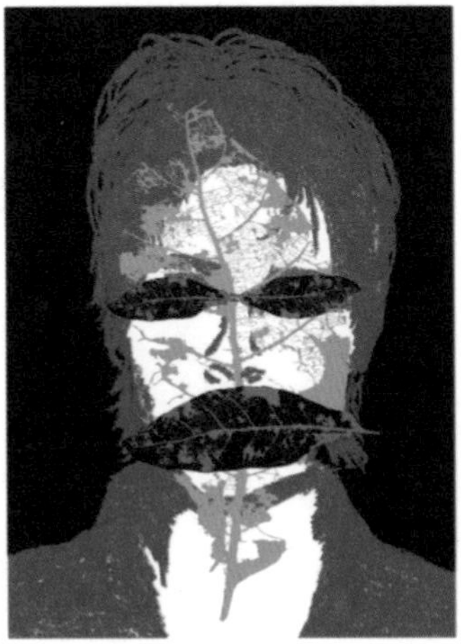

Gina Iturbe

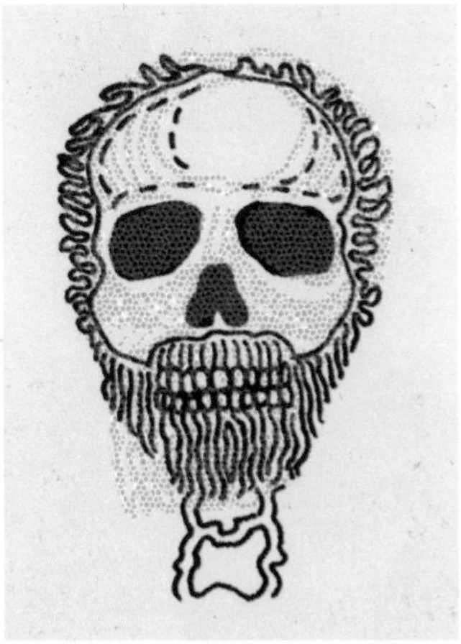

Bernardo Porraz

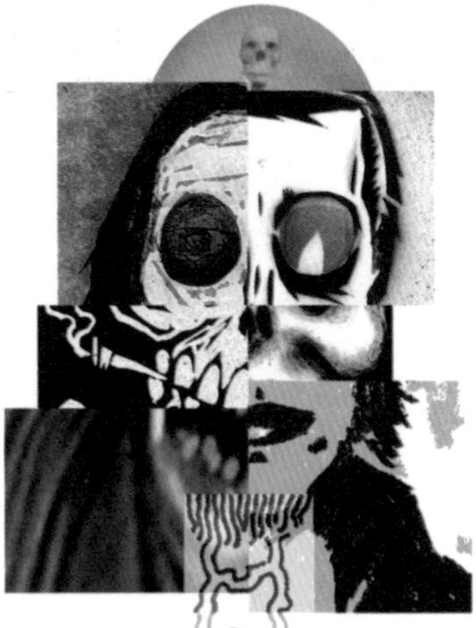

Fuente Ovejuna

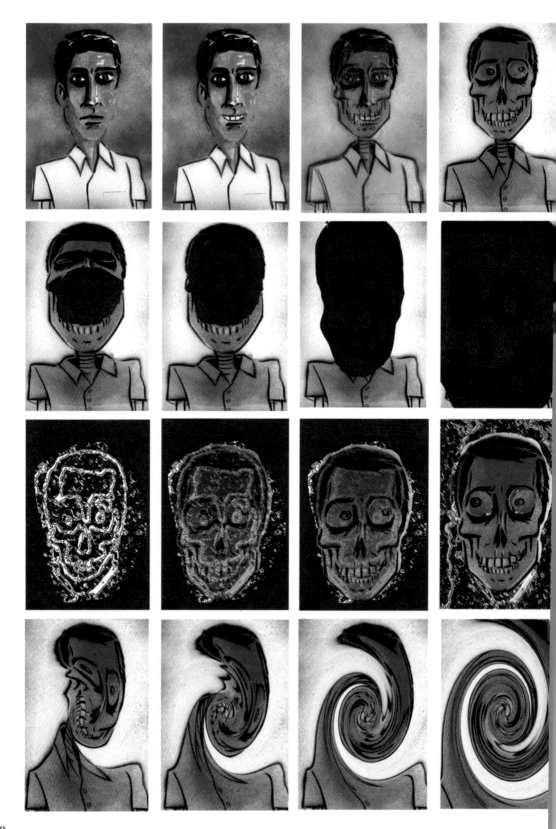

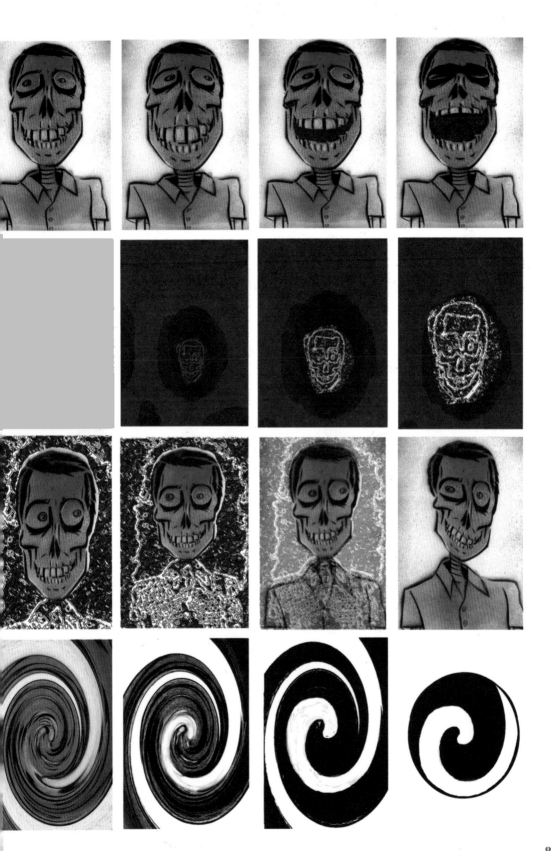

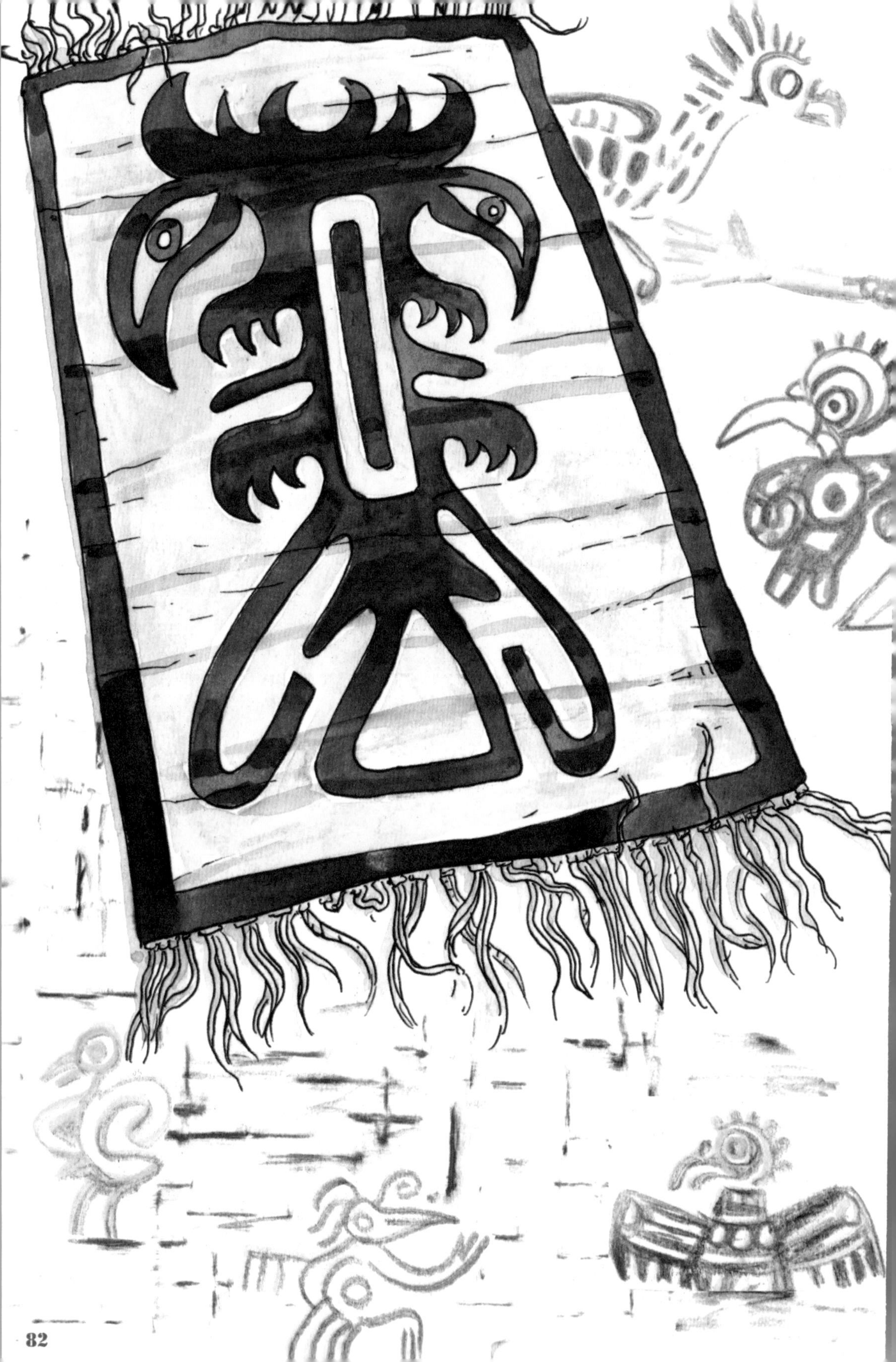

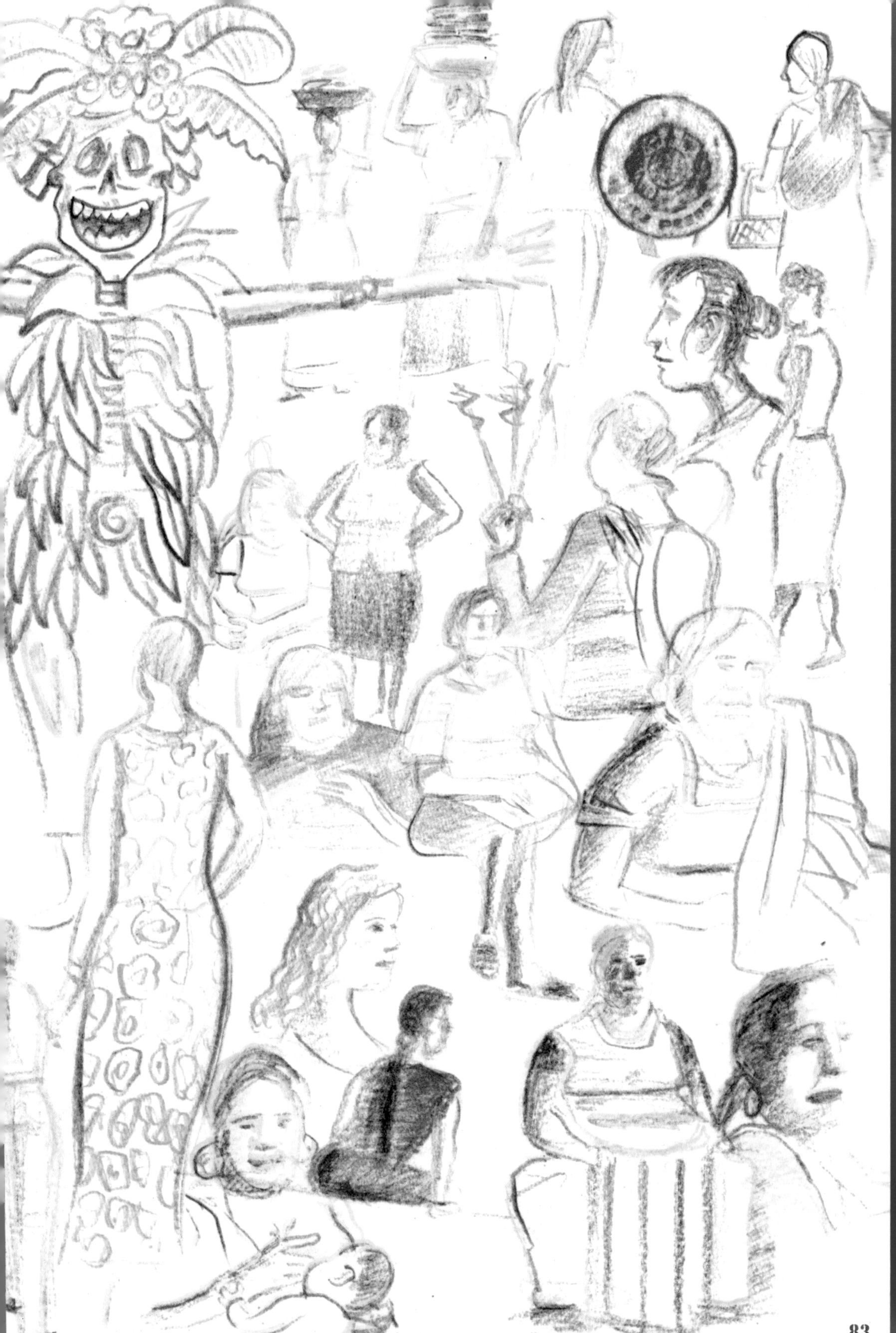

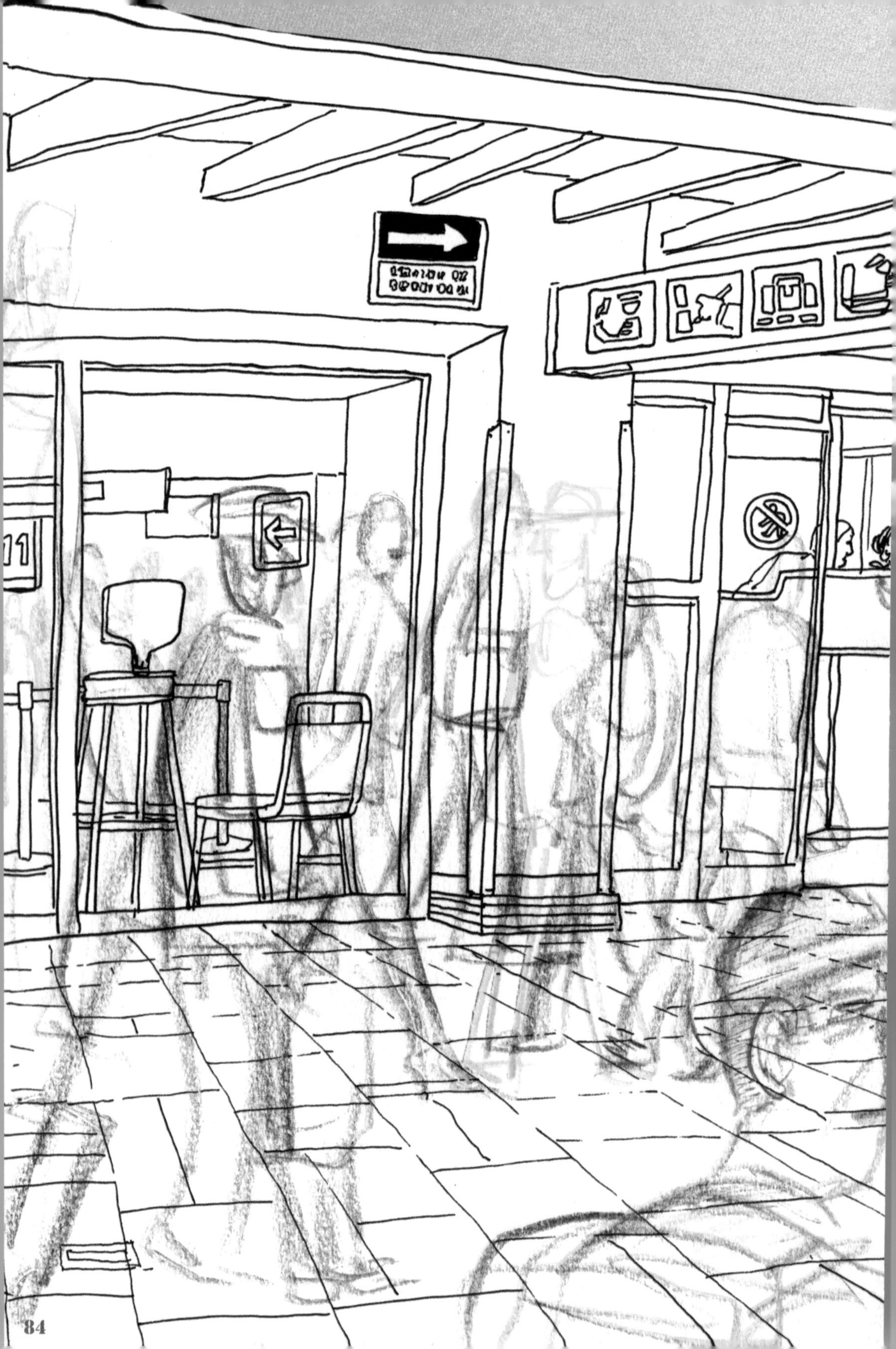

Visit to Mexico City
Visita a la ciudad de México

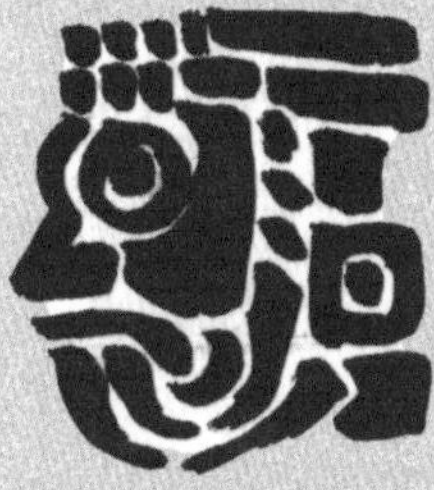

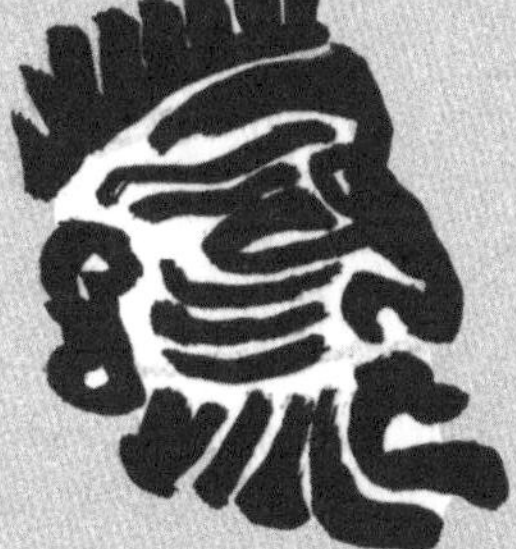

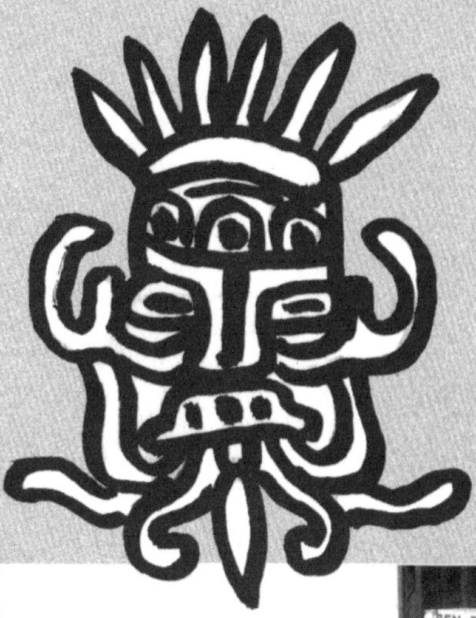

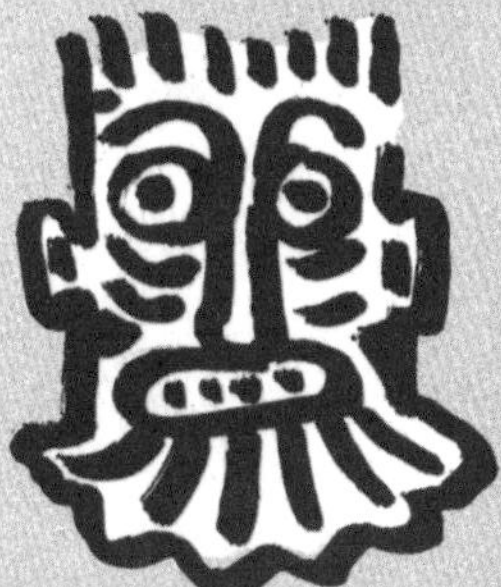

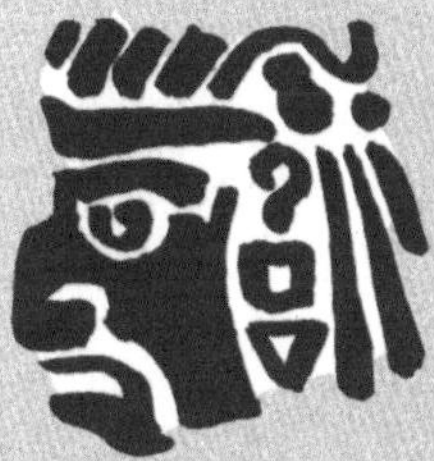

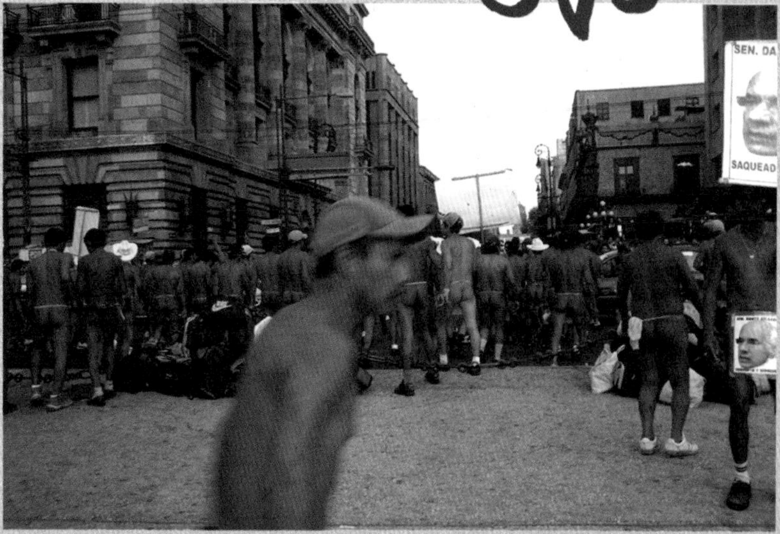

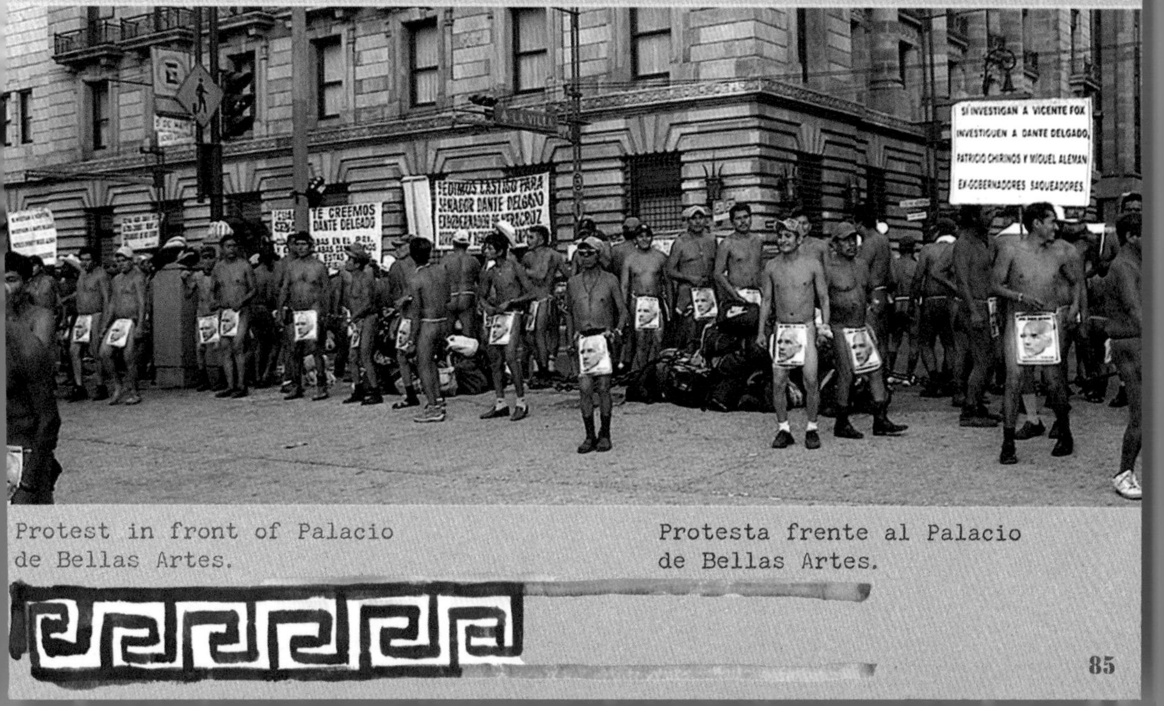

SÍ INVESTIGAN A VICENTE FOX
INVESTIGUEN A DANTE DELGADO,
PATRICIO CHIRINOS Y MIGUEL ALEMAN
EX-GOBERNADORES SAQUEADORES.
TE CREEMOS
DANTE DELGADO

Protest in front of Palacio de Bellas Artes.

Protesta frente al Palacio de Bellas Artes.

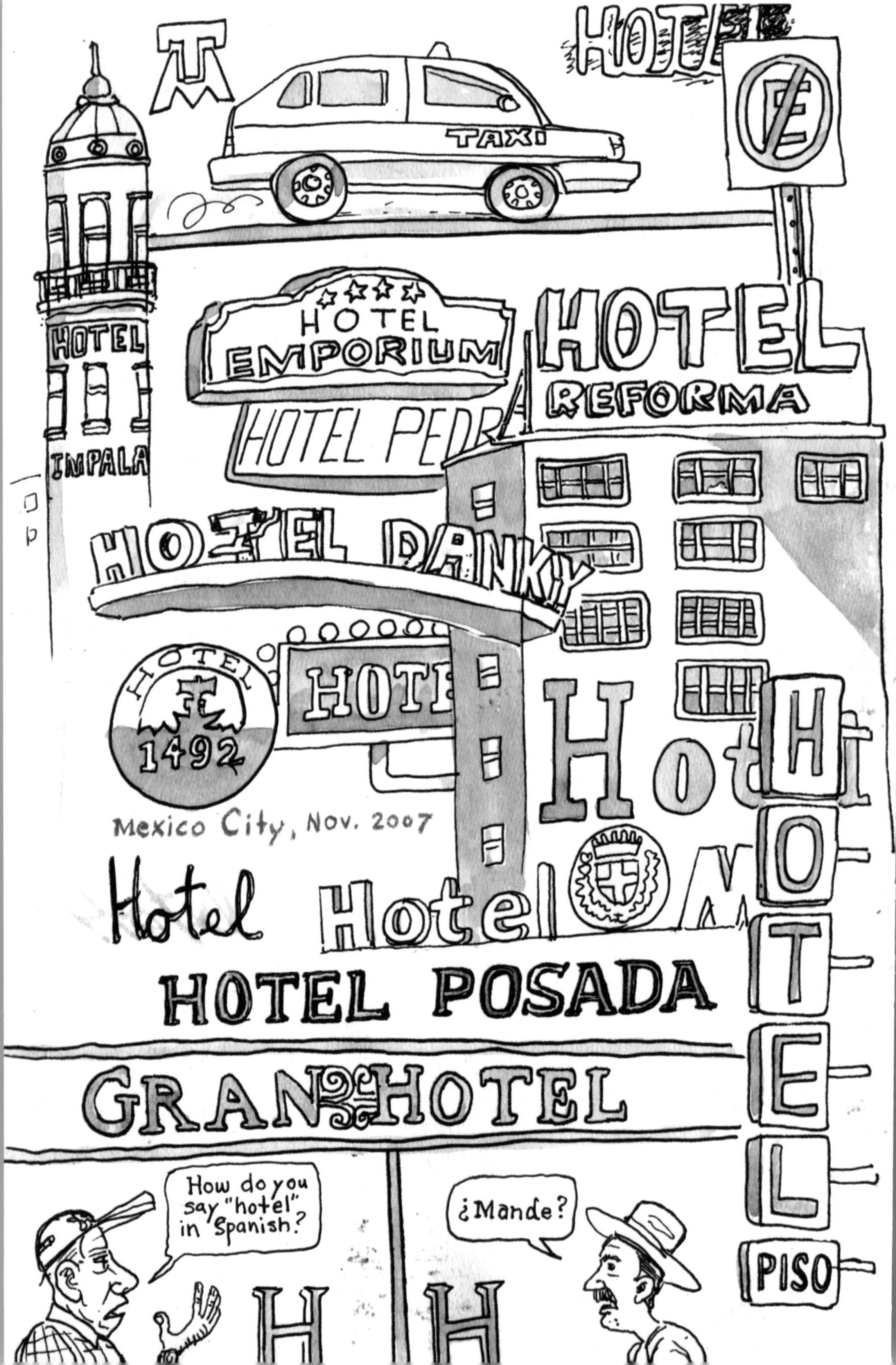
TAXI
HOTEL
EMPORIUM
HOTEL
REFORMA
HOTEL
IMPALA
HOTEL DANKY
HOTEL
1492
HOTEL
Mexico City, Nov. 2007
Hotel
Hotel
HOTEL POSADA
GRAN HOTEL
HOTEL
PISO
How do you say "hotel" in Spanish?
¿Mande?

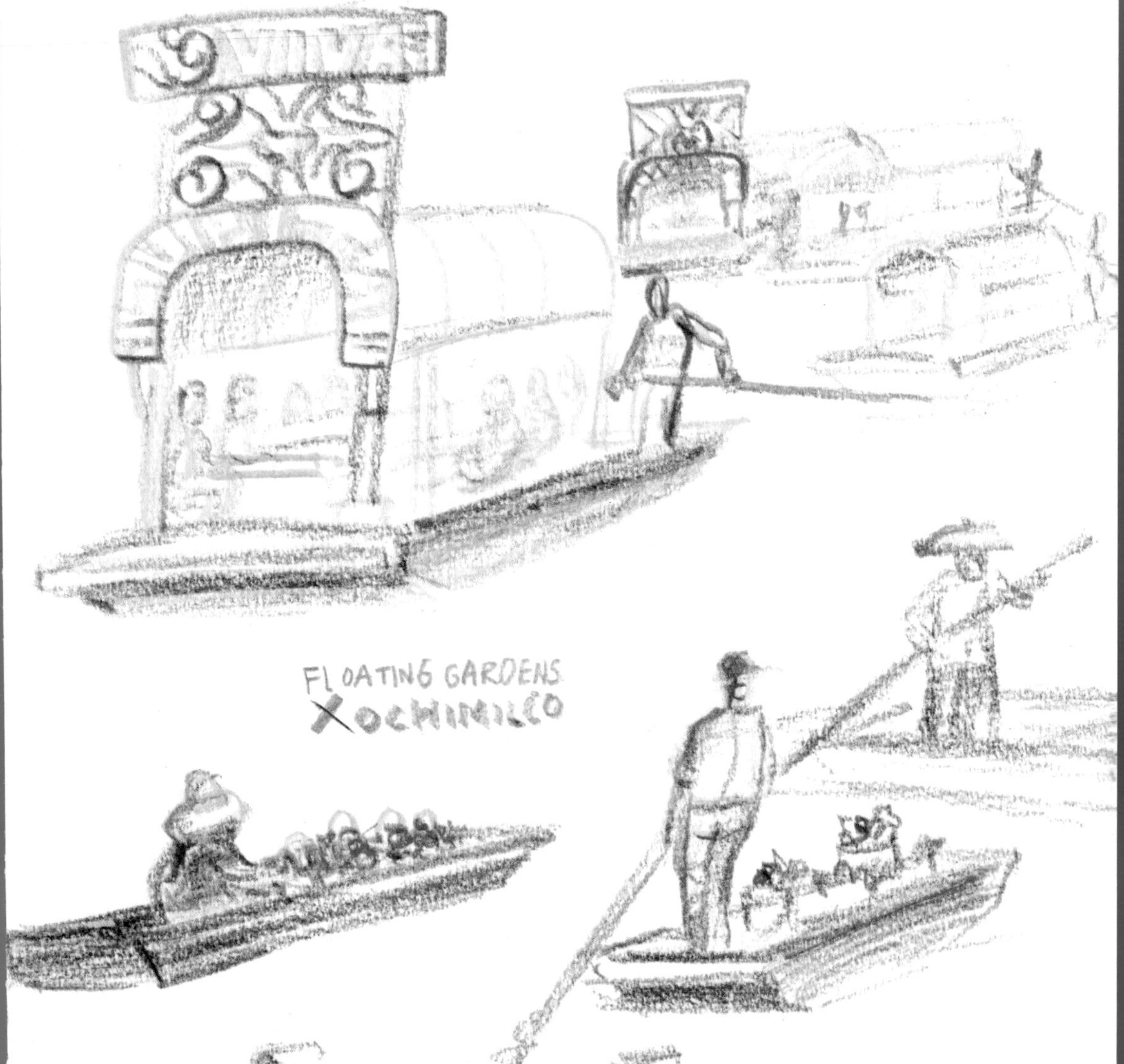
FLOATING GARDENS
XOCHIMILCO

Jardines flotantes
Xochimilco

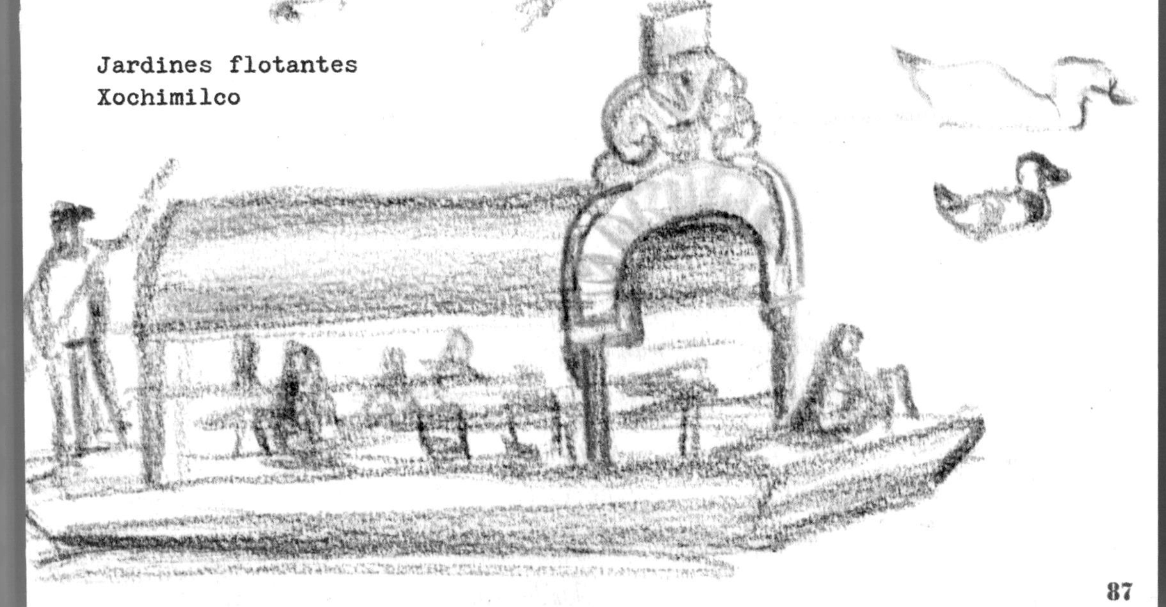

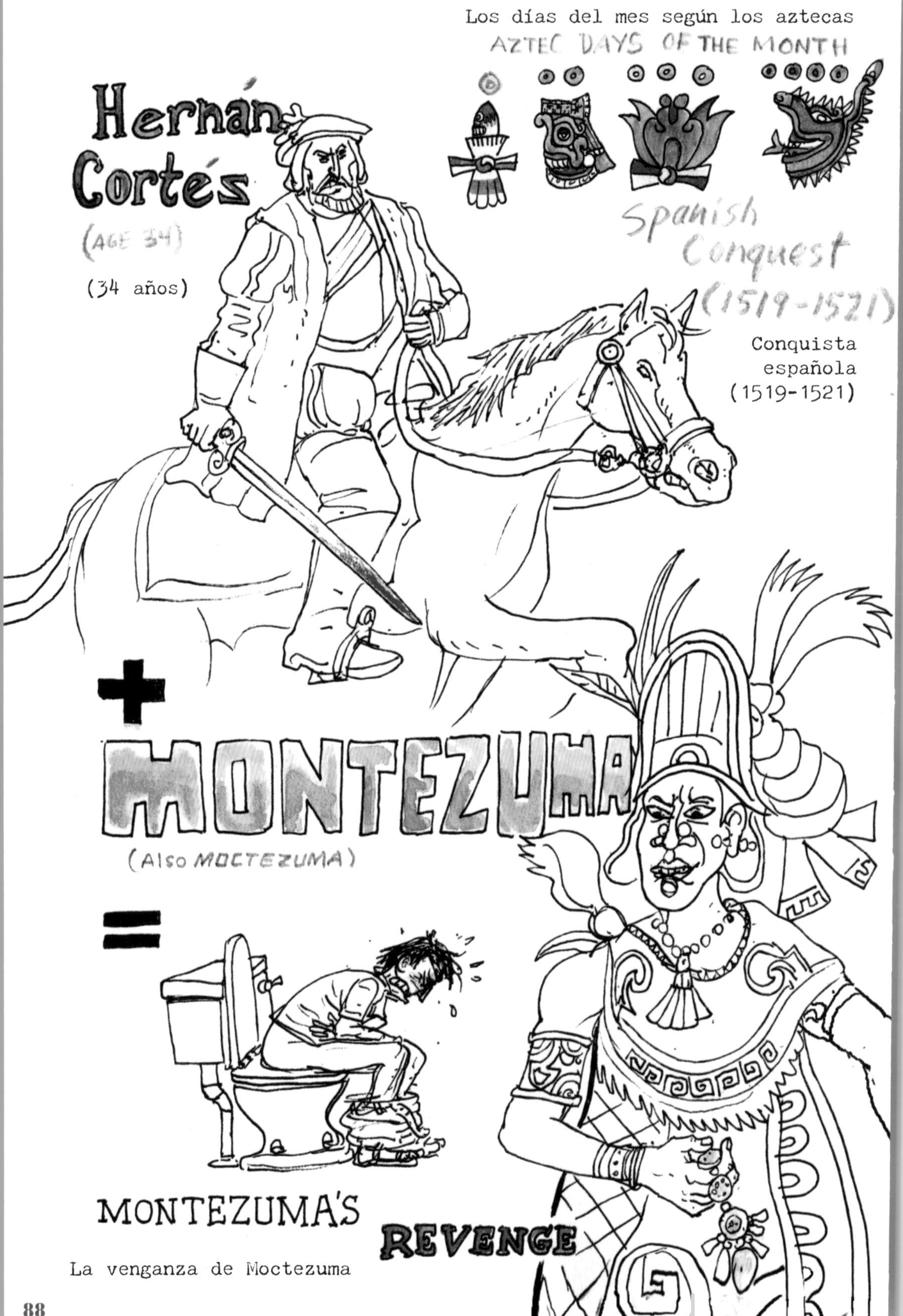
Los días del mes según los aztecas
AZTEC DAYS OF THE MONTH
Hernán Cortés
(AGE 34)
(34 años)
Spanish Conquest (1519-1521)
Conquista española (1519-1521)
+
MONTEZUMA
(Also MOCTEZUMA)
=
MONTEZUMA'S
REVENGE
La venganza de Moctezuma

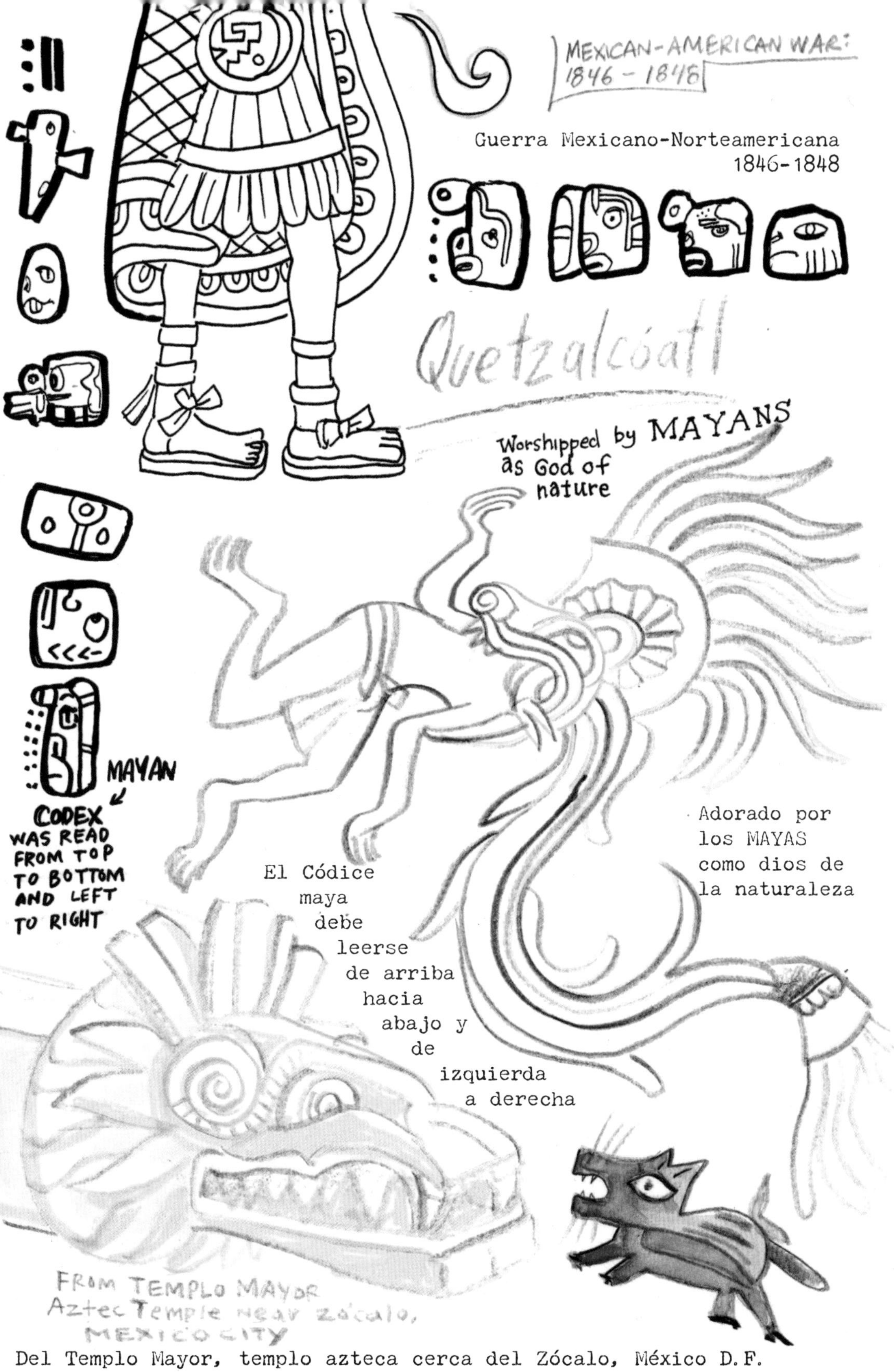
MEXICAN-AMERICAN WAR: 1846 - 1848
Quetzalcóatl
Worshipped by MAYANS as God of nature
MAYAN CODEX WAS READ FROM TOP TO BOTTOM AND LEFT TO RIGHT
FROM TEMPLO MAYOR Aztec Temple near zócalo, MEXICO CITY

Guerra Mexicano-Norteamericana
1846-1848

Adorado por los MAYAS como dios de la naturaleza

El Códice maya debe leerse de arriba hacia abajo y de izquierda a derecha

Del Templo Mayor, templo azteca cerca del Zócalo, México D.F.

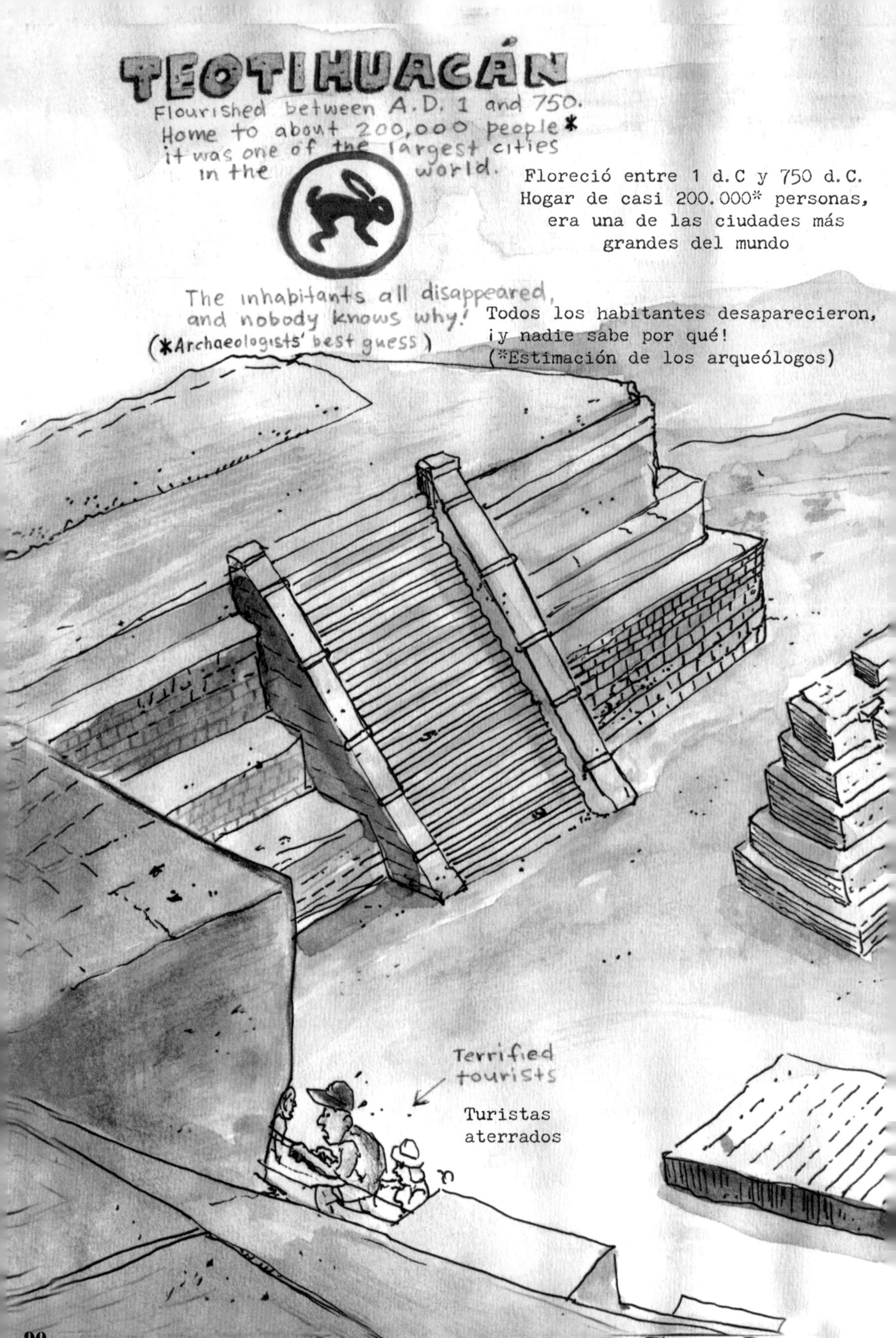
TEOTIHUACÁN
Flourished between A.D. 1 and 750.
Home to about 200,000 people*
it was one of the largest cities
in the world.
Floreció entre 1 d.C y 750 d.C.
Hogar de casi 200.000* personas,
era una de las ciudades más
grandes del mundo
The inhabitants all disappeared,
and nobody knows why!
(*Archaeologists' best guess)
Todos los habitantes desaparecieron,
¡y nadie sabe por qué!
(*Estimación de los arqueólogos)
Terrified
tourists
Turistas
aterrados

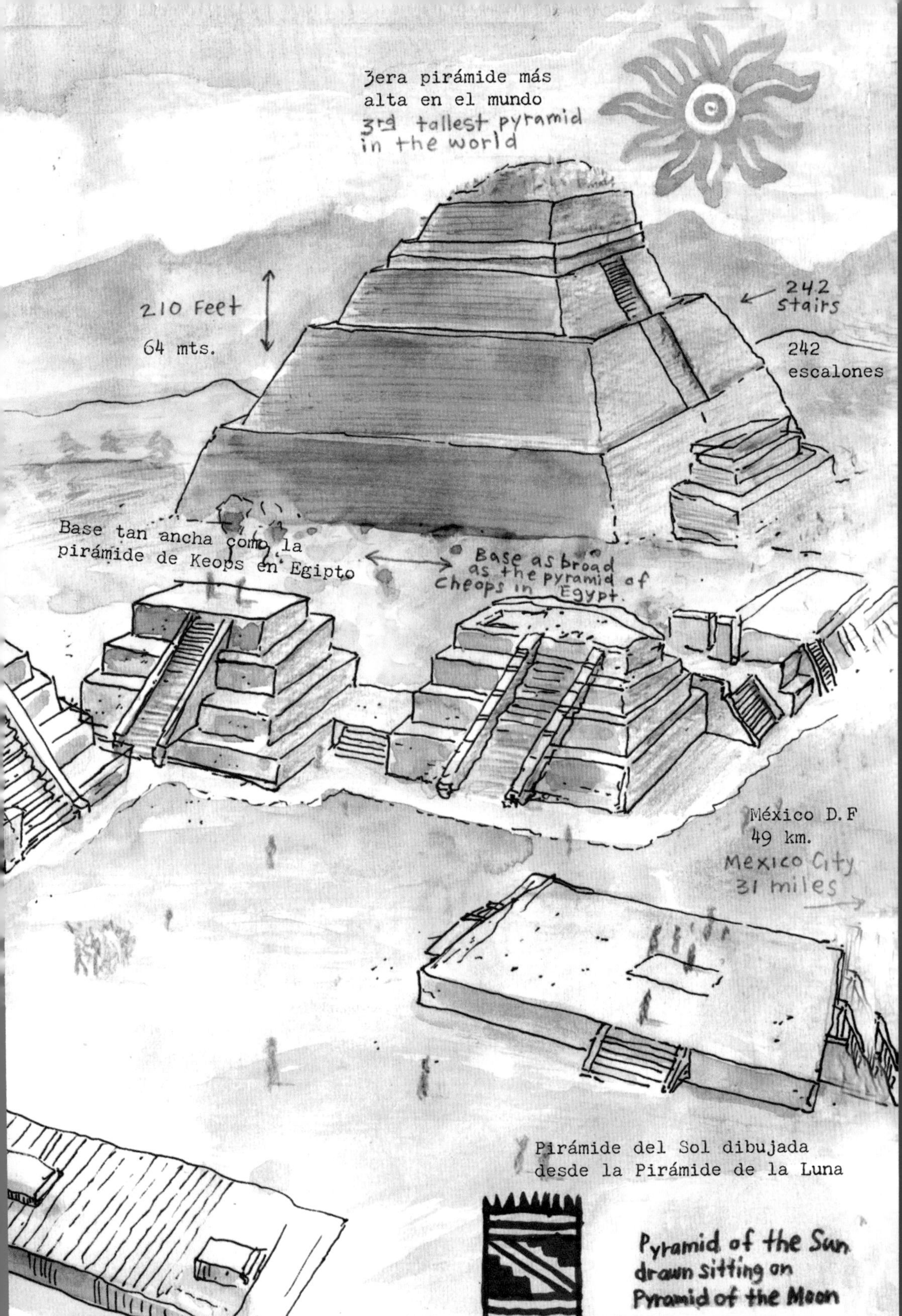
3era pirámide más
alta en el mundo
3rd tallest pyramid
in the world
210 Feet
64 mts.
242
stairs
242
escalones
Base tan ancha como la
pirámide de Keops en Egipto
Base as broad
as the pyramid of
Cheops in Egypt.
México D.F
49 km.
Mexico City
31 miles
Pirámide del Sol dibujada
desde la Pirámide de la Luna
Pyramid of the Sun
drawn sitting on
Pyramid of the Moon

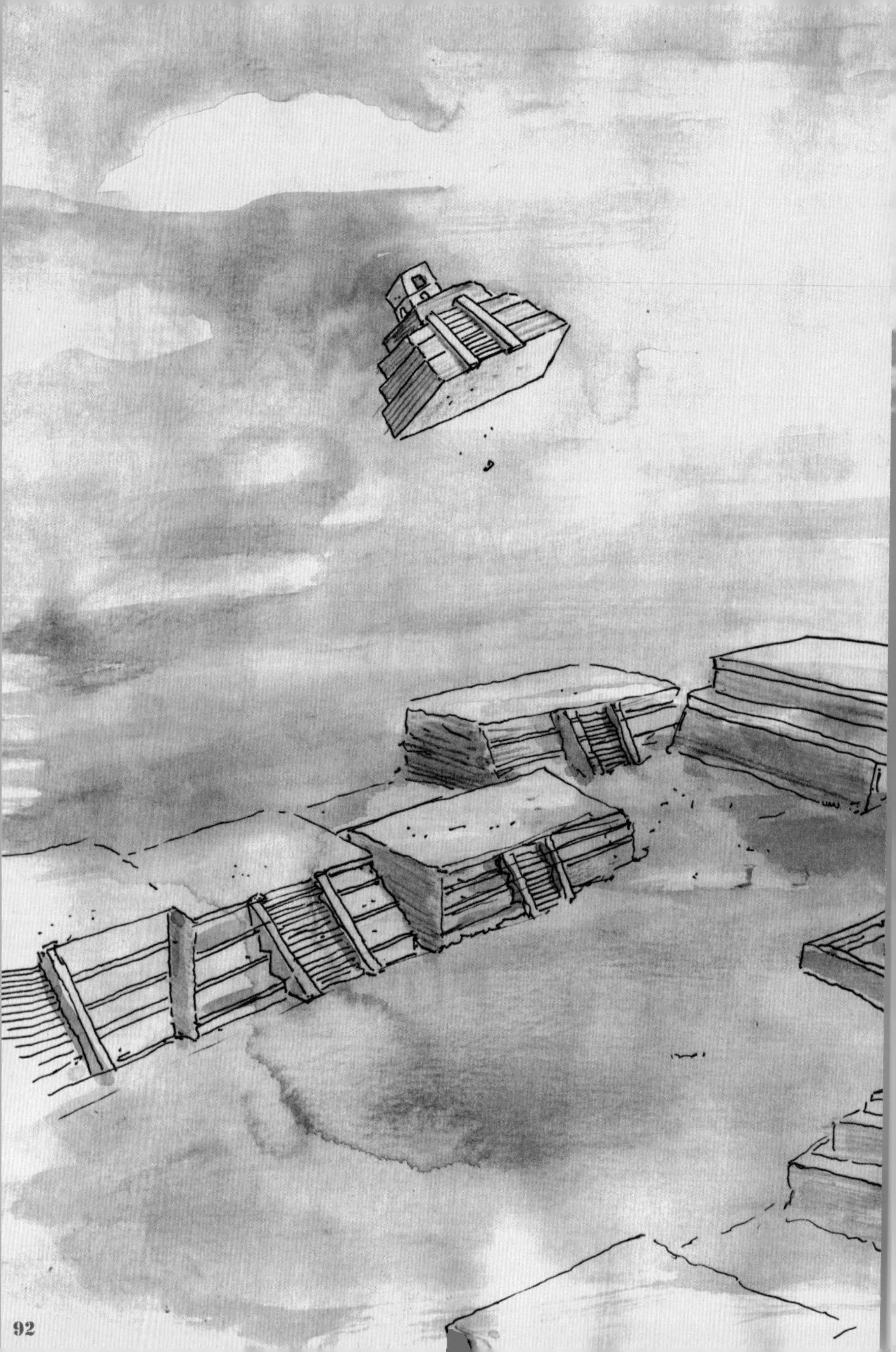

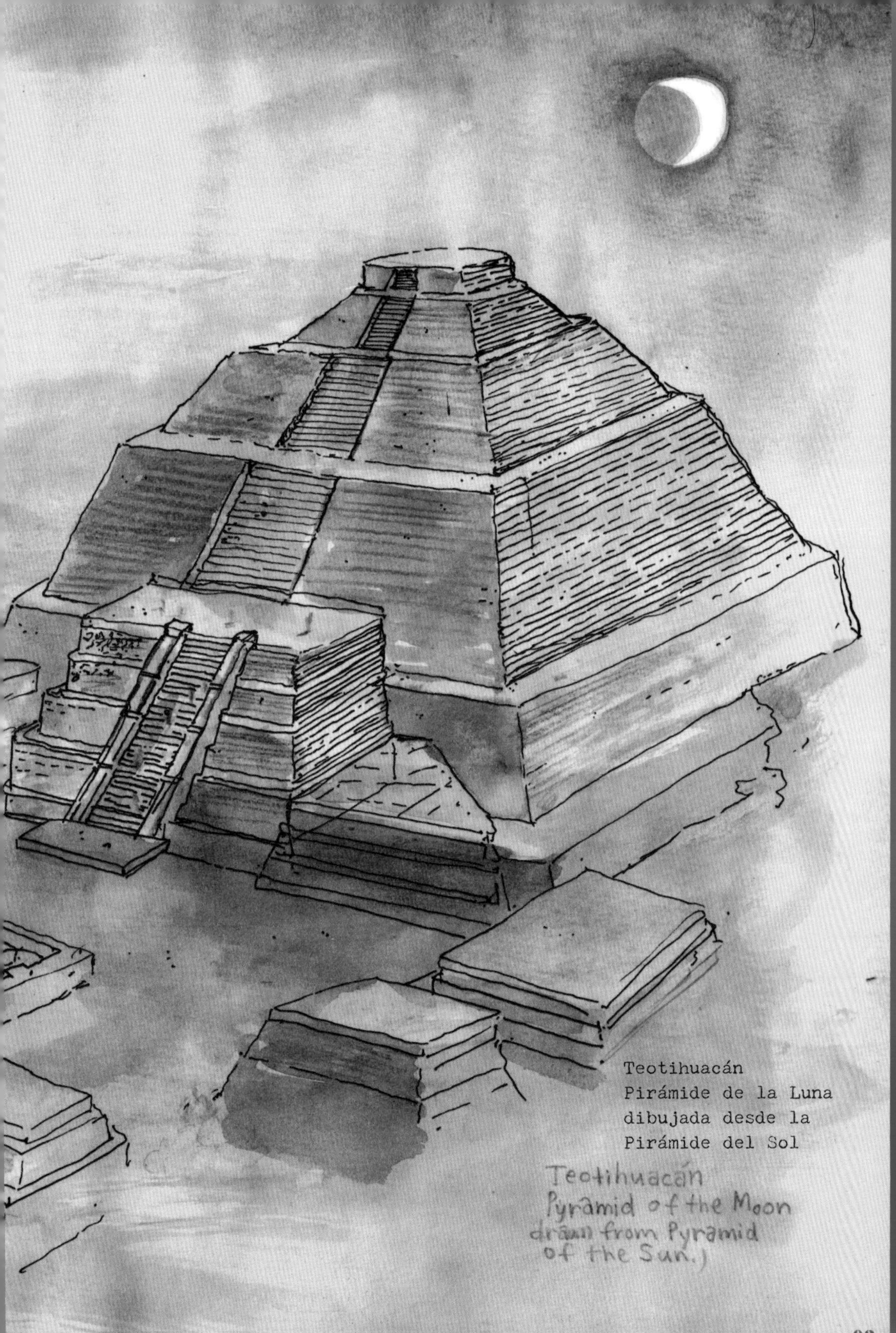

Teotihuacán
Pirámide de la Luna
dibujada desde la
Pirámide del Sol

Teotihuacán
Pyramid of the Moon
drawn from Pyramid
of the Sun.)

January 24th, 2008

It has been over a year since the U.S. State Department lift-
ed its travel warning against visiting Oaxaca, Mexico. This
had been a death sentence to the economy, which is largely
dependent on tourism. Hotels were empty, restaurants empty,
tour buses empty, pockets empty.

Flash forward to the end of last December. The streets are
now full of vendors selling an explosion of colorful clothing,
wooden animals and various other fantastic tchochkies. The
owner at Casa Oaxaca restaurant informs my wife and me there
are no tables available for the next several of nights
"¿Posiblemente el lunes?" No, no, thanks we don't want to wait
until Monday. Flights into town are booked and hotels are
packed during the holidays, which seem to be a continuous
fiesta from Day of the Dead through the Dog Days of Summer.

It's not that I long for a bygone era of burning buses,
tear-gassed streets, federal troops and curfews. But I will
admit to feeling privileged to have been among the few for-
eigners to witness the historic events of the nearly seven-
month teachers' strike.

Certainly, there had been nothing pleasurable about being
the lone couple seated in restaurants that teetered on the
edge of bankruptcy or walking through empty streets past barricades and the burnt skeletons of buses. Still, we felt a
sense of solidarity and inclusion in the town that transformed
us from mere tourists to members of the community.

Our gringo status has now returned along with a happily
rising economy. Which isn't to say all is hunky dory for the
state. The governor, who triggered the entire mess, has spent
the last three years lining his pockets (with three more to
go) as Oaxaca continues to hold second place, right behind
Chiapas, as the poorest state in Mexico. Many strikers remain
behind bars and a number of the businesses that suffered during the siege have vanished.

Images of police in riot gear, encamped teachers and
smashed storefront windows have been replaced by sketches of
teeming market stalls, dog-filled streets and a million other
aspects that help me remember the entire picture, as the last
months of our time in Mexico evaporate in the heat.

Happily, I've discovered that by observing and drawing my
surroundings, I'm slowing the passage of time. I'm certainly
hoping this parade of images will have taken up permanent
residence in my brain. When we return to the U.S.A. I'll need
the glow of Oaxaca to remain as a mental retreat when
Manhattan turns to ice.

24 de enero de 2008

Ha transcurrido un año desde que el Departamento de Estado de los Estados Unidos levantó su advertencia contra visitar Oaxaca. Ésta significó una sentencia de muerte para la economía oaxaqueña, que depende de manera importante del turismo. Los hoteles estaban vacíos, los restaurantes vacíos, los autobuses turísticos vacíos, los bolsillos vacíos.

Adelantemos la película a finales de diciembre pasado. Las calles ya están repletas de gente que vende una explosión de coloridas vestimentas, animales de madera y muchas otras baratijas fantásticas. El dueño del restaurante de Casa Oaxaca nos informa a mi esposa y a mí que no hay mesas disponibles para las siguientes veladas. «¿Posiblemente el lunes?» No, no, gracias, no queremos esperar hasta el lunes. Los aviones que llegan a Oaxaca están reservados y los hoteles están atestados durante las vacaciones, que parecen ser una fiesta continua desde el Día de Muertos hasta los días más calurosos del verano.

No es que anhele el tiempo pasado de autobuses en llamas, calles con gases lacrimógenos, elementos del ejército y toques de queda. Pero tengo que admitir que tuve una sensación especial de encontrarme entre los pocos extranjeros intrépidos que desafiamos los eventos históricos de los casi siete meses que duró la huelga de maestros.

Ciertamente, no tuvo nada de placentero ser la única pareja solitaria sentada en restaurantes que se tambaleaban al borde de la bancarrota o caminar por calles vacías pasando por barricadas y por los esqueletos de autobuses quemados. Aun así, experimentamos una sensación de solidaridad y de inclusión en la ciudad que nos convirtió de meros turistas en miembros de la comunidad.

Nuestra condición de gringos ha vuelto junto con una economía que se levanta de manera veloz. Lo cual no significa que todo sea miel sobre hojuelas en el estado. El gobernador, que desató el desastre entero, ha pasado los últimos tres años llenando sus bolsillos (y le faltan otros tres), mientras que Oaxaca continúa ocupando el segundo lugar, justo detrás de Chiapas, como el estado más pobre de México. Varios huelguistas permanecen tras las rejas y un alto número de los comercios que sufrieron durante el cerco han desaparecido.

Dibujos a la policía ataviada con el uniforme antidisturbios, de maestros que acampaban y de vitrinas de tiendas hechas añicos ha sido reemplazada por bocetos de puestos de mercado que se unen, calles repletas de perros y un millón de aspectos más que me ayudan a recordar el escenario completo, conforme los últimos meses de nuestra estancia en México se esfuman en el aire.

Felizmente, he descubierto que al observar y dibujar mi entorno, detengo un poco el paso del tiempo. Ciertamente deseo que este desfile de imágenes se aloje de manera permanente en mi mente. Cuando regresemos a Estados Unidos, necesitaré que el brillo de Oaxaca permanezca como un refugio mental cuando Manhattan se congele.

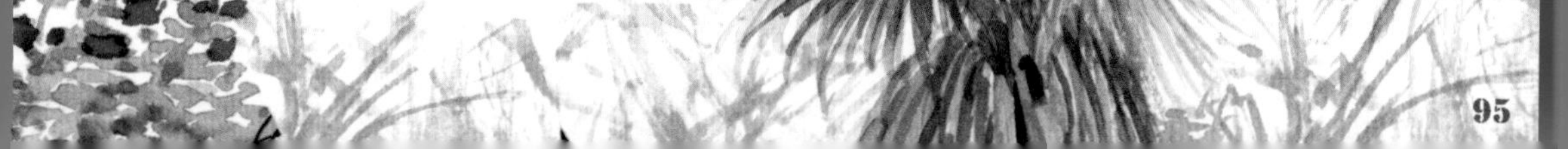

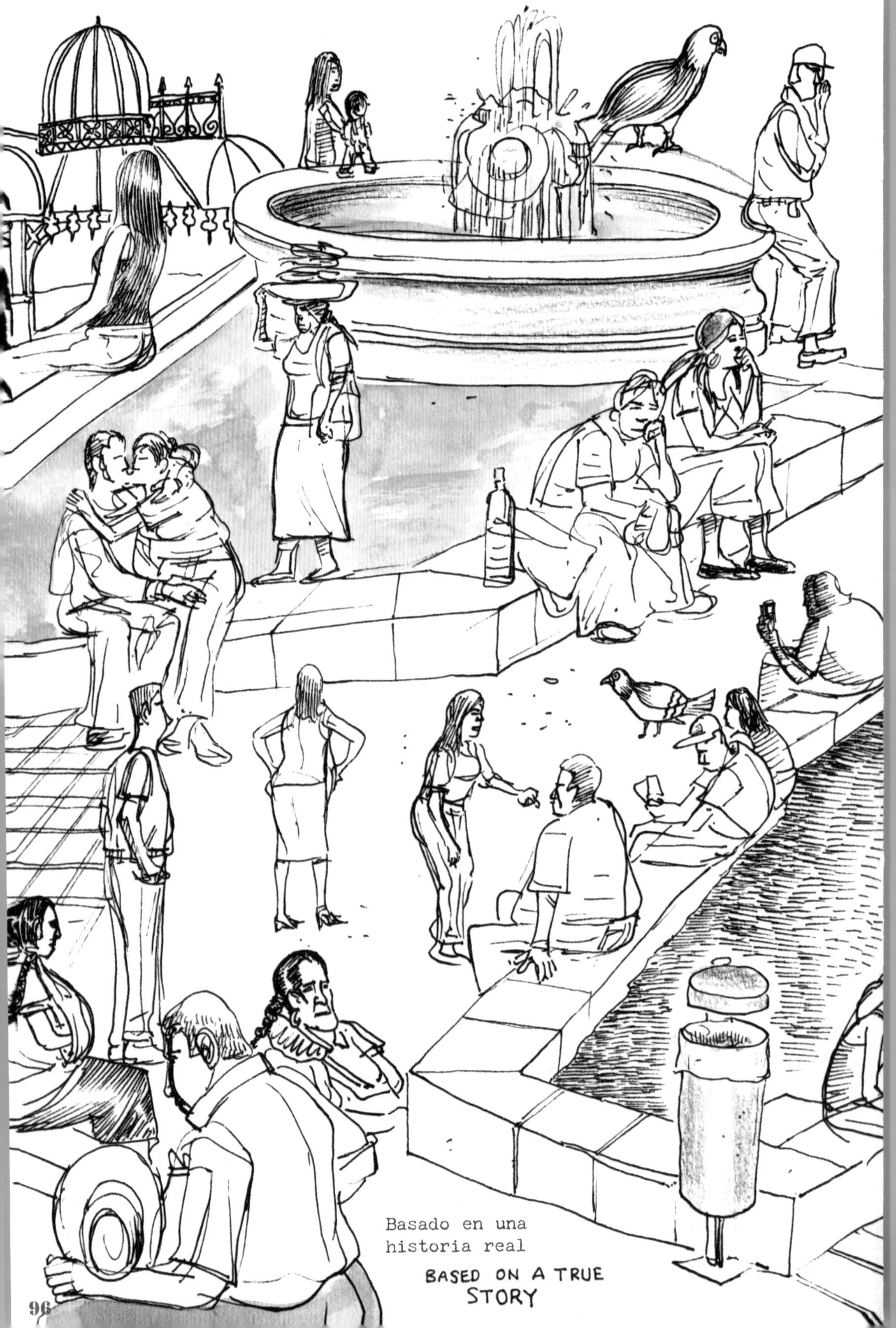
Basado en una
historia real
BASED ON A TRUE
STORY

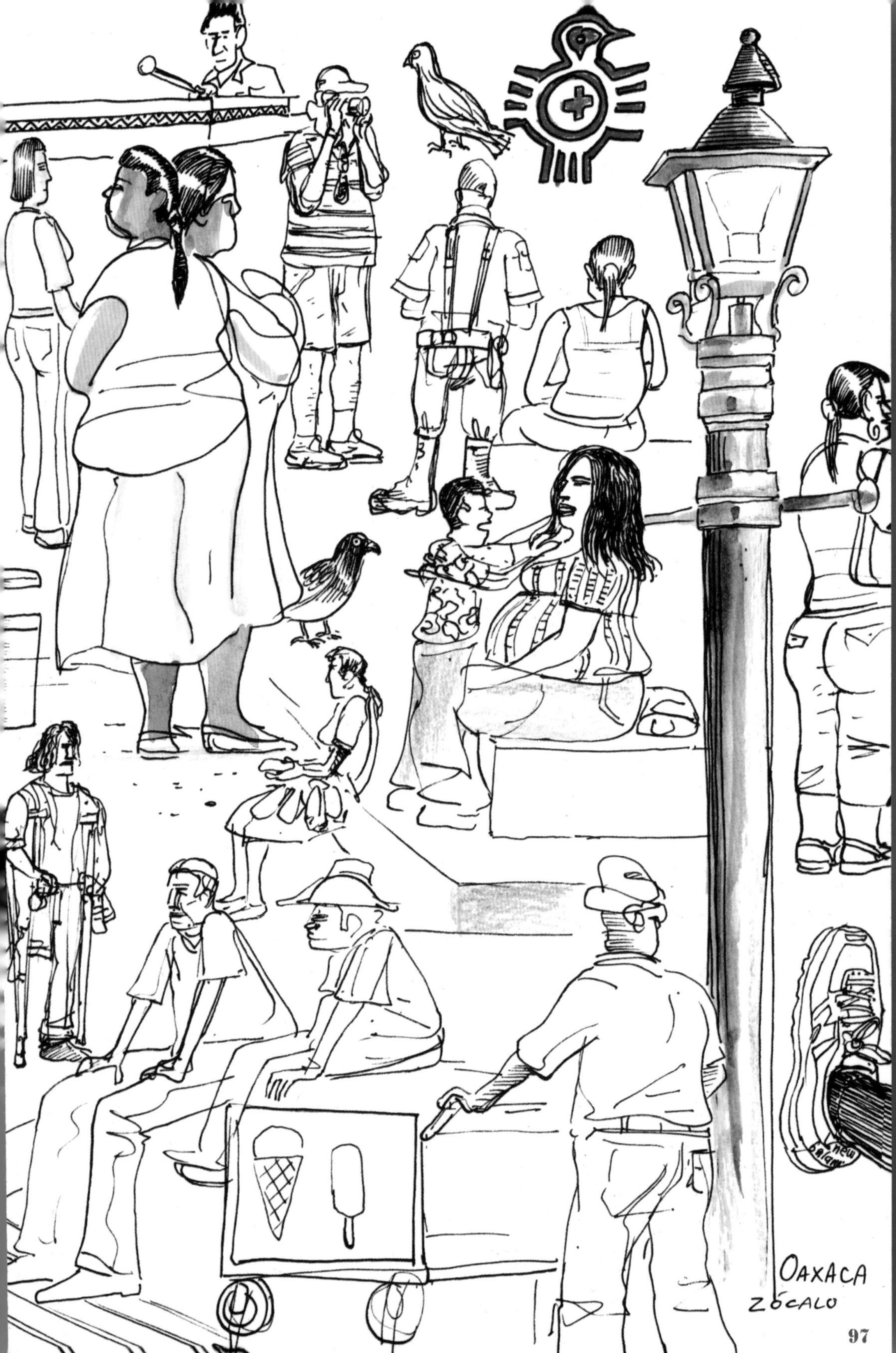
OAXACA
ZÓCALO

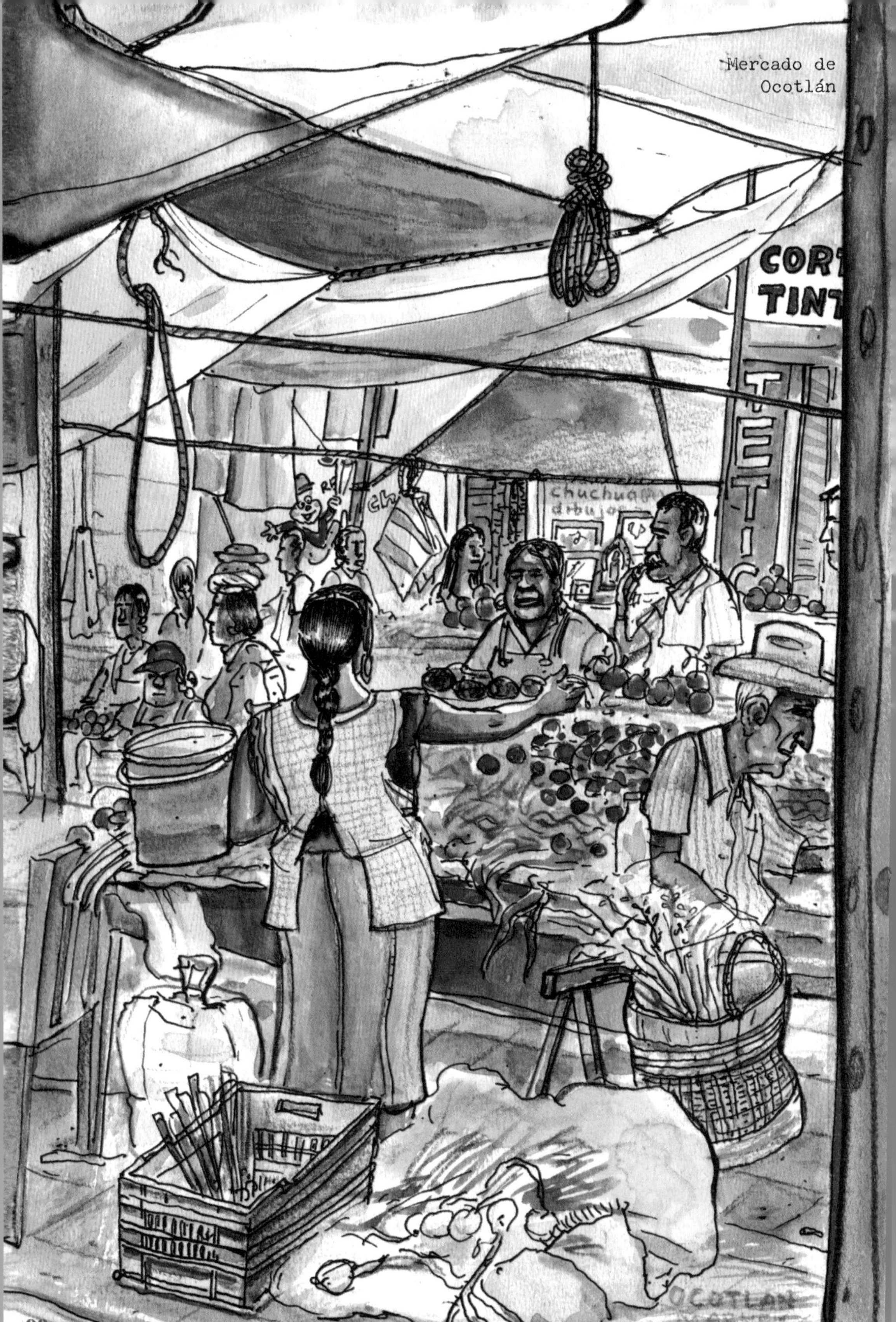
CORT
TINT
OCOTLAN

Mercado de Ocotlán

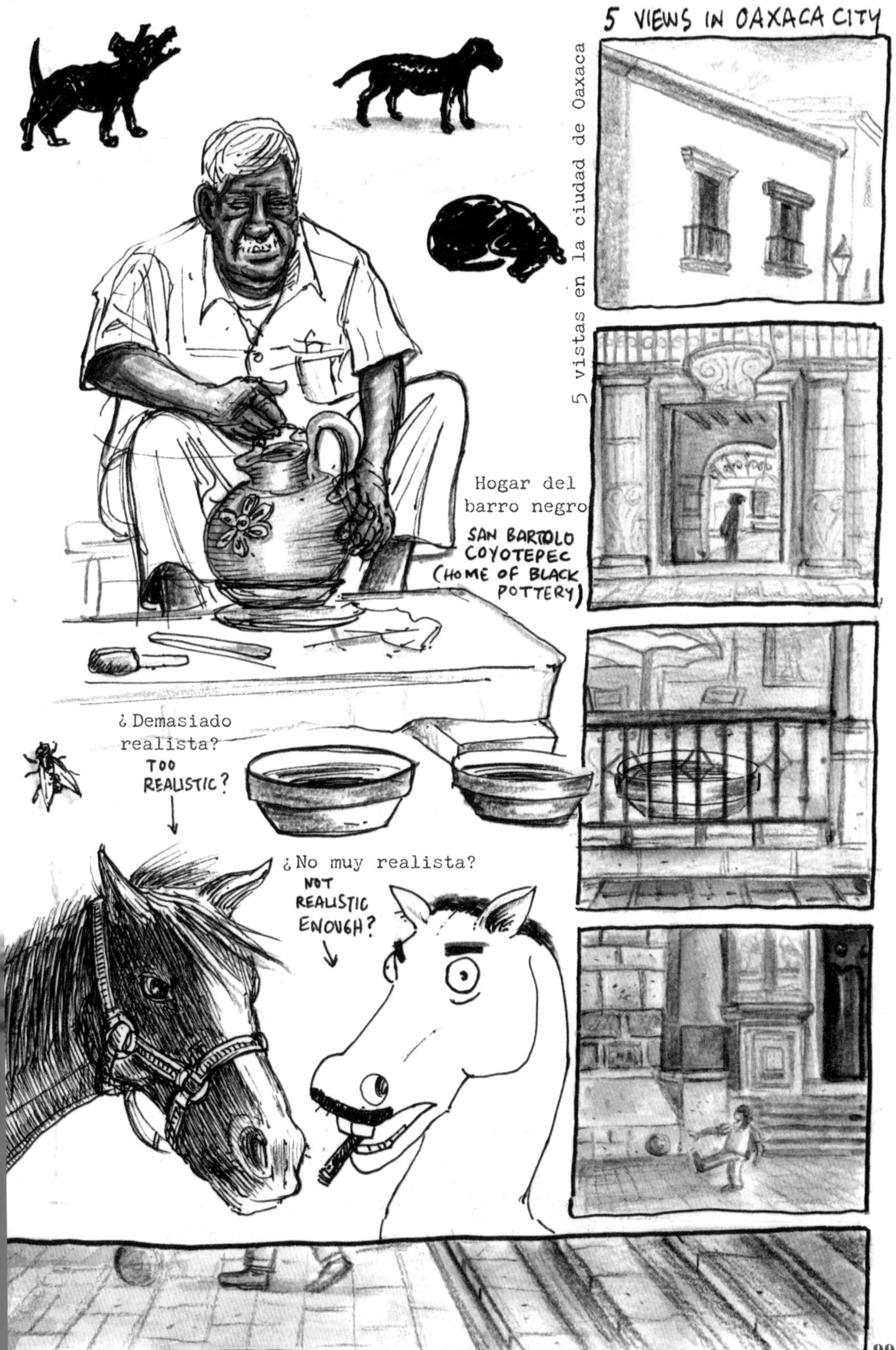
5 VIEWS IN OAXACA CITY
5 vistas en la ciudad de Oaxaca
Hogar del barro negro
SAN BARTOLO COYOTEPEC (HOME OF BLACK POTTERY)
¿Demasiado realista?
TOO REALISTIC?
¿No muy realista?
NOT REALISTIC ENOUGH?

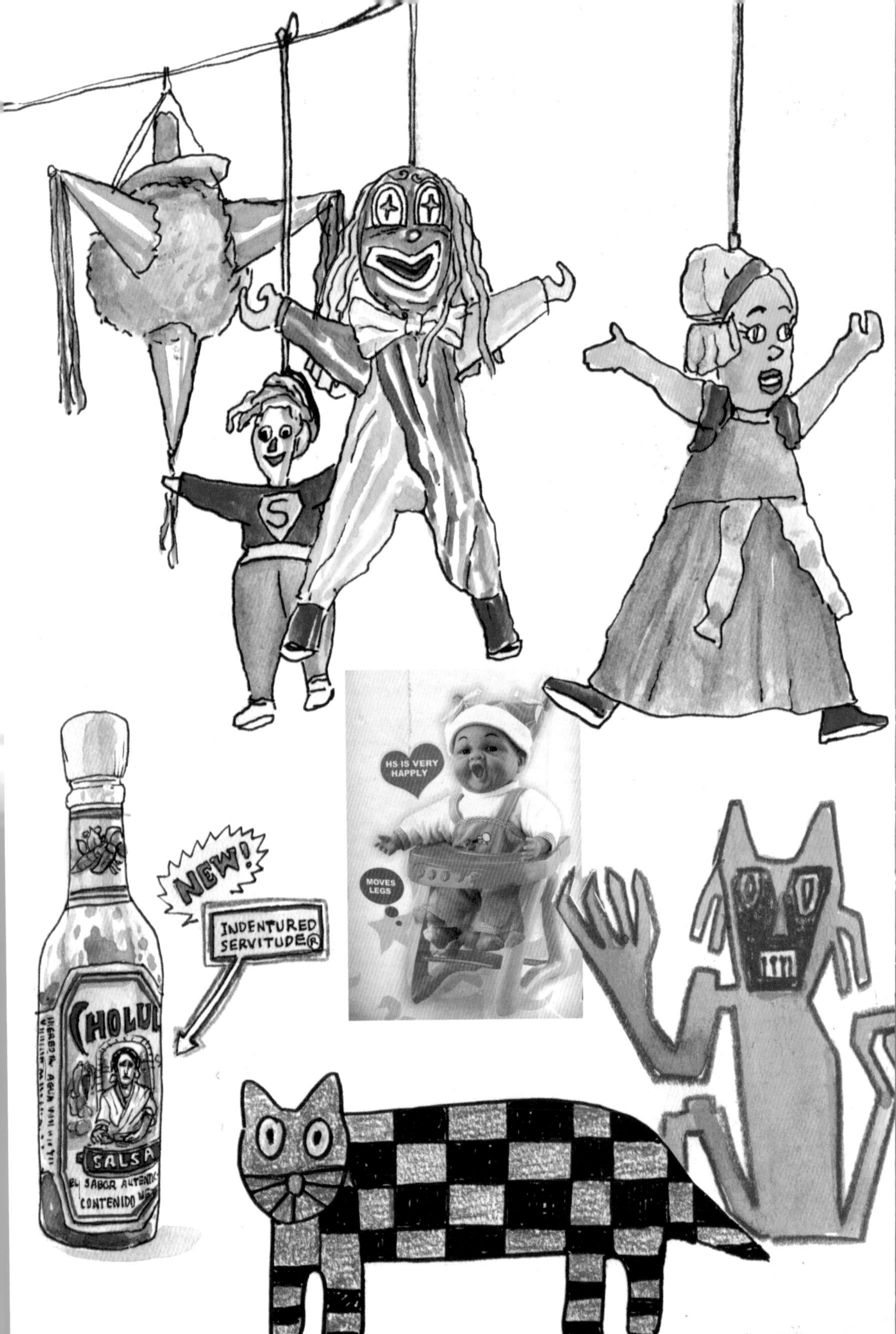
HS IS VERY HAPPLY
MOVES LEGS
NEW!
INDENTURED SERVITUDE®
CHOLUL
SALSA

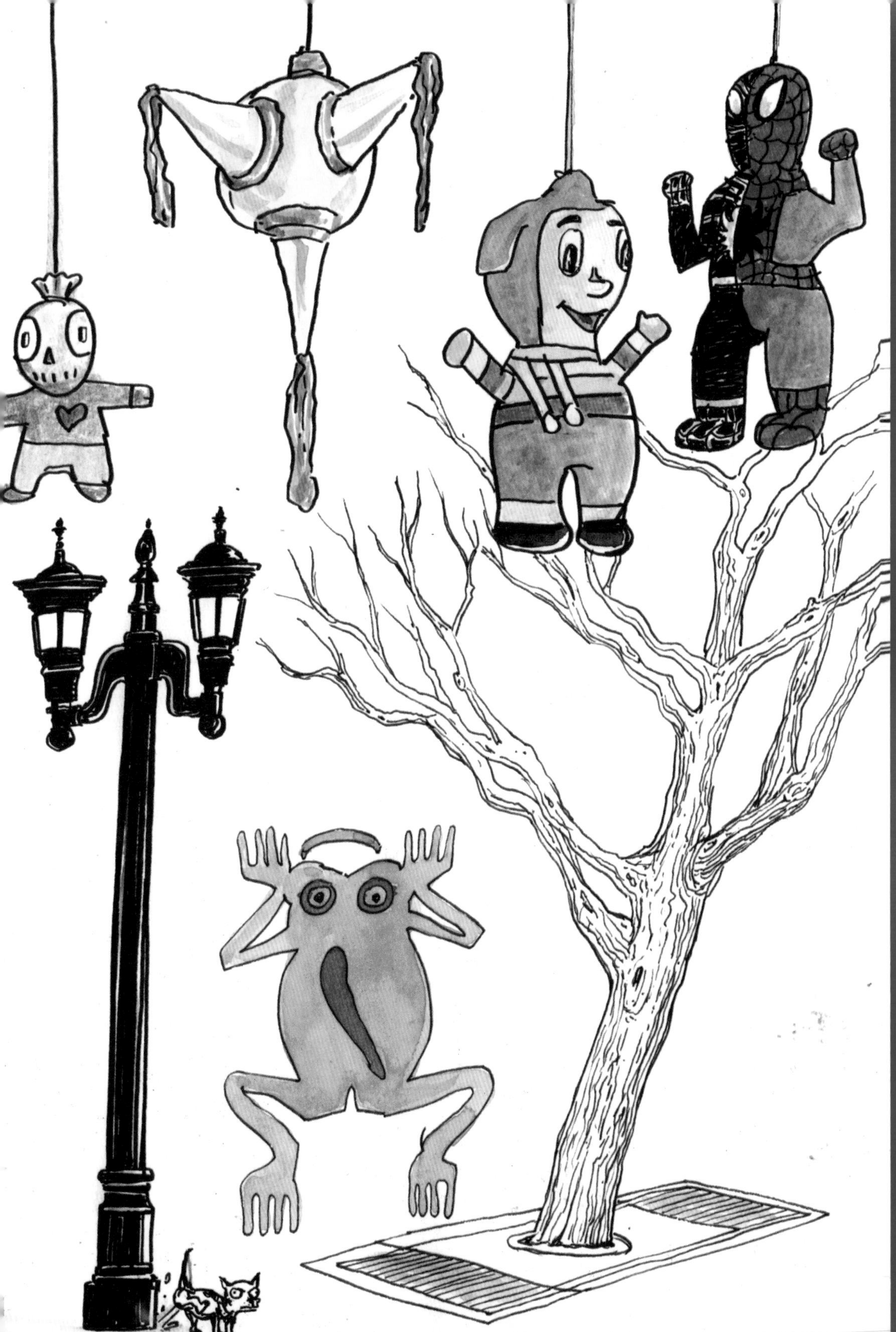

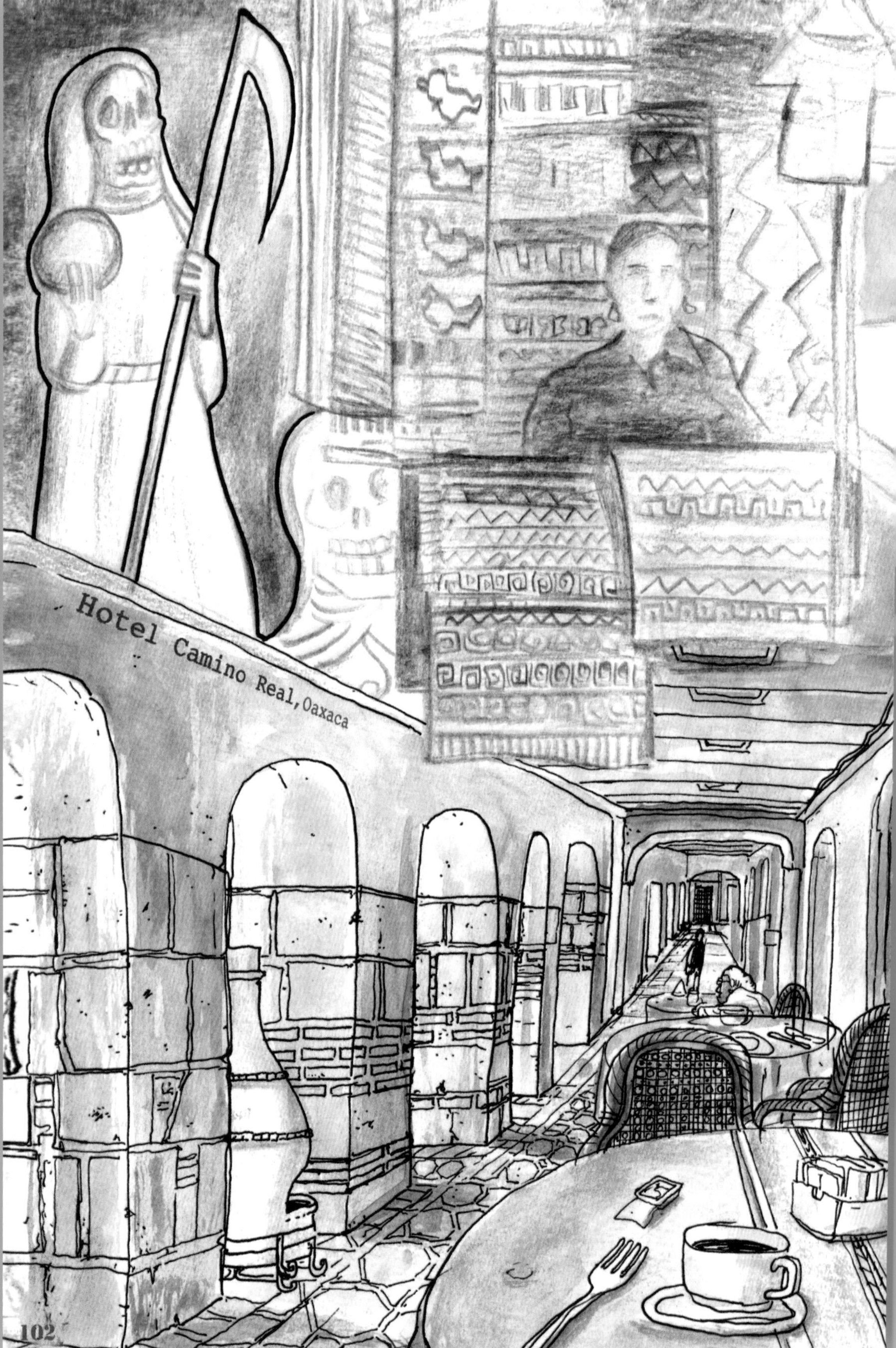
Hotel Camino Real, Oaxaca

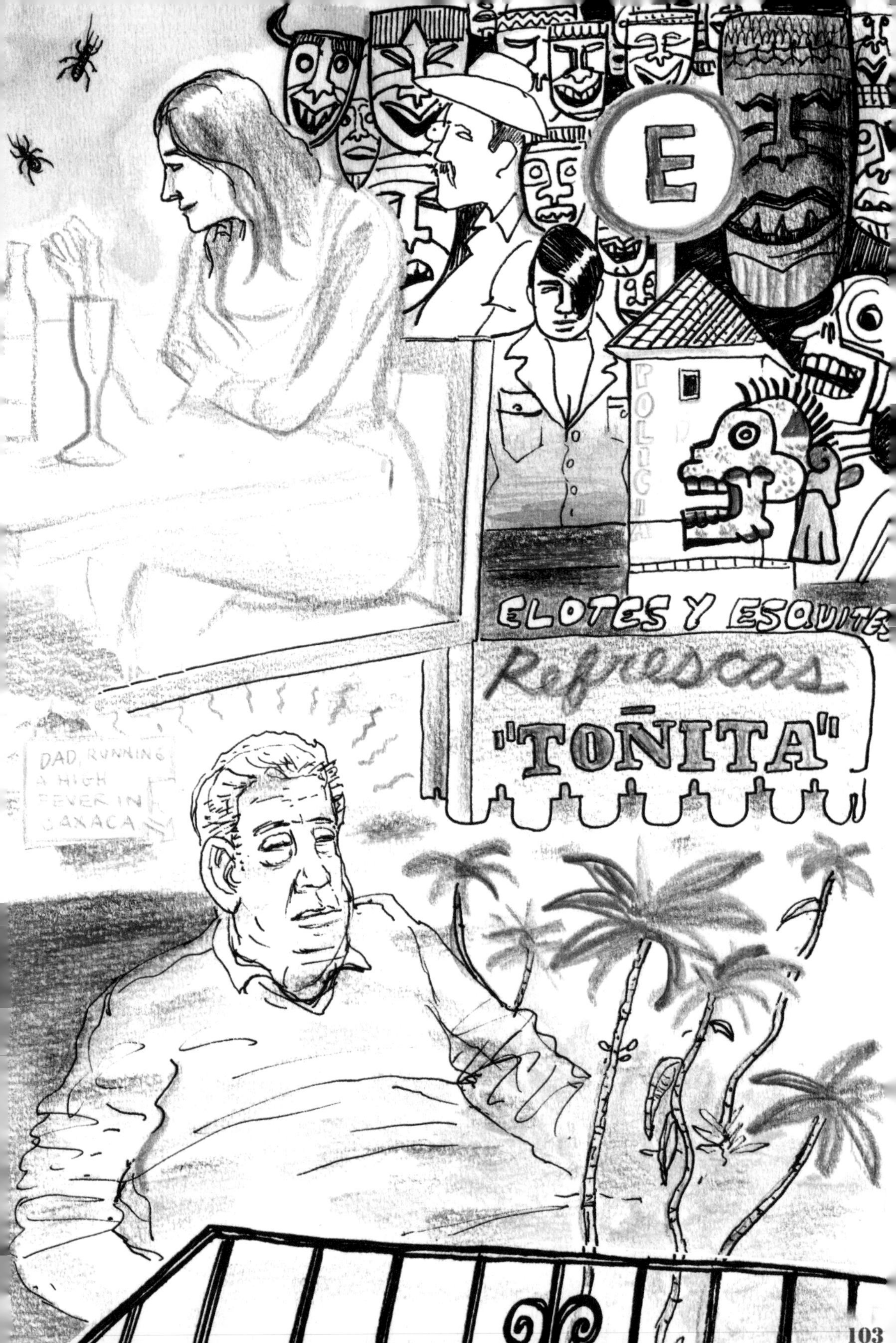
E
POLICIA
ELOTES Y ESQUITES
Refrescas
"TOÑITA"
DAD, RUNNING A HIGH FEVER IN OAXACA

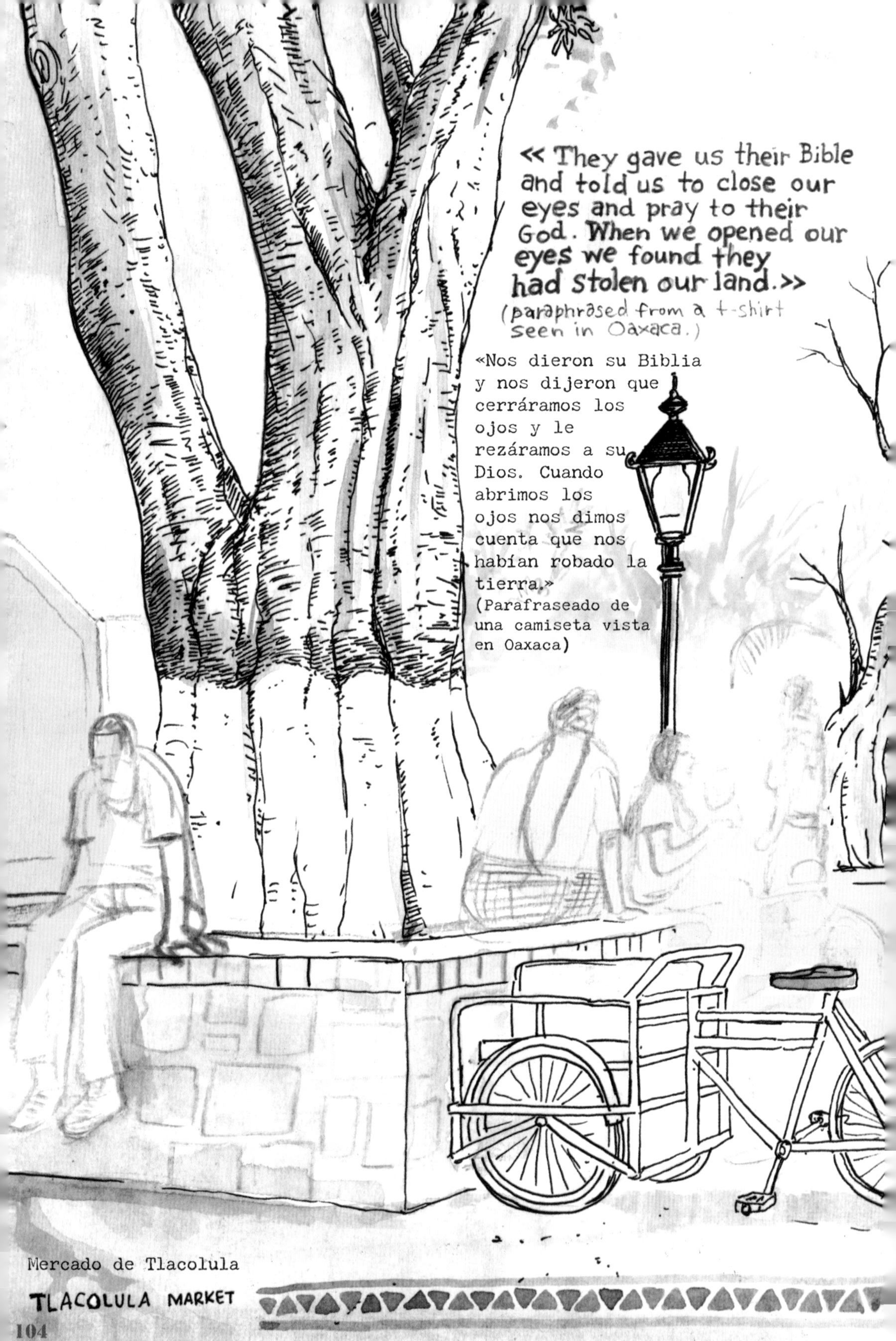
« They gave us their Bible and told us to close our eyes and pray to their God. When we opened our eyes we found they had stolen our land.»
(paraphrased from a t-shirt seen in Oaxaca.)
«Nos dieron su Biblia y nos dijeron que cerráramos los ojos y le rezáramos a su Dios. Cuando abrimos los ojos nos dimos cuenta que nos habían robado la tierra.»
(Parafraseado de una camiseta vista en Oaxaca)

Mercado de Tlacolula

TLACOLULA MARKET

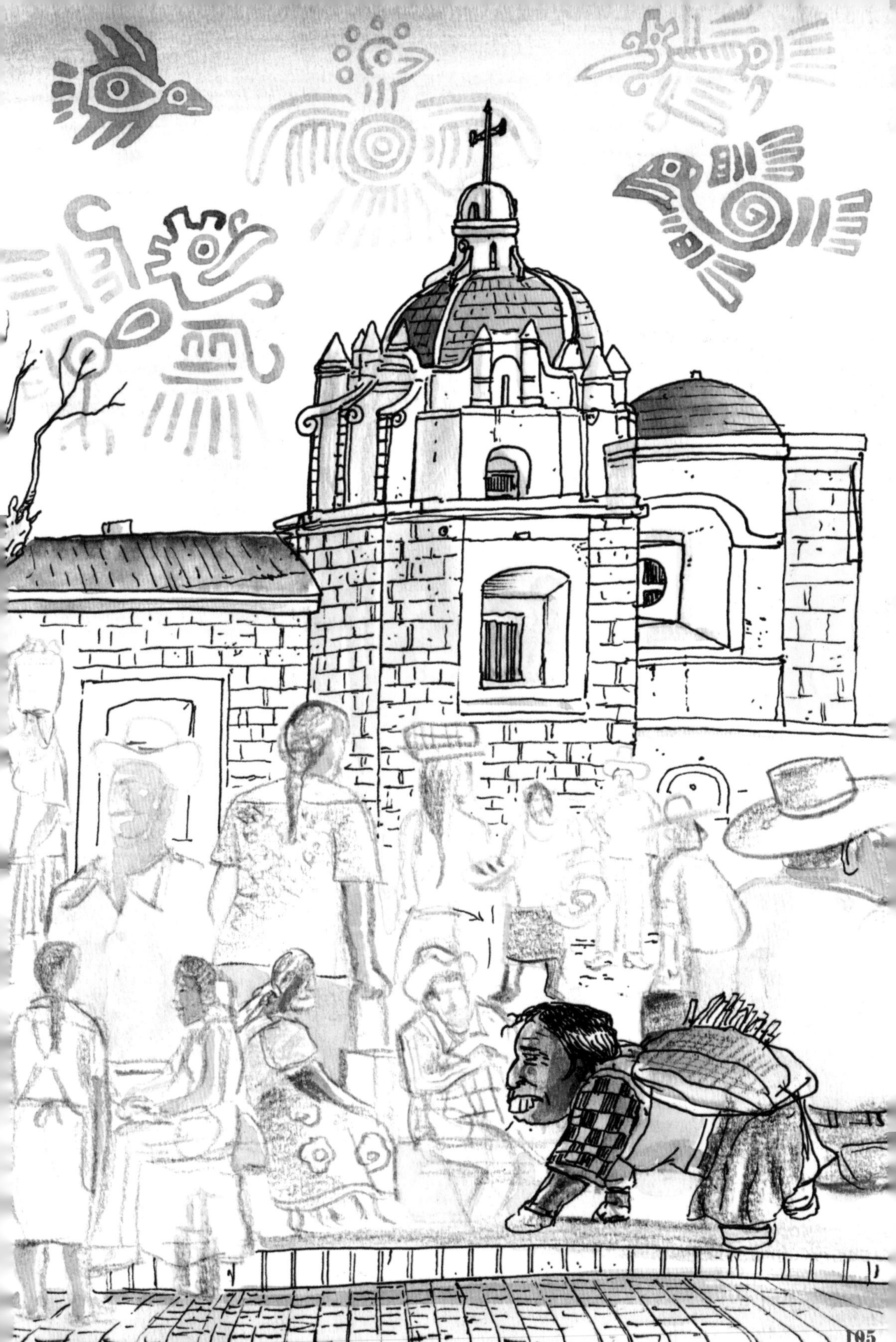

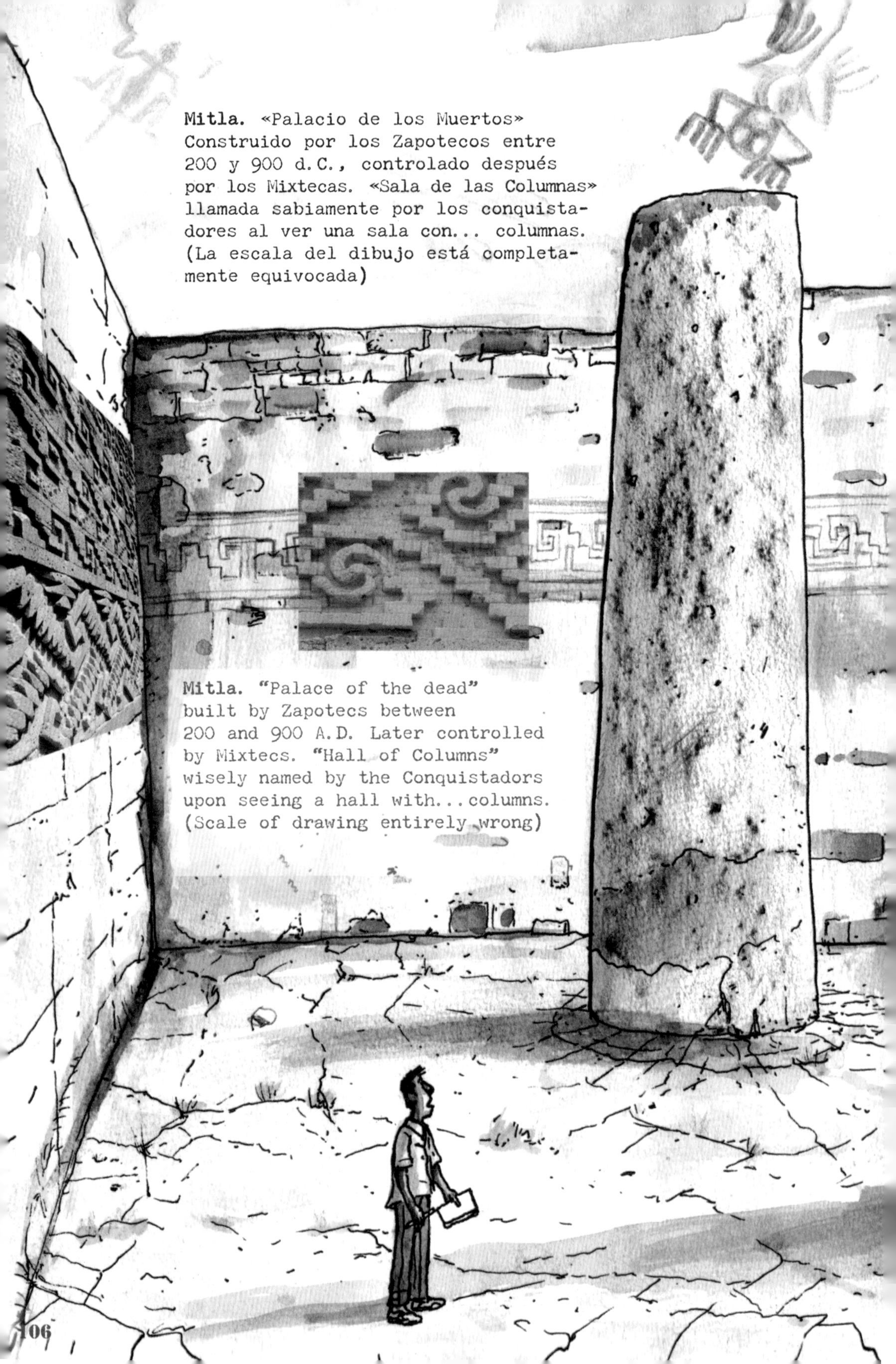
Mitla. «Palacio de los Muertos» Construido por los Zapotecos entre 200 y 900 d.C., controlado después por los Mixtecas. «Sala de las Columnas» llamada sabiamente por los conquistadores al ver una sala con... columnas. (La escala del dibujo está completamente equivocada)
Mitla. "Palace of the dead" built by Zapotecs between 200 and 900 A.D. Later controlled by Mixtecs. "Hall of Columns" wisely named by the Conquistadors upon seeing a hall with...columns. (Scale of drawing entirely wrong)

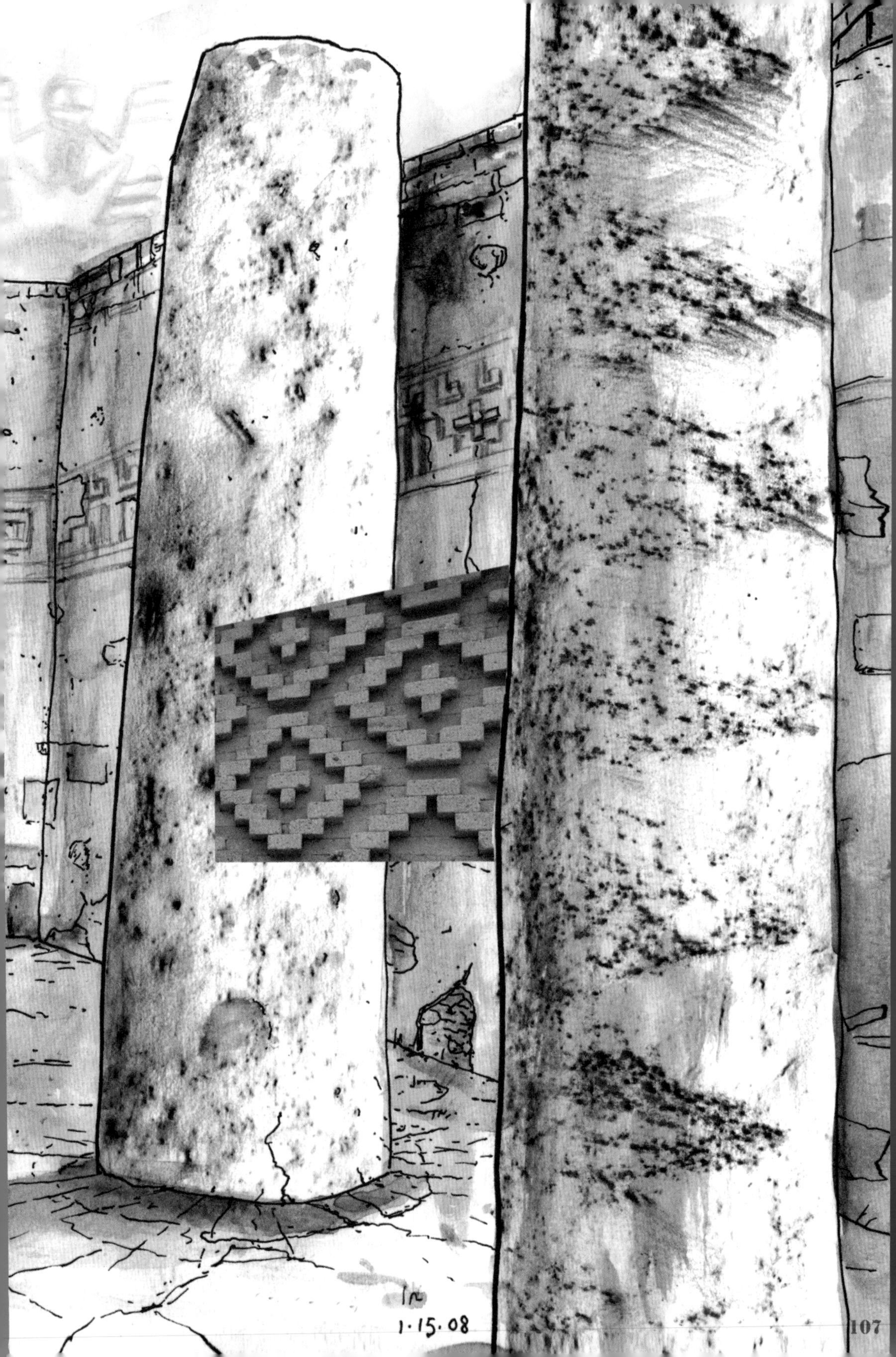
1.15.08

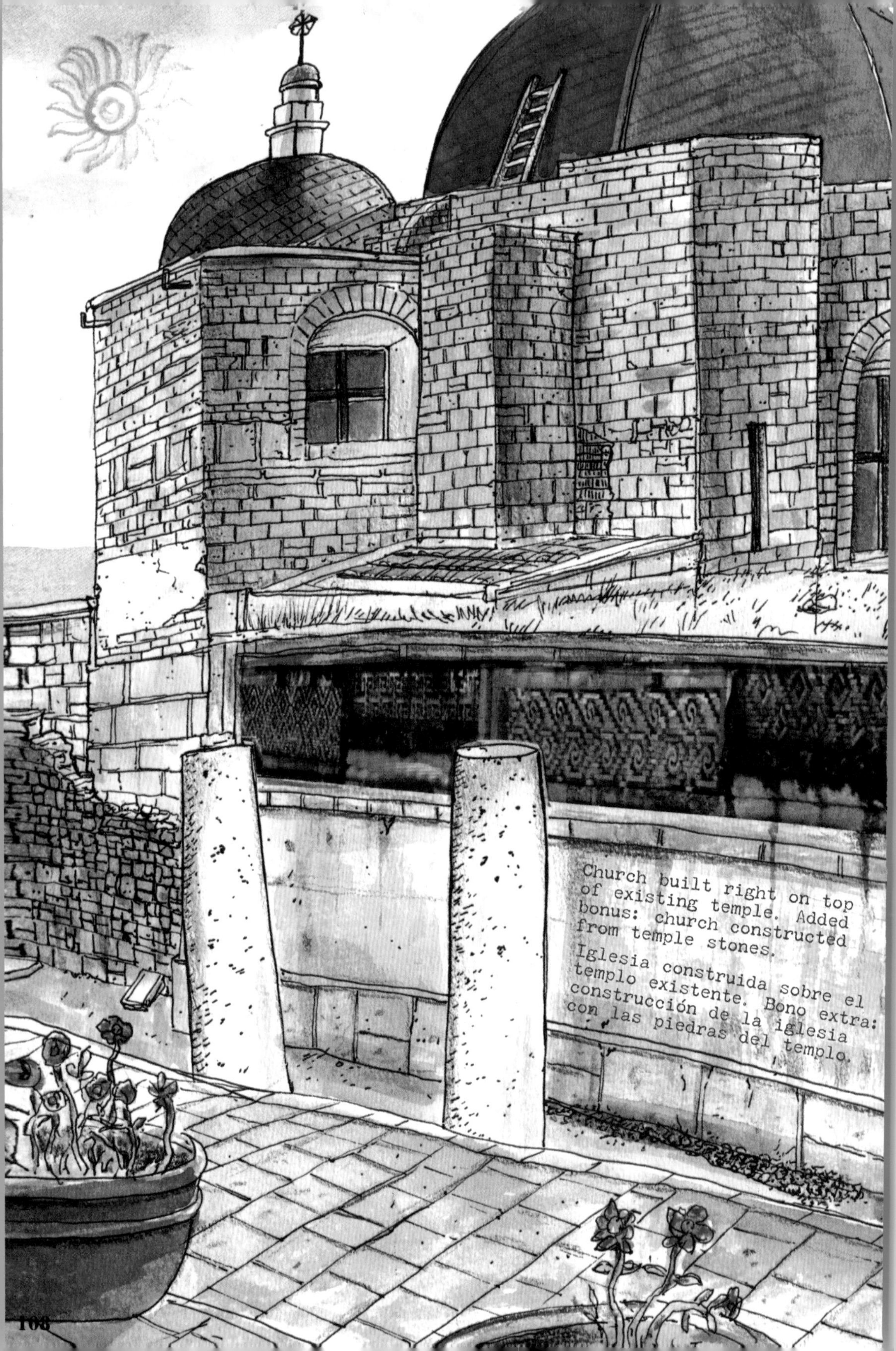
Church built right on top of existing temple. Added bonus: church constructed from temple stones.
Iglesia construida sobre el templo existente. Bono extra: construcción de la iglesia con las piedras del templo.

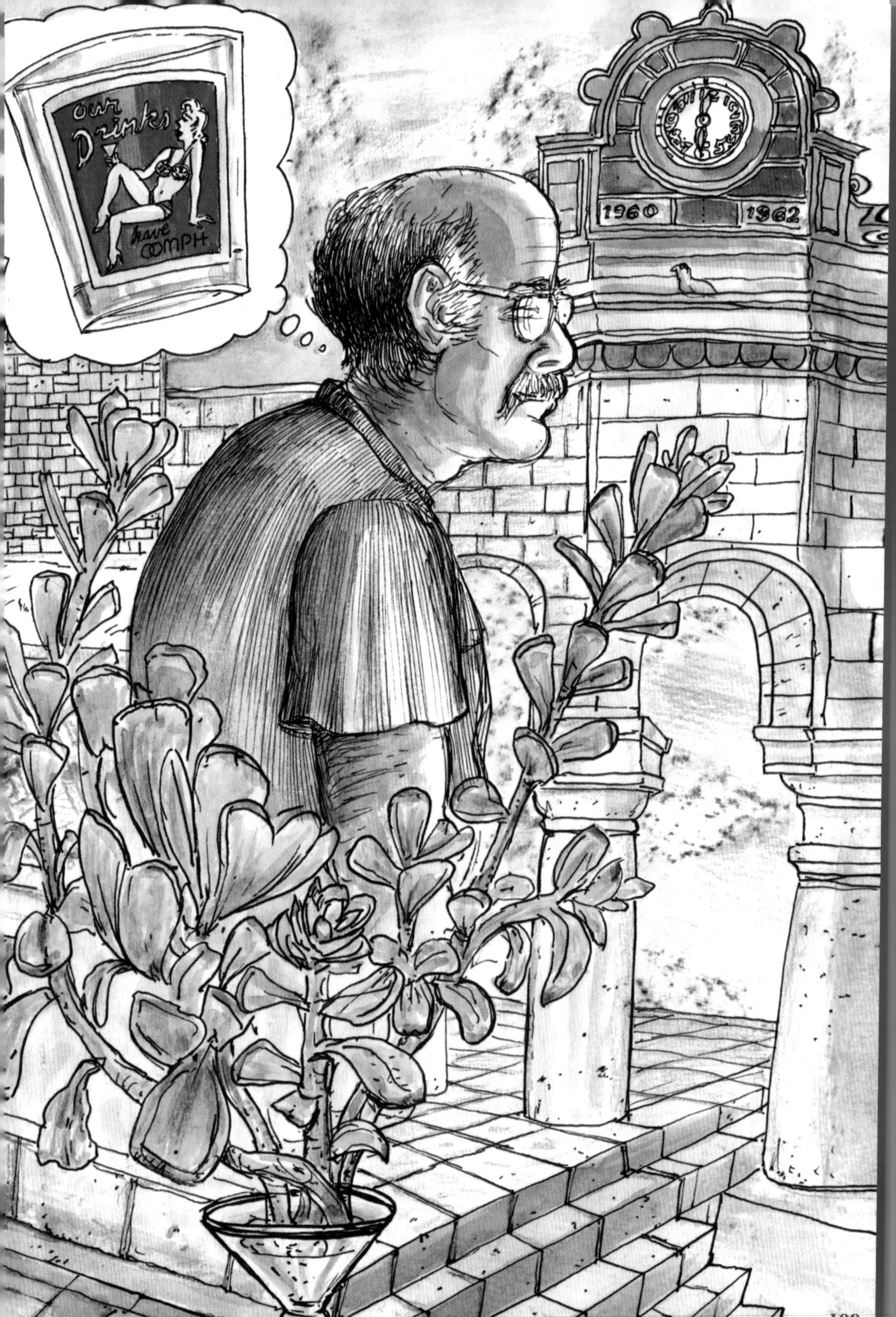
our Drinks have OOMPH
1960
1962

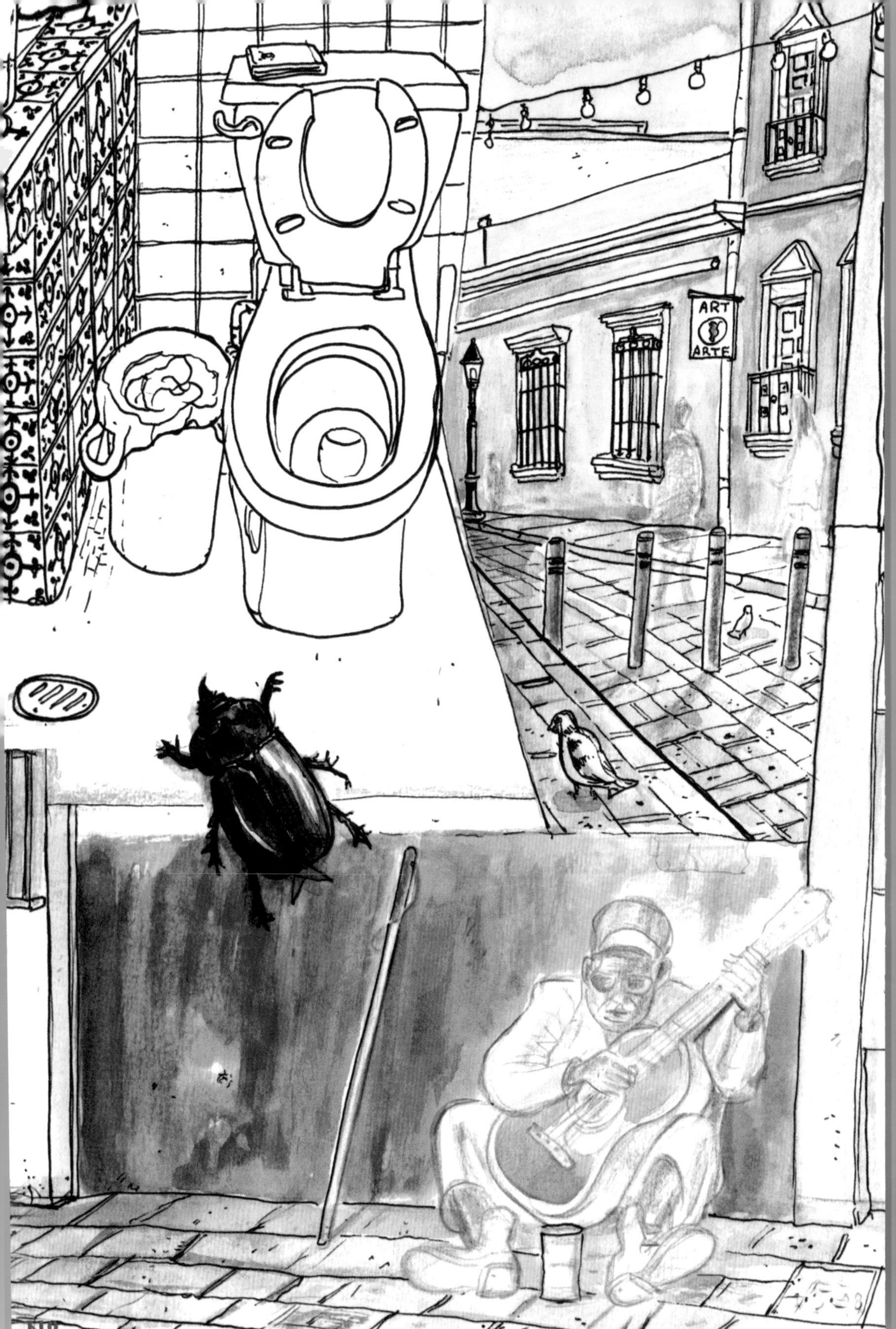
ART
ARTE

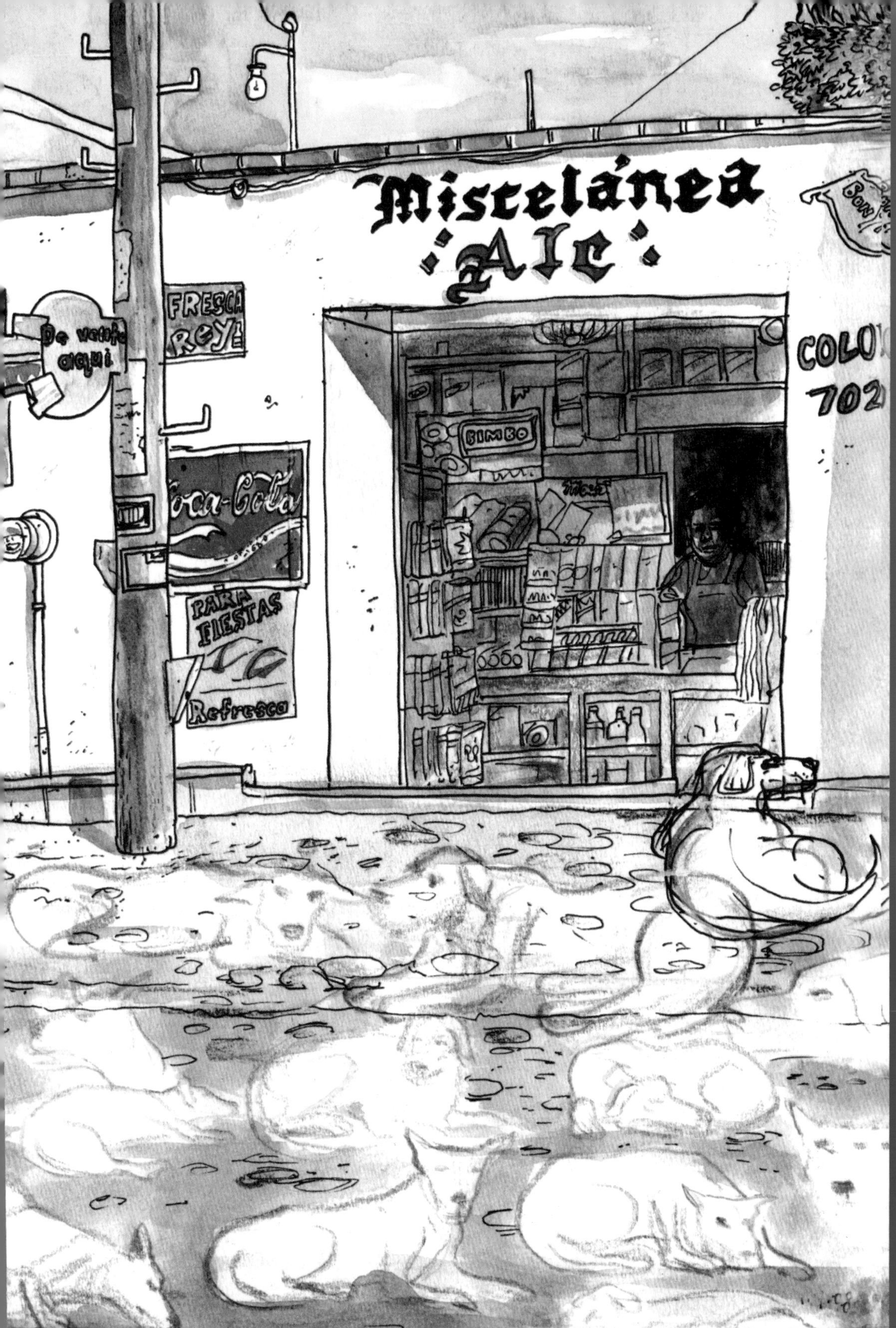

Miscelánea
AIC
FRESCA
REY
De venta
aquí
Coca-Cola
PARA
FIESTAS
Refresco
BIMBO

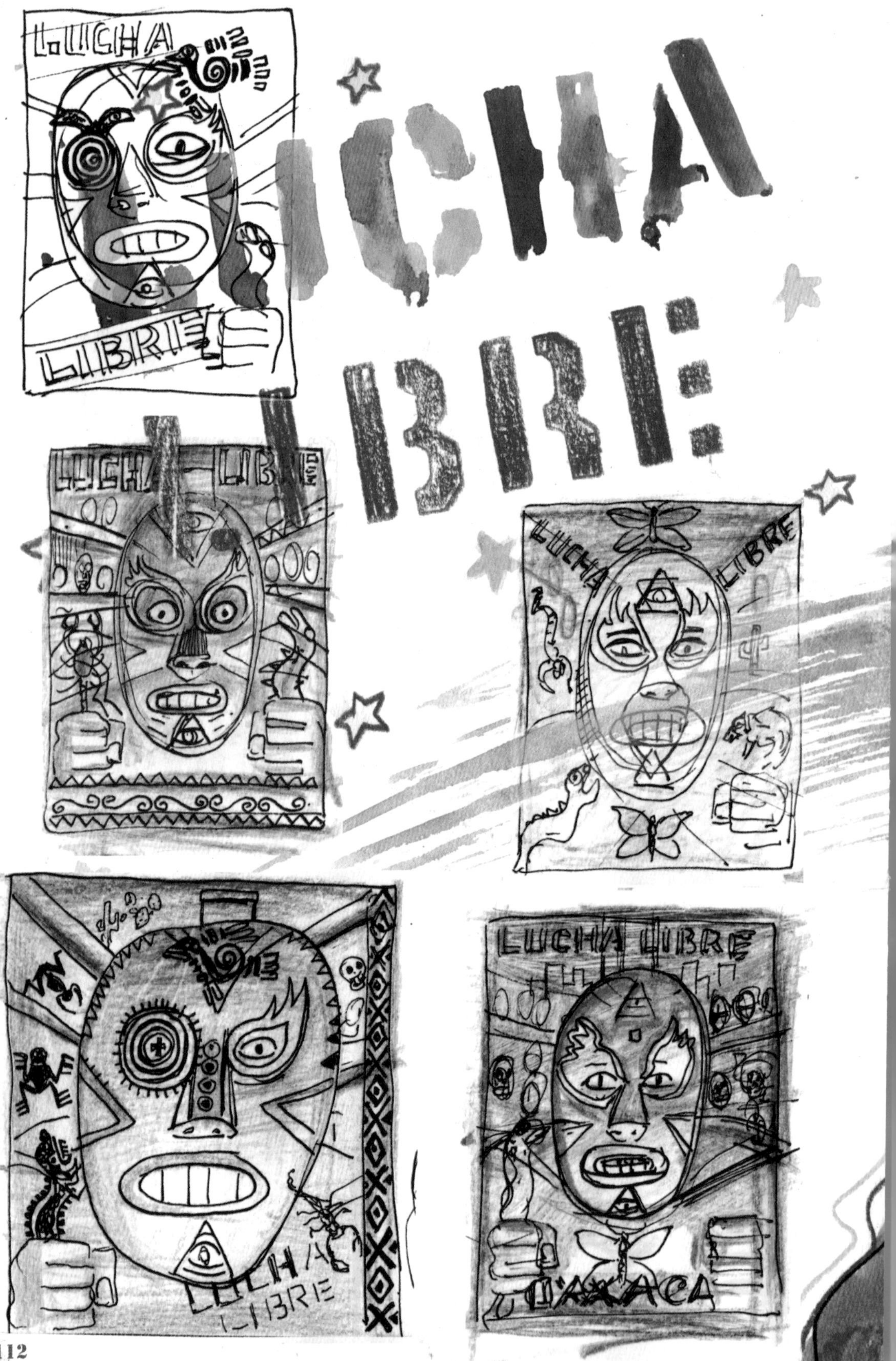
LUCHA
LIBRE
LUCHA LIBRE
LUCHA
LIBRE
LUCHA LIBRE
LUCHA
LIBRE
OAXACA

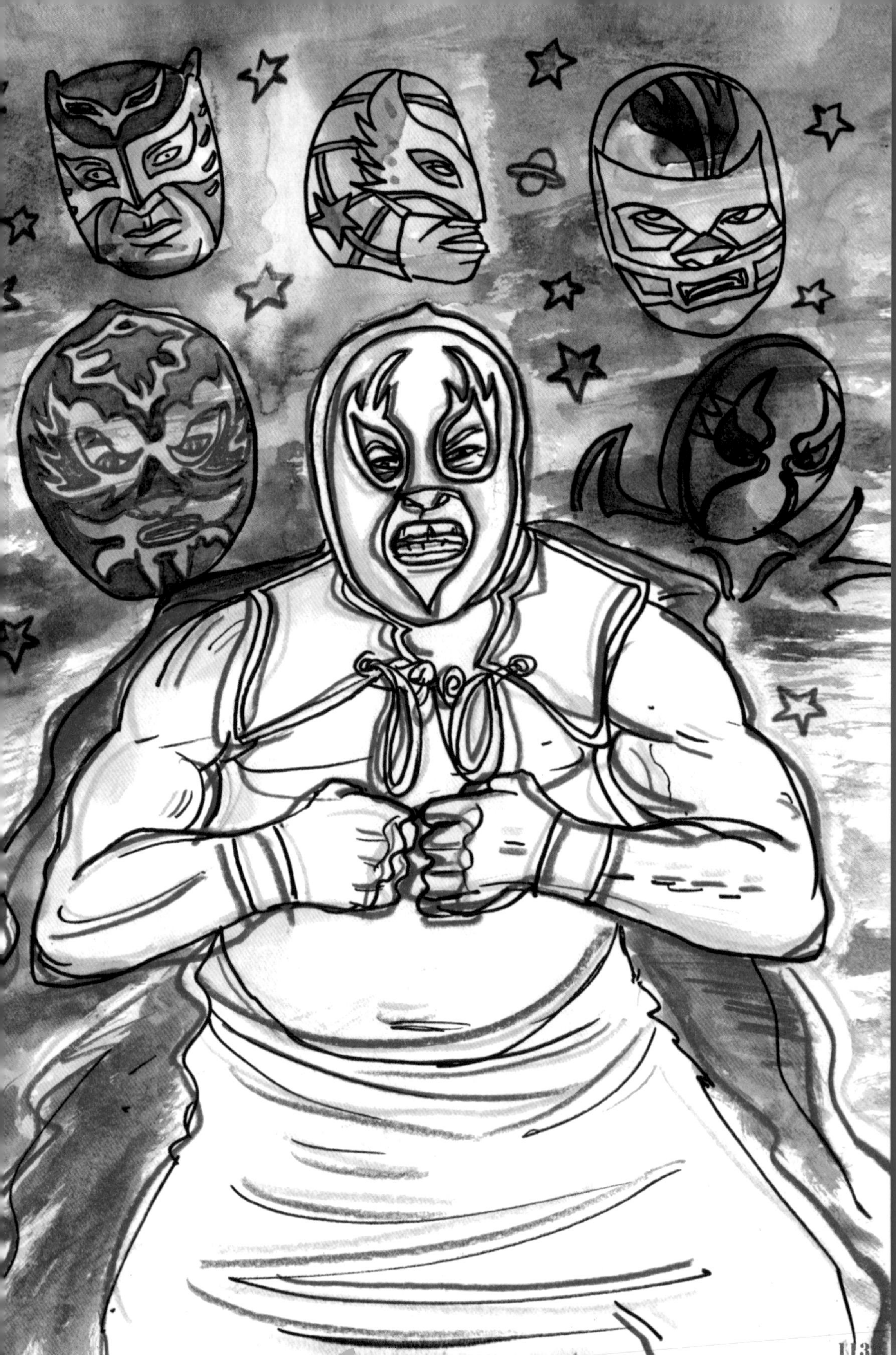

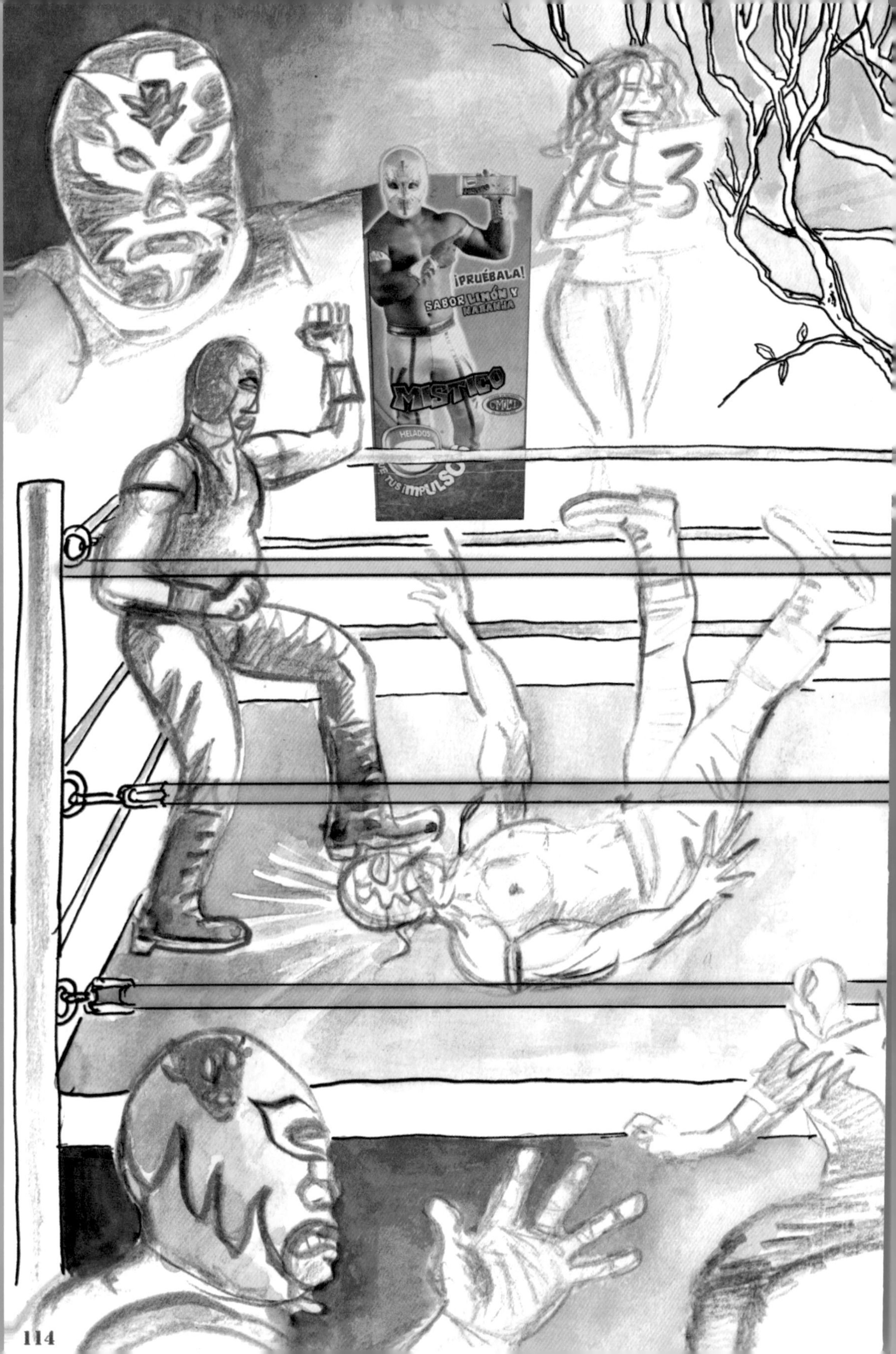
¡PRUÉBALA!
SABOR LIMÓN Y NARANJA
MISTICO
CMLL
HELADOS

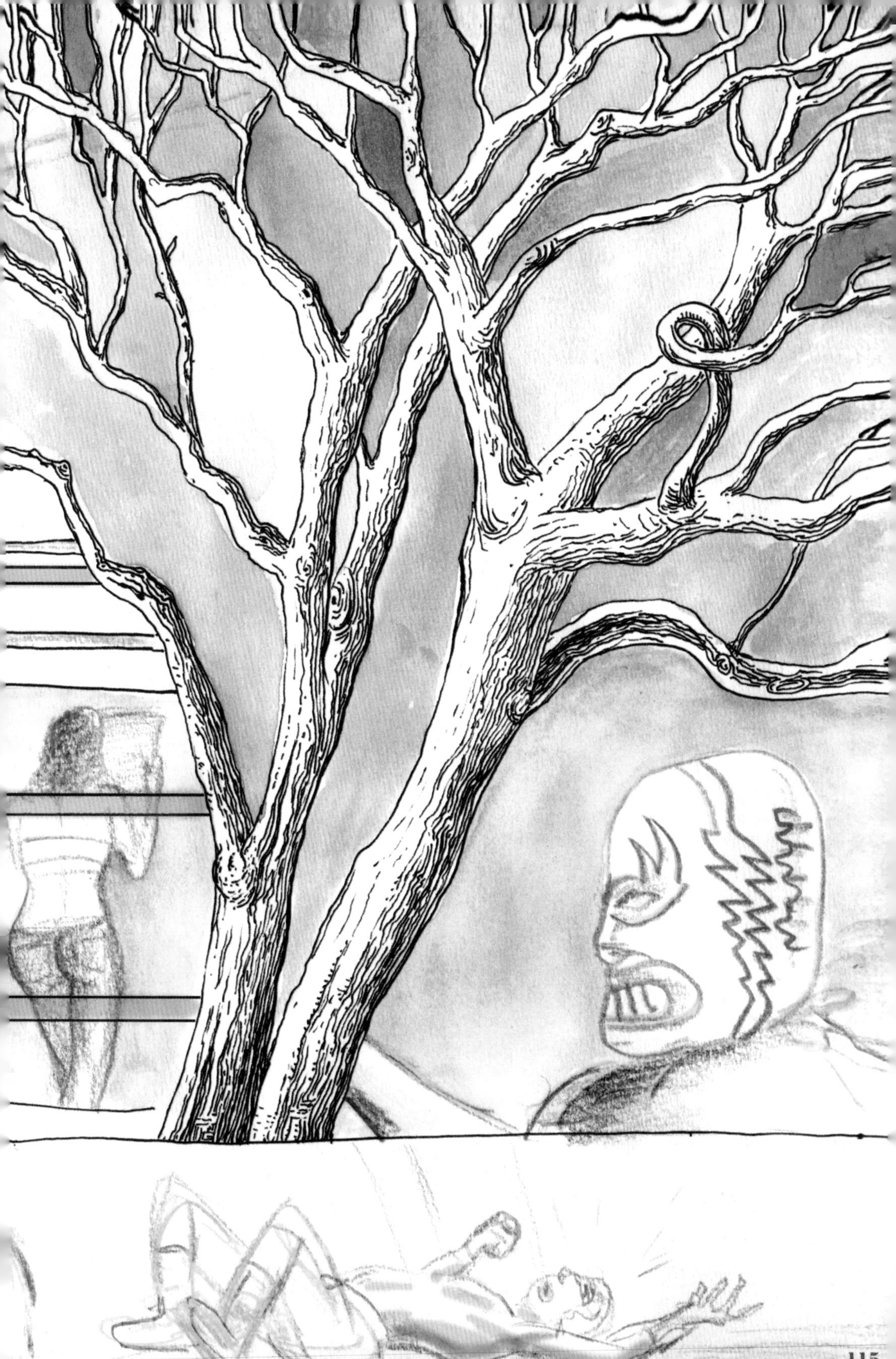

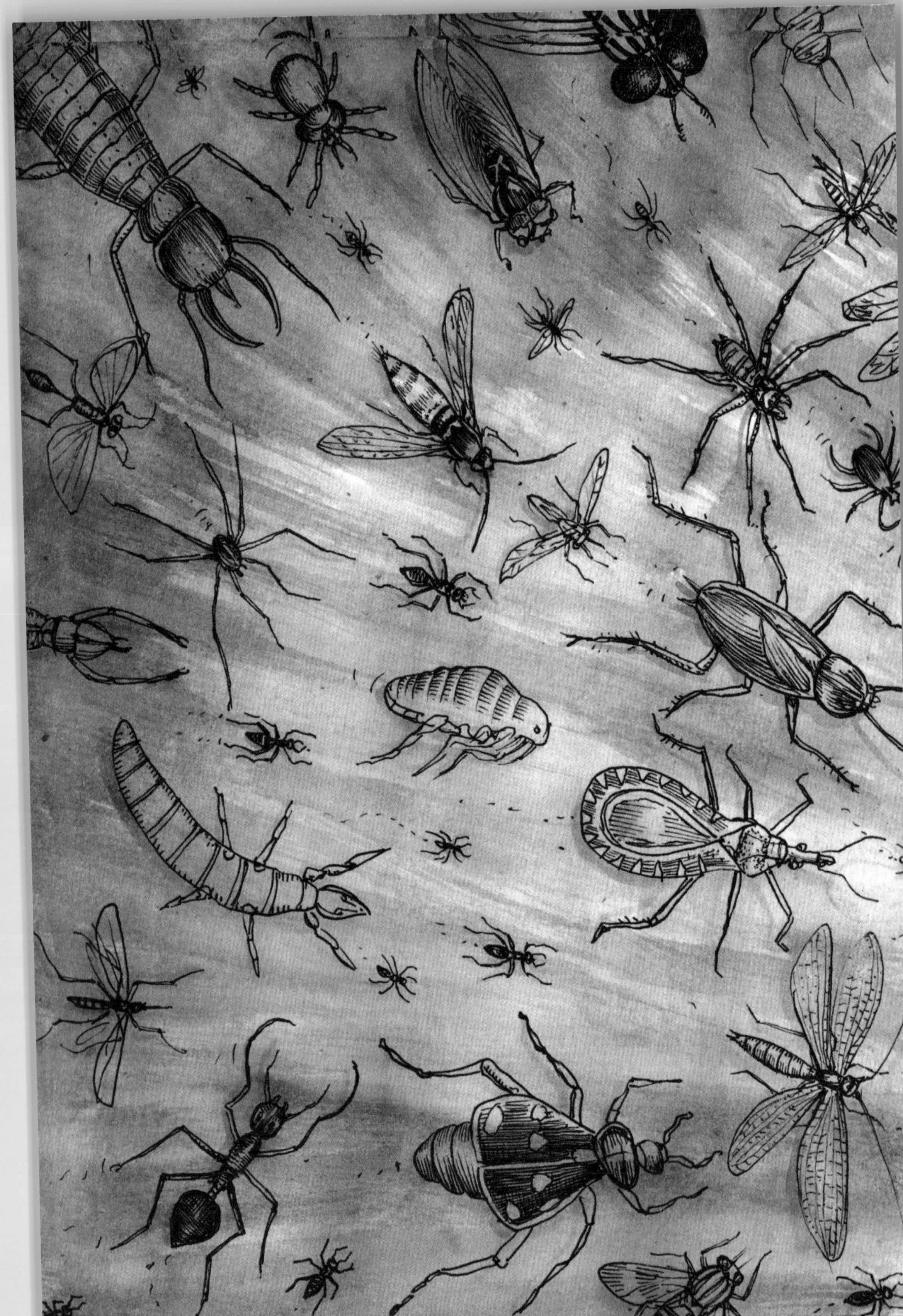

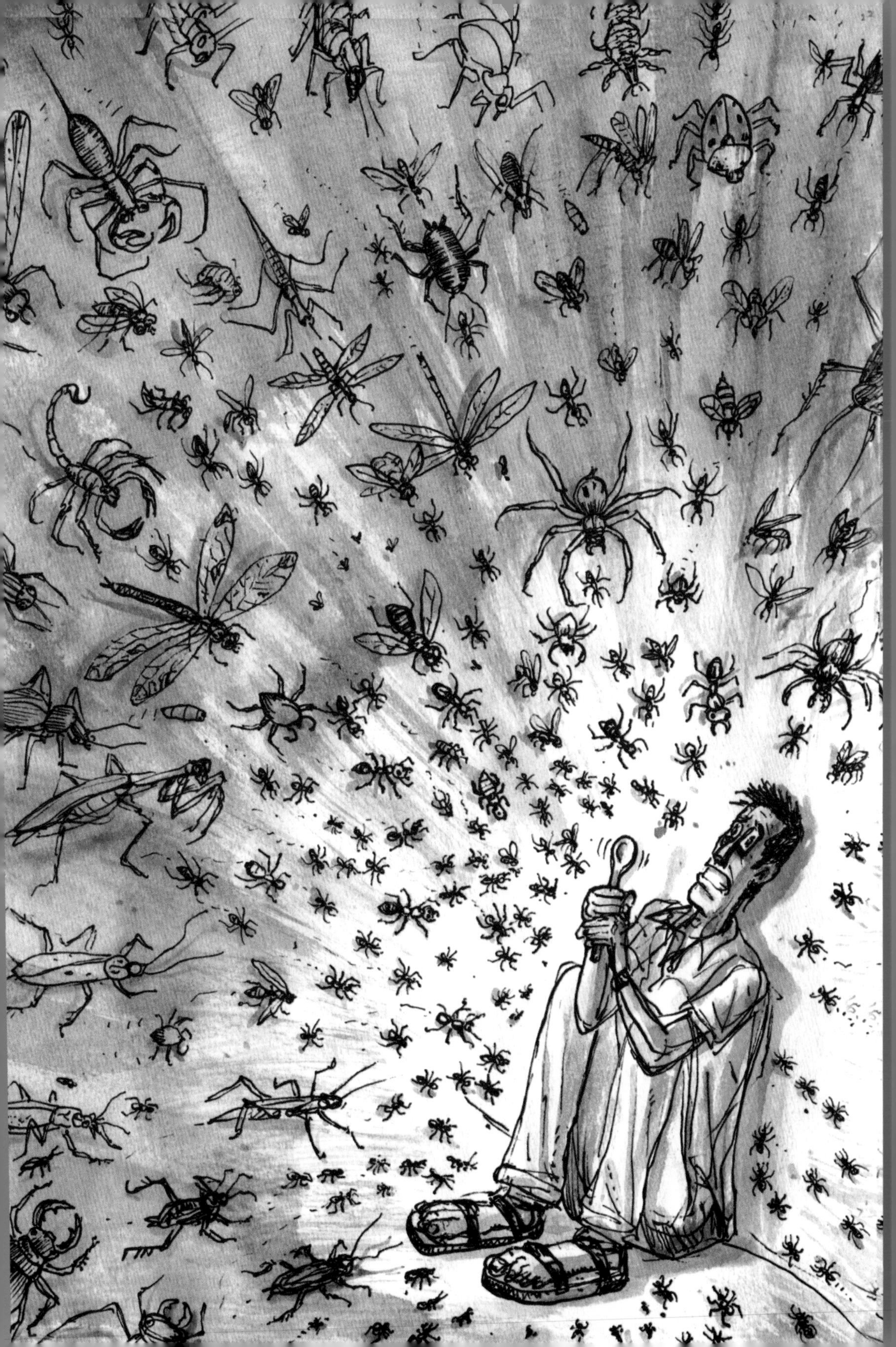

This bug's life

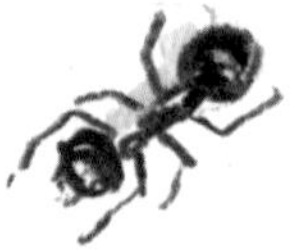

According to experts there are about 10,000,000,000,000,000,000 (that is, 10 quintillion) insects in the world. I estimate that roughly half of them are in our backyard here in Oaxaca.

My fascination with entomology, which dates back to my first reading of the children's book *Sam and the Firefly* at the age of 4, has been reawakened since we arrived in Mexico over a year ago. Being here has reminded me of the thrill I experienced as a child seeing the remarkable colors of butterflies and moths. It's also reminded me of the jittery horror of encounters with stinging parasites and blood-suckers that makes me thankful for *Raid*.

As every rugged traveler knows, bugs are part of the weft and warp of any foreign voyage. I've swatted swarms of flies in Sumatra, tangled with tarantulas in Tanzania and sent centipedes skittering in Singapore.

Being stationary here in Oaxaca is no exception. Dealing with flying, flitting, scurrying creatures (besides our daughter) has been a daily occurrence and the simple act of going to brush your teeth can be an obstacle course of scorpion booby traps just waiting to be triggered.

My first encounter with those nasty buggers happened during the first days of scorpion season (which seems to run from early September through late August). It was 6:53 am and as I reached, bleary-eyed, for a dry towel, I spotted its coiled ochre form just before placing it to my cheek. That was many months and at least nine scorpions, six Black Widow spiders and an array of other stinging, biting and gnawing creatures ago. Now I'm a seasoned pro, casually flicking them aside as I reach for my tortilla (as if).

More and more I'm seeing insects as a metaphor for our life experiences. The beautiful Monarch butterflies that have traveled thousands of miles to reach Mexico, parallel our own story. Watching cutter ants decimating bushes to construct labyrinths under our front steps replicates our NYC Upper Westside window view of hundreds of tiny workers dismantling familiar buildings to erect monstrous skyscrapers. Many seasonal beetles arrive for a few weeks like tourists (on some package deal, no doubt) only to vanish with the first rain. To say the Black Widows and scorpions are interchangeable with numerous politicians is too obvious and does the bugs a disservice.

Last month our neighbors (a couple of professors from Indiana) completed their sabbatical and headed home with their two young children. Though they too had many near misses with a parade of deadly insects marching through their home, fortunately they escaped Mexico without incident.

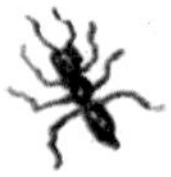

Esta vida de insecto

Según los expertos, hay alrededor de 10,000,000,000,000,000,000 (es decir, 10 trillones) de insectos en el mundo. Calculo que alrededor de la mitad viven en nuestro patio trasero aquí en Oaxaca.

Mi fascinación con la entomología, que se remonta a mi primera lectura del libro para niños *Sam and the Firefly* cuando tenía cuatro años, ha vuelto a despertar desde que llegamos a México hace más de un año. Estar aquí me ha recordado la emoción que experimentaba como niño al ver los maravillosos colores de mariposas y polillas. También me recordó los espeluznantes horrores de encuentros con parásitos que pican y chupan la sangre que me hacen agradecer el Raid.

Como cualquier viajero experimentado sabe, los insectos forman parte del entramado de todo viaje al extranjero. He aplastado enjambres de moscas en Sumatra, enfrentado tarántulas en Tanzania y puesto en órbita a ciempiés en Singapur.

Residir en Oaxaca no ha sido la excepción. De manera cotidiana hay que lidiar con criaturas voladoras, que revolotean, escurridizas (además de nuestra hija) y el mero acto de lavarse los dientes se puede convertir en una carrera de obstáculos con trampas en la forma de escorpiones listas para ser activadas.

Mi primer encuentro con esos rudos malnacidos sucedió durante los primeros días de la temporada de escorpiones (que da la impresión de que dura desde principios de septiembre hasta finales de agosto). Eran las 6:53 am y cuando estiré la mano, con ojos somnolientos, buscando una toalla seca, advertí su forma de espiral ocre justo antes de llevarla a mi mejilla. Eso sucedió hace varios meses y por lo menos nueve escorpiones, seis viudas negras y una serie de otras criaturas que pican, muerden y roen. Ahora soy un veterano de mil batallas, y los hago a un lado de manera casual conforme alcanzo mi tortilla (eso quisiera).

Cada vez más veo a los insectos como una metáfora de nuestra experiencia vital. Las hermosas mariposas monarca que viajan miles de kilómetros para llegar a México, que son un paralelismo de nuestra propia historia. Ver cómo las hormigas arrieras despedazan arbustos para construir laberintos bajo nuestra escalera de enfrente emula a nuestra vista de la ventana de nuestro departamento del Upper Westside de Nueva York que nos muestra a pequeños trabajadores que derriban edificios familiares para erigir monstruosos rascacielos. Varios escarabajos temporales llegan durante algunas semanas como turistas (sin duda, les ofrecen algún paquete para viajar) y desaparecen con la primera lluvia. Afirmar que las viudas negras y los escorpiones son intercambiables con varios políticos es demasiado obvio y es un insulto a los insectos.

El mes pasado nuestros vecinos (un par de profesores de Indiana) concluyeron su año sabático y regresaron a casa con sus dos hijos pequeños. Aunque tuvieron varios incidentes casi catastróficos con un desfile de mortíferos insectos que marchaba por su casa, por fortuna escaparon de México sin mayores incidentes.

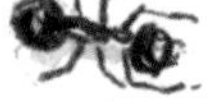

In an e-mail the husband described their return to the relatively bug-less plains of their university town. As he unpacked his suitcase he no doubt felt wistful remembering the smells, sights and sounds of the world they had left behind. When he slipped on his hiking boots caked with chocolate colored mud he was certainly reminded of a special aspect of Mexico. As the stowaway scorpion's stinger jabbed his heel, the yell he emitted may have been heard as far as Oaxaca.

The population of this town is about 350,000, roughly a third the size of a single ant colony. Sitting here in our kitchen watching tiny trails of sugar ants as they stream down the walls, across counters and along the edge of our tiled floors, I'm certain that the meek have already begun to inherit the earth. I'm just as certain when I stare out the window past an orange tree, through violet Jacaranda flowers, towards lush green mountains and blue sky, this rich Mexican experience won't be diminished by sharing it with a few million roommates.

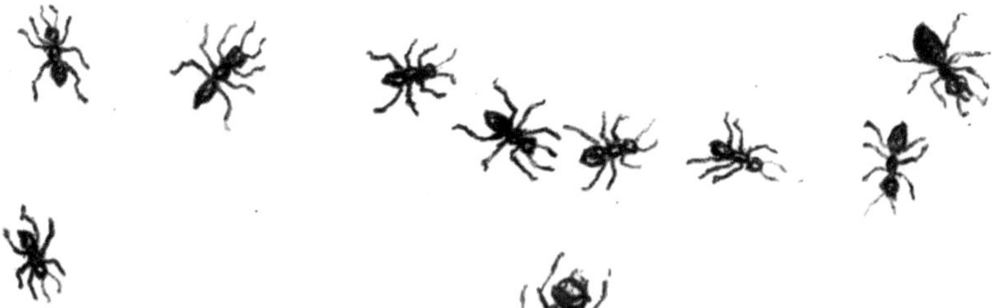

En un correo electrónico, el esposo describía su regreso a las planicies carentes de insectos de su ciudad universitaria. Conforme desempacaba su maleta sin duda sintió nostalgia mientras recordaba los olores, el paisaje y los sonidos del mundo que habían dejado atrás. Cuando se puso sus botas para escalar adornadas con lodo color chocolate seguramente recordó un aspecto especial de México. Cuando el aguijón del escorpión escondido pinchó su talón, el grito que emitió puede haberse escuchado hasta Oaxaca.

La población de esta ciudad es de cerca de 350,000 personas, alrededor de la tercera parte de una sola colonia de hormigas. Mientras estoy sentado en la cocina y veo las minúsculas filas de hormigas azucareras conforme descienden por las paredes, trepan a los estantes y caminan por los bordes del piso de baldosas, estoy convencido de que los débiles ya han comenzado a heredar la Tierra. Cuando miro fijamente por la ventana y paso de largo un árbol de naranjas y atravieso unas jacarandas moradas, hacia las exuberantes montañas verdes y el cielo azul, estoy igual de convencido de que esta rica experiencia mexicana no perderá valor por compartirla con unos cuantos millones de compañeros de habitación.

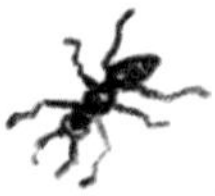

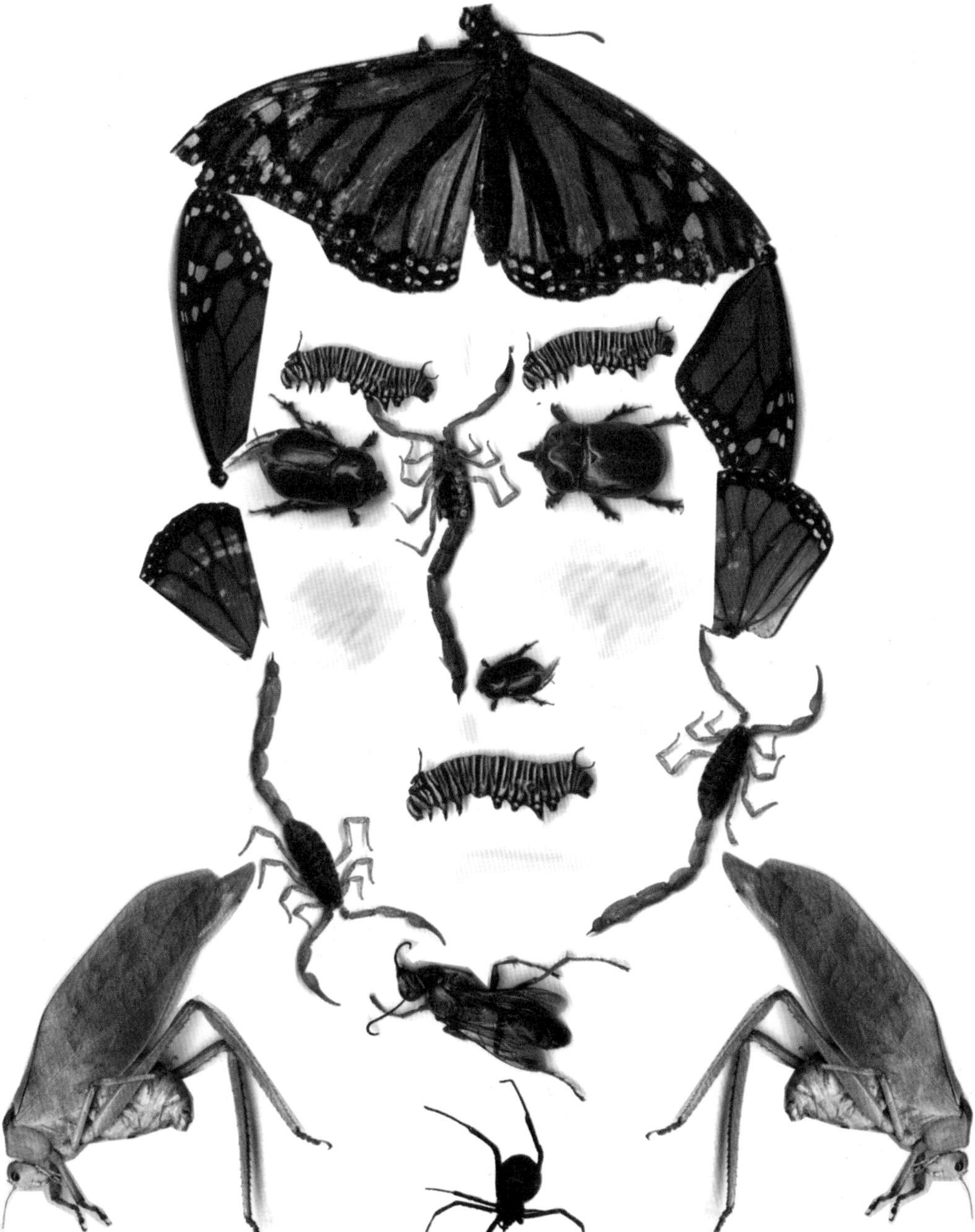

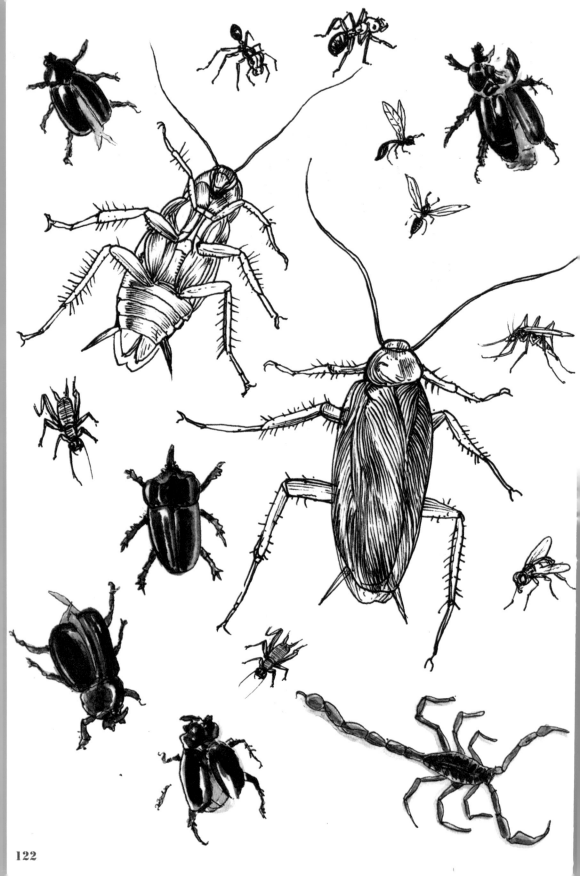

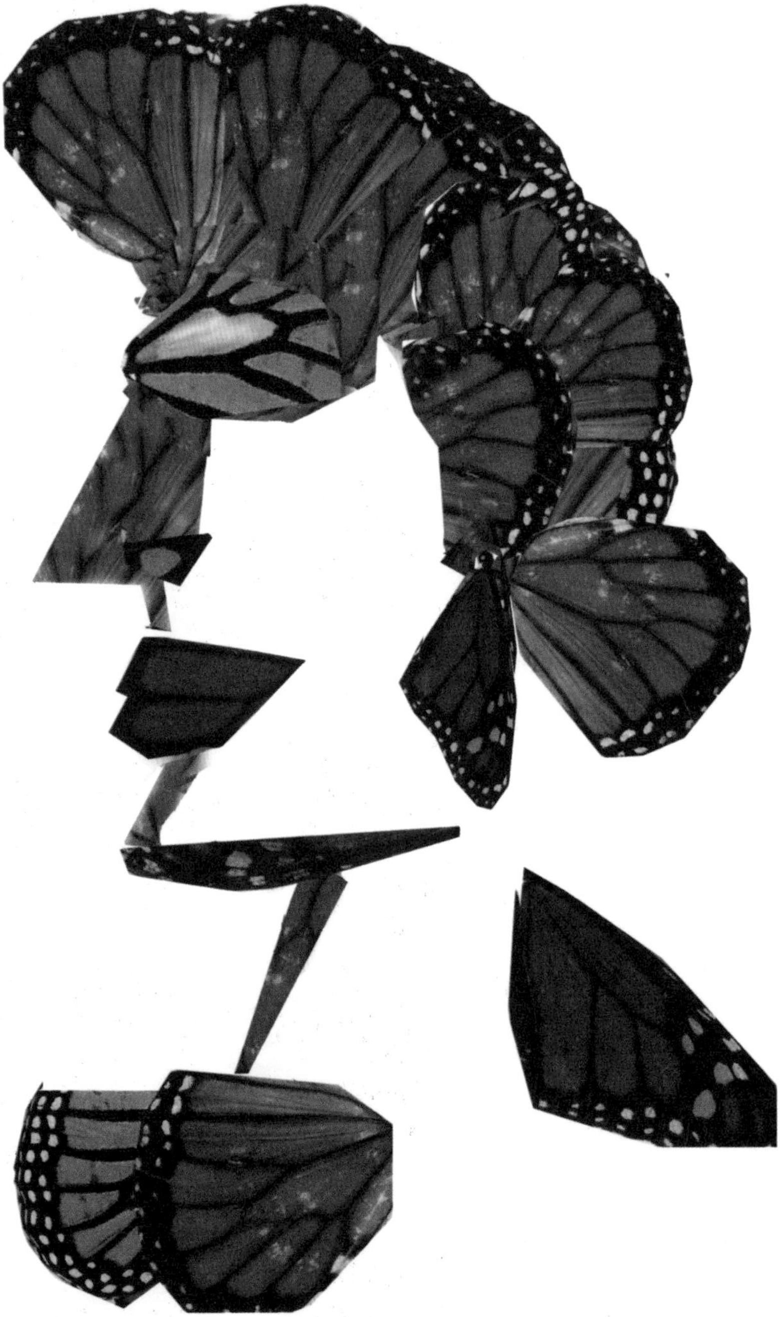

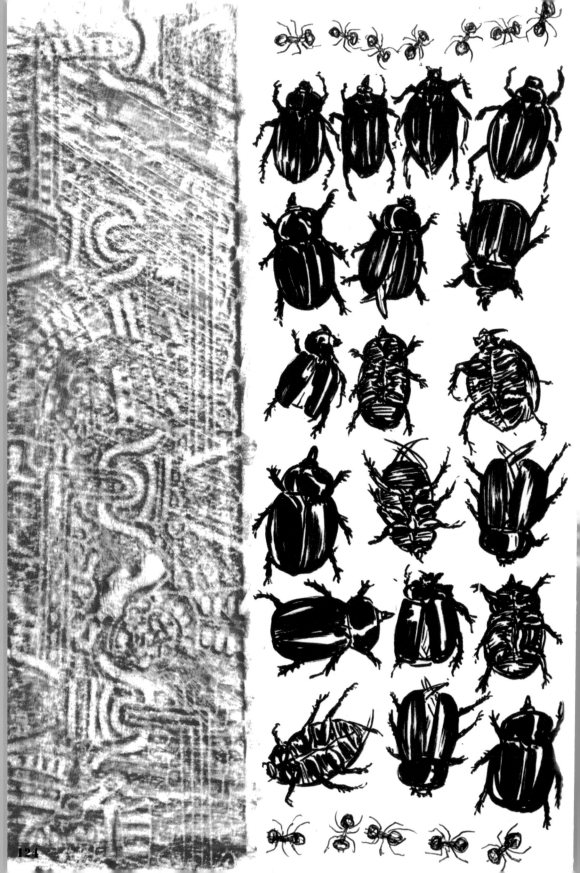

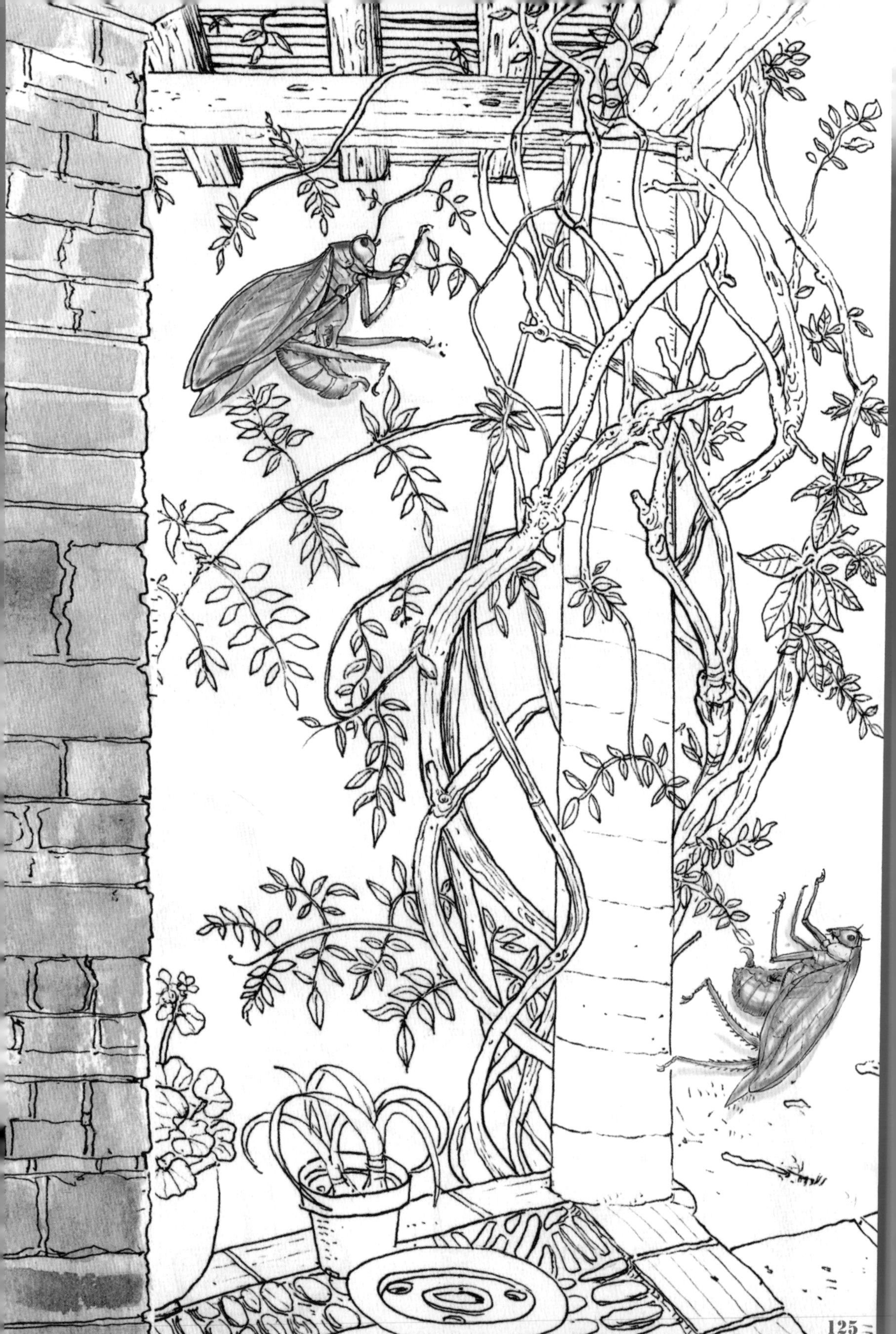

February 14th, 2008

A couple of mornings ago I was fixing breakfast for Emily
when the entire kitchen began to shake as if a freight train
was racing past the back door. It lasted all of ten seconds,
punctuated by a shout from my wife Betty asking if I'd felt
the earthquake. Hitting 6.4 on the Richter scale, it immediately made news around the world. I soon received e-mails and
phone calls from the United States asking if we had survived.

This set me to thinking about the way news travels and how
it affects us. For me, the earthquake was just a tremor that
distracted me from scrambling eggs. For those reading about
it from afar it sounded like a disaster. In reality, there
were no casualties and no more than minor damage, even at the
epicenter.

Living in Oaxaca during the political upheavals of 2006,
and seeing how those events were covered by the mainstream
media, I've come to believe that most news is all sizzle
without the quake. If we are not witnessing an event first
hand, then we have to accept hearsay and a tremendous amount
of that hearsay is misinformation and sometimes outright lies.
Yet we clutter our minds and discussions with the endless
stream of inaccurate or useless information we receive.

Since moving to Mexico my news junkie tendencies have dwindled
and I am dangerously close to kicking the habit. But behaving
like an ostrich, you can be blindsided by the very events
that need to be watched closely. A sudden heavy rain the
other night was a freak weather event that occurred during
the dry season, which normally NEVER sees any rain. Freak
weather, however, is becoming the new norm and that is worth
comparing notes since our survival may depend upon it.

In order to filter the barrage of information coming my
way, I've decided to treat news like earthquakes. From now
on, I'll rate items in terms of their seismic impact on a
scale of 0 to 10 -just like the Richter scale. This way I can
try to ignore overblown rumblings and focus on true quakes.

Hace un par de días preparaba el desayuno de Emily, cuando la cocina entera empezó a temblar como si un tren de carga pasara a máxima velocidad por la puerta trasera. Duró diez segundos, interrumpido por un grito de mi esposa Betty preguntando si había sentido el terremoto. Al registrar 6.4 en la escala de Richter, de inmediato apareció en las noticias por todo el mundo. No tardé en recibir correos electrónicos y llamadas telefónicas de Estados Unidos preguntando si habíamos sobrevivido.

Esto me puso a pensar sobre cómo viajan las noticias y su impacto en nuestras vidas. Para mí, este terremoto fue sólo una sacudida que me distrajo de mis huevos revueltos. Para los que se enteraron al leerlo a la distancia sonaba como un desastre. En realidad, no hubo víctimas ni daños considerables, incluso en su epicentro.

Al haber vivido en Oaxaca durante los disturbios políticos de 2006, tras ver cómo fueron cubiertos esos eventos por los principales centros noticiosos, he llegado a creer que la mayoría de las noticias son mucho ruido y pocas nueces. Si no presenciamos un evento de primera mano, entonces tenemos que aceptar lo que otros dicen y muy a menudo eso que dicen proviene de información errónea, e incluso en ocasiones se trata de mentiras simples y llanas. De todas maneras atiborramos nuestra mente y nuestras discusiones a partir del interminable torrente de información imprecisa o inútil que recibimos.

Desde que me mudé a México, mi adicción a los noticieros ha menguado y me encuentro peligrosamente cerca de tirar la toalla o de dejar ese hábito. Pero este comportamiento de avestruz puede ocasionar que los eventos que deben mirarse de cerca lo tomen a uno desprevenido. Un repentino aguacero la otra noche fue un evento climático extraño que se produjo durante la temporada seca, que por lo general NUNCA ve llover. Sin embargo, el clima extraño se está convirtiendo en la nueva norma y vale la pena comparar notas al respecto puesto que nuestra supervivencia puede depender de ello.

Para poder filtrar el torrente informativo que se me avecina, he decidido tratar las noticias como terremotos. Desde ahora, catalogaré los hechos según su valor sísmico, en una escala de 0 a 10, justo como la de Richter. De esta manera, puedo intentar ignorar resonancias exageradas y enfocarme en verdaderos terremotos.

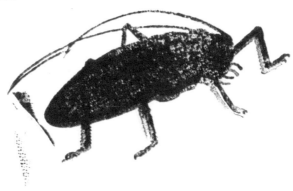

The events of 9/11 would be a 10.0; shark attacks would be 0.1. The birth of my daughter would rate an...11.0; Britney Spears announcing she's pregnant again rates 0.0, with no mention of her in casual conversation.

But back to Mexico. The week before the quake, we had been on a road trip near Puerto Angel, a remarkable area in Oaxaca state along the Pacific coast. One of its several pristine beaches in that area is called La Ventanilla, or little window, that includes a nature preserve where endangered sea turtles are protected. On our last afternoon there, as the sun descended, we joined a small group of eco-workers and a handful of tourists to release nearly 100 baby turtles into the ocean. Watching the expression on my daughter's face while she guided these tiny black prehistoric-looking creatures into the surf was a mental snapshot I'll return to for years to come.

If joy could be measured, moments like that would break the Richter scale.

Los acontecimientos del 11 de septiembre registrarían un 10.0; ataques de tiburones un 0.1. El nacimiento de mi hija registraría un... 11.0; un anuncio de Britney Spears de que está embarazada de nuevo registra un 0.0, sin que amerite que se le mencione en las conversaciones casuales.

Pero volvamos a México. La semana anterior al terremoto, fuimos de viaje cerca de Puerto Ángel, una región sorprendente de Oaxaca, en la costa del Pacífico. Una de las varias playas prístinas de los alrededores se llama La Ventanilla, e incluye una reserva natural donde se protege a las tortugas en peligro de extinción. En nuestra última tarde ahí, conforme el sol se ponía, nos unimos a un pequeño grupo de ecotrabajadores y a un puñado de turistas para liberar a cien tortugas bebés hacia el mar. Mirar la expresión del rostro de mi hija mientras guiaba a estas pequeñas criaturas negras con apariencia prehistórica hacia las olas fue una fotografía mental instantánea que volverá a mí durante muchos años.

Si la alegría pudiera medirse, momentos como aquél romperían la escala de Richter.

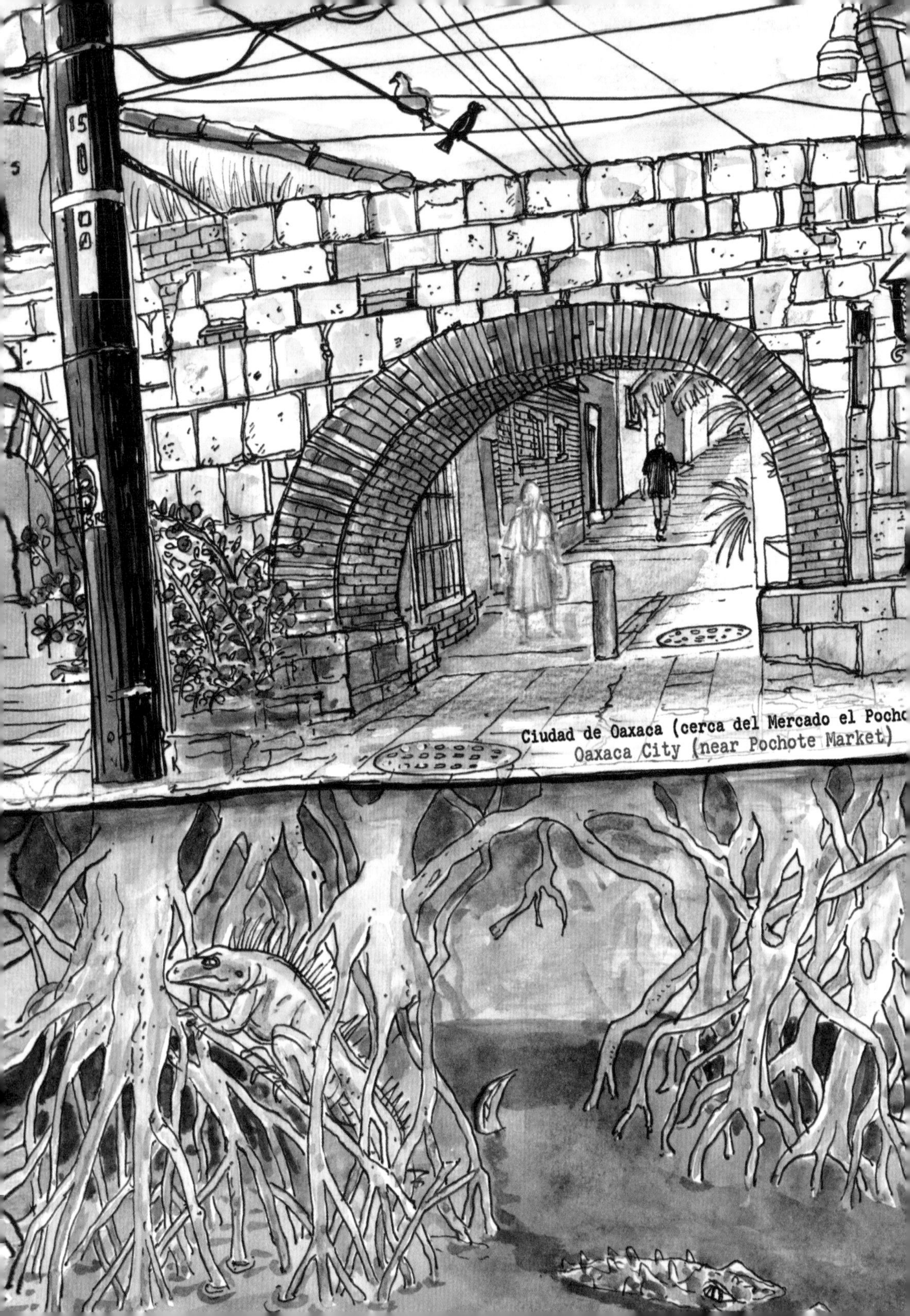
Ciudad de Oaxaca (cerca del Mercado el Pocho
Oaxaca City (near Pochote Market)

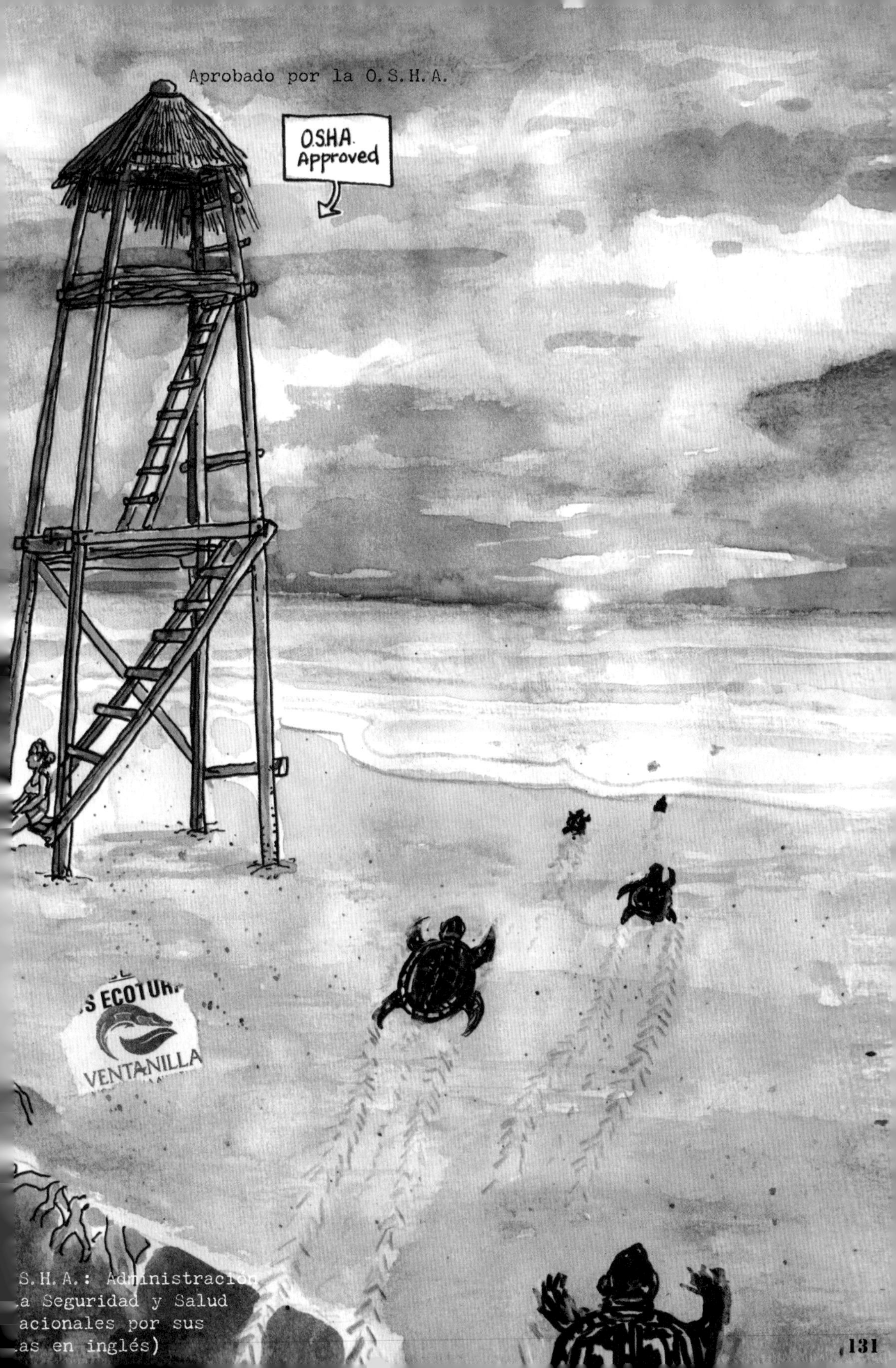
O.S.H.A. Approved
VENTANILLA

Aprobado por la O.S.H.A.

S.H.A.: Administración
.a Seguridad y Salud
acionales por sus
.as en inglés)

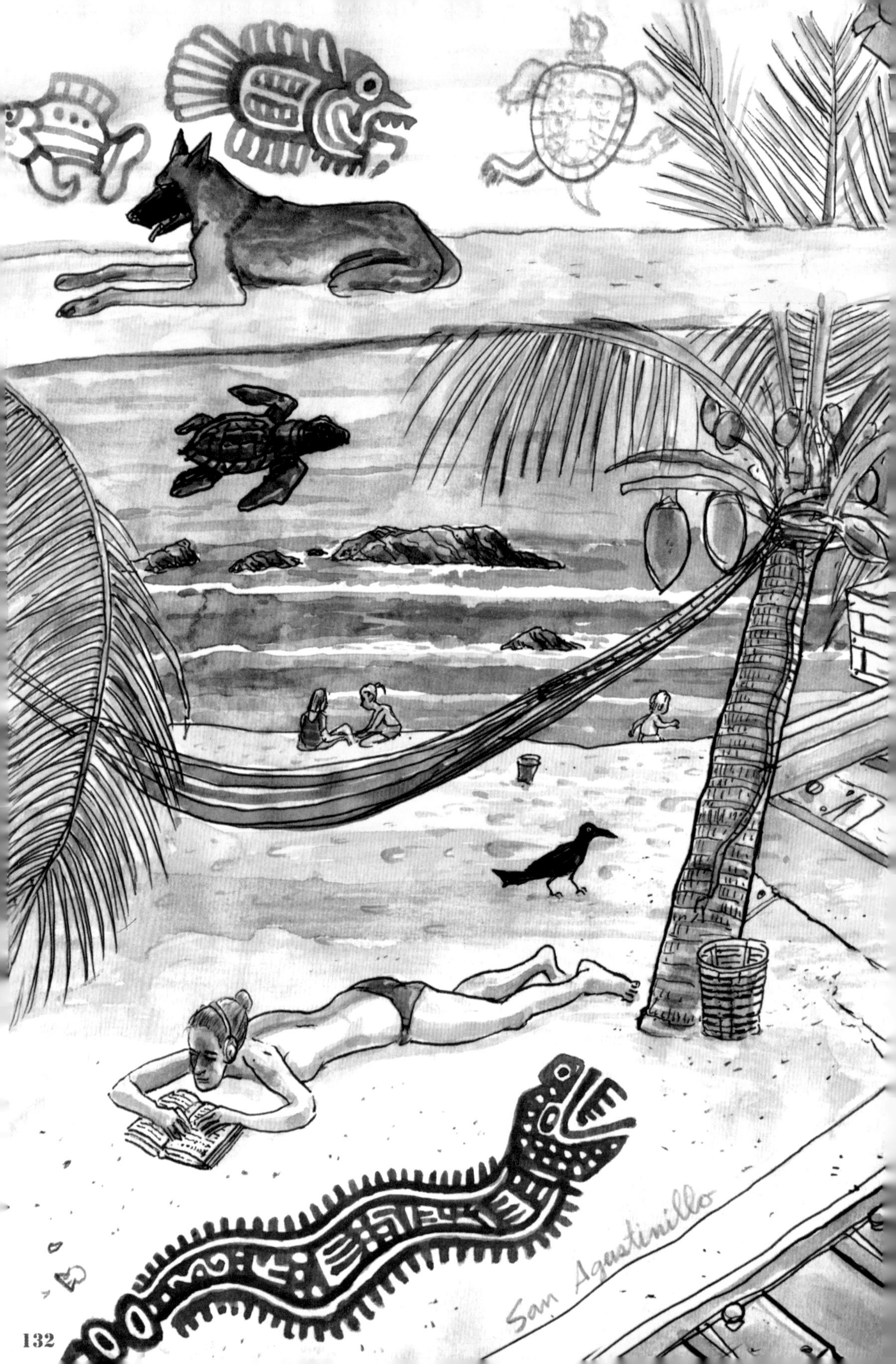
San Agustinillo

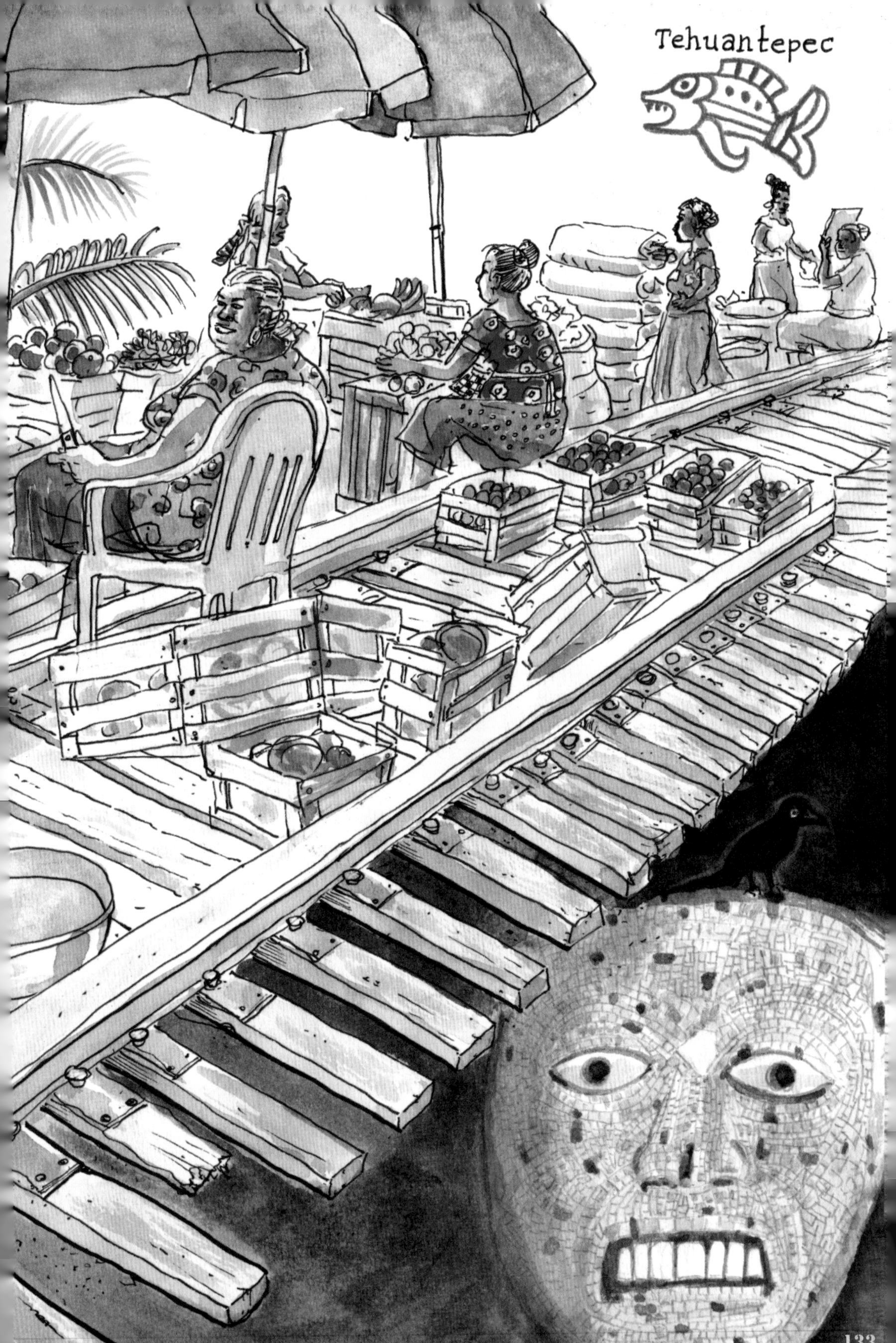
Tehuantepec

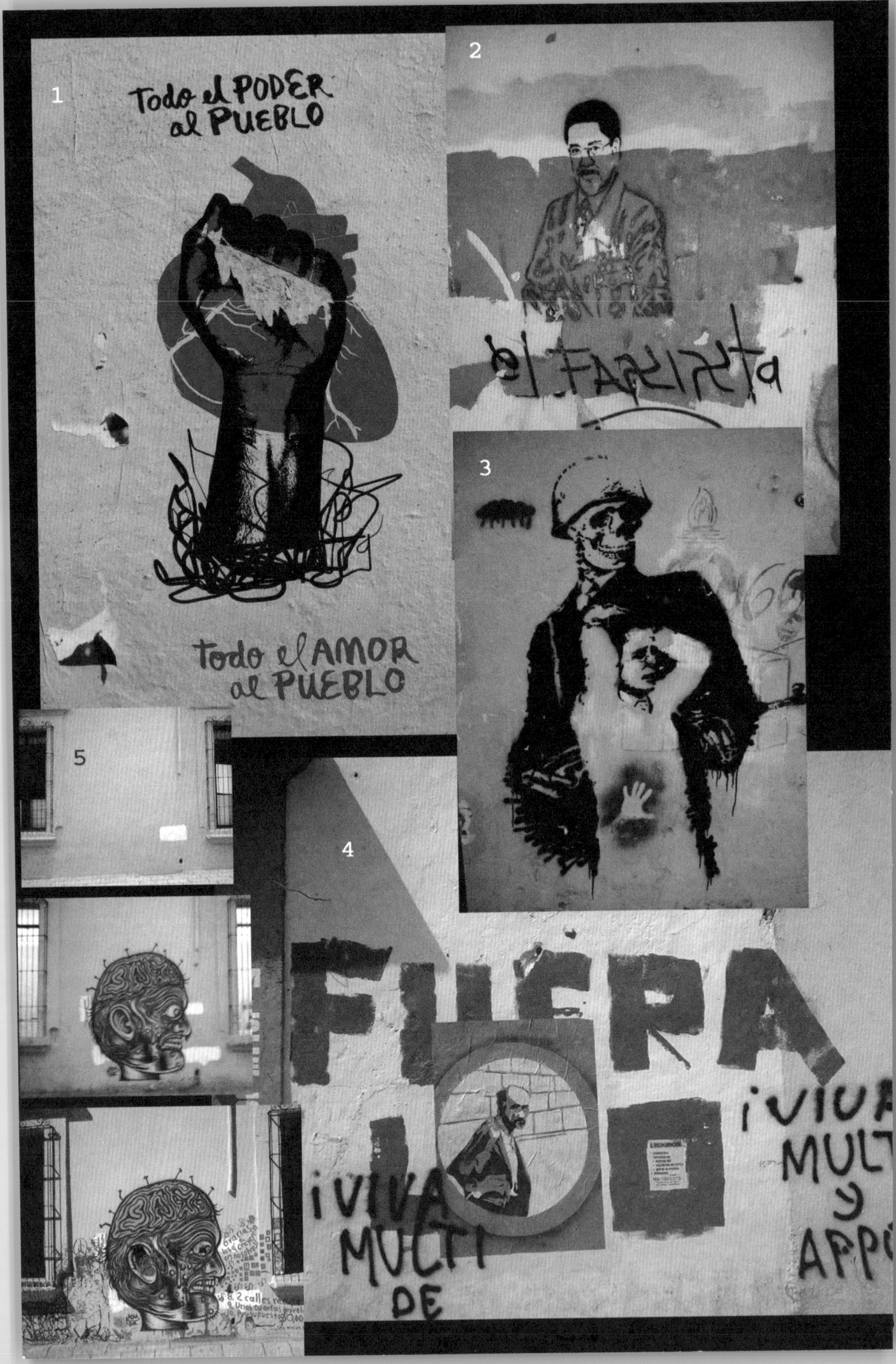
1
Todo el PODER al PUEBLO
Todo el AMOR al PUEBLO
2
3
4
¡VIVA MULTI DE
¡VIVA MULT y APPO
5

March 18th, 2008

One of the prominent features of the political struggles that have taken place here has been street art. Sometimes it takes the form of beautifully designed posters announcing an upcoming event; sometimes artists combine bold stenciled graphics with political slogans like *The revolution will not be televised*; and sometimes they're more like an open canvas that becomes an expanding dialogue between different artists.

When we arrived back in 2006 the graffiti that covered the city was one of the first overt signs of a brewing storm of protest. As we taxied through town full of anticipation and a bit of trepidation over our big move to Mexico, I noticed that nearly every wall had some spray-painted slogan. Virtually every one of them included the combination of words "Fuera!" (GET OUT!) and "URO", which we learned were the initials of governor Ulises Ruíz Ortíz, not an abbreviation for European currency. Some of the pieces I've seen have been inspiring masterpieces. A few were visual punches aimed right between the governor's eyes. Most were hit and run slogans with the ubiquitous "GET OUT URO!" mantra.

While the teachers' strike soldiered on for months, the street art took on a life of its own. New postings intermingling with old merged into an expanding message. I'd scrutinize the wall art and the images would shout back, urging me to attend a march, making me chuckle at a grotesquely accurate caricature of the governor, or making my blood boil about an injustice that ran to the core of Oaxacan society.

When the teachers' strike was crushed, back in November of 2006, the authorities immediately obliterated the street art. Slashes of blue, white and yellow paint used to obscure the graffiti can still be seen on many walls, appearing almost like intentional abstract artwork.

For the next year there was a visual silence. When the wall art slowly began to reappear, it was usually in the form of preprinted posters and few of those lasted before being torn down. In recent months, however, the spray-painted graffiti has reappeared with a vengeance.

1 Lapiztola
with/con Tim Gabon, Ana Calvo and Abigail Matias (OAX)
2 Unknown / Desconocido (OAX)
3 Arte Jaguar (OAX)
4 Unknown / Desconocido (OAX)
5 Dr. Lacra (OAX)
Right: Derrumbe
Derecha: Derrumbe

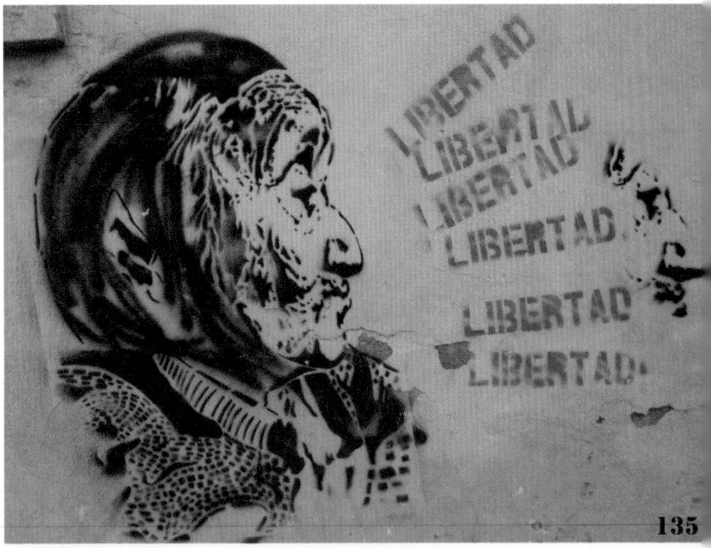
LIBERTAD
LIBERTAD
LIBERTAD
LIBERTAD
LIBERTAD
LIBERTAD

18 de marzo de 2008

Uno de los elementos prominentes de las luchas políticas que han tenido lugar aquí ha sido el arte callejero. En ocasiones adopta la forma de carteles con hermosos diseños que anuncian un evento venidero; en otras circunstancias los artistas combinan audaces dibujos en esténcil con eslóganes políticos como *La revolución no será televisada*; y a veces adoptan una forma que se asemeja más a un lienzo abierto que se convierte en un diálogo expandido entre distintos artistas.

Cuando llegamos en julio de 2006, el grafiti —que cubría la ciudad— fue una de las primeras señales manifiestas de la tormenta en ciernes que sería la protesta. Mientras nos desplazábamos en taxi por la ciudad plenos de anticipación y con un poco de trepidación por nuestra mudanza a México, advertí que casi cada pared tenía algún eslogan pintado con spray. Casi todos incluían la combinación de las palabras «¡Fuera!» y «URO», que como supimos después eran las iniciales del gobernador Ulises Ruiz Ortiz, no una abreviatura de la moneda europea.

Algunas de las piezas que vi han sido obras maestras inspiradoras. Golpes visuales con la mira puesta justo entre los ojos del gobernador. La mayoría eran eslóganes que fungían como golpes rápidos que mostraban el mantra ubicuo de «¡Fuera URO!»

Mientras que la huelga de maestros se extendió durante meses, el arte callejero cobró vida propia. Los nuevos mensajes se mezclaban con los anteriores y la fusión creaba un mensaje en expansión. Yo escrutaba el arte en las paredes y las imágenes me respondían gritando, instándome a que acudiera a una marcha, o haciéndome reír por la grotesca y precisa caricatura del gobernador, o logrando que mi sangre hirviera por una injusticia que estaba enraizada en el núcleo de la sociedad oaxaqueña.

Cuando la huelga de maestros fue aplastada, en noviembre de 2006, las autoridades de inmediato borraron el arte callejero. Franjas de pintura azul, blanca y amarilla que se utilizaron para cubrir los grafitis aún se pueden ver en varios muros, pero dan mas la impresión de ser arte abstracto intencional.

Durante el año siguiente se produjo un silencio visual. Cuando el arte callejero empezó a reaparecer con lentitud, por lo general adoptaba la forma de carteles impresos y muy pocos duraban pegados un buen tiempo antes de ser arrancados. Sin embargo, en los últimos meses el grafiti pintado con spray ha regresado con gran fuerza.

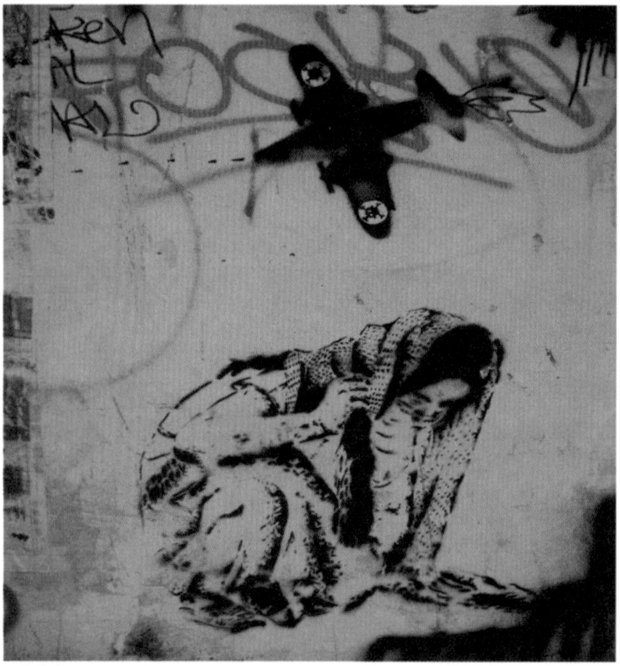

6 Unknown / Desconocido (OAX)
7 Unknown / Desconocido (Chiapas)
8 Unknown / Desconocido (OAX)
9 MCO Stencil (OAX)
10 Arte Jaguar (OAX)
11 Unknown / Desconocido (OAX)
12 ASARO (OAX)
Left: ASARO
Izquierda: ASARO

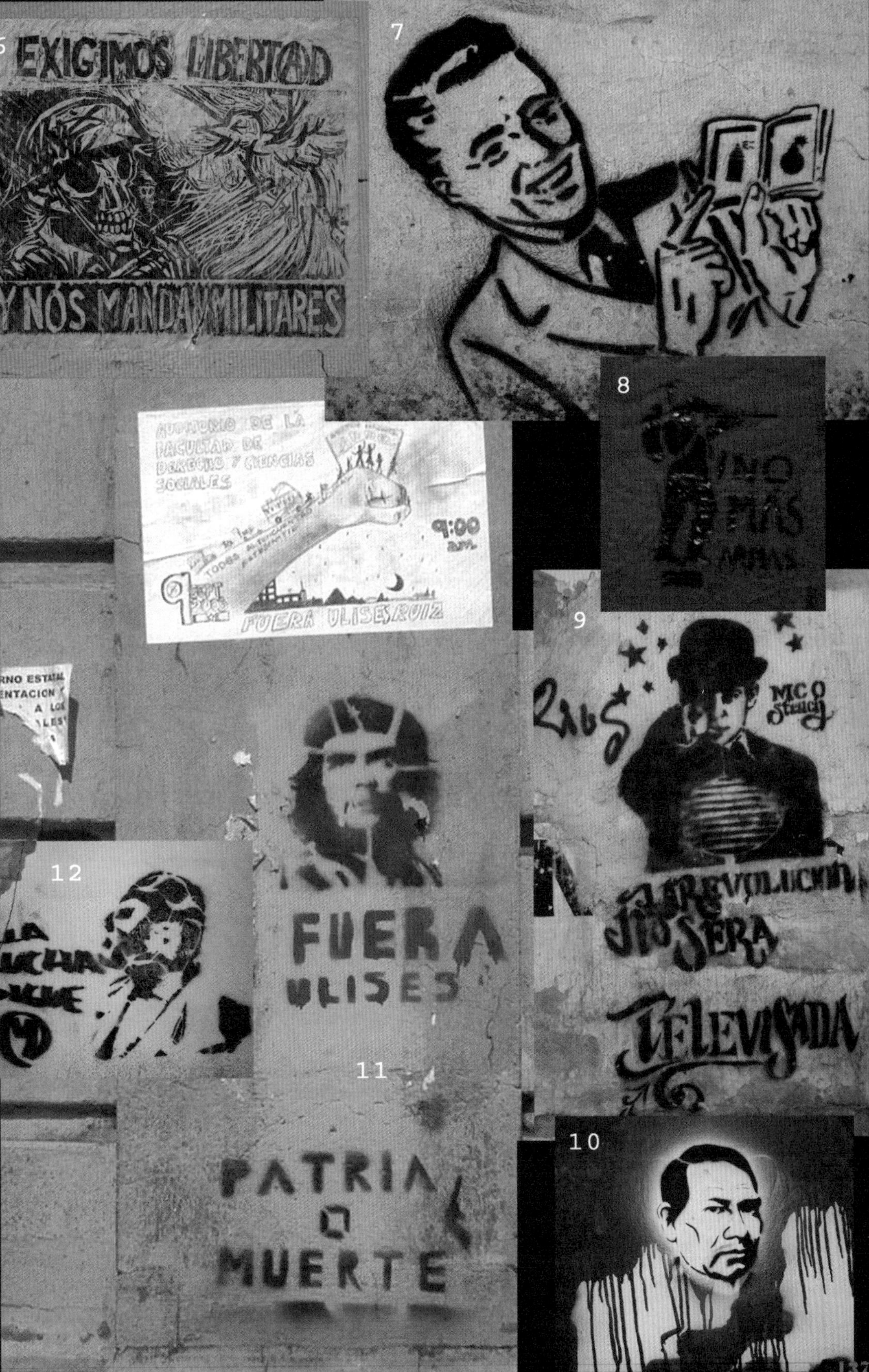

6
EXIGIMOS LIBERTAD
Y NOS MANDA MILITARES
7
8
NO MÁS ARMAS
AUDITORIO DE LA FACULTAD DE DERECHO Y CIENCIAS SOCIALES
9:00 am
FUERA ULISES RUIZ
9
LA REVOLUCIÓN NO SERÁ TELEVISADA
12
FUERA ULISES
11
PATRIA O MUERTE
10

Once again every available surface is being covered, but instead of ingenious iconography, potent slogans and urgent announcements, what's proliferating is tagging. The streets of this gorgeous colonial town are sadly starting to resemble the interior of a New York City subway car, circa 1976.

Certainly tagging can be viewed as powerless individuals trying to leave a lasting mark in this brief life. If you visit the Egyptian section of The Metropolitan Museum of Art in New York City, you can see the work of taggers who achieved some form of immortality by scratching their names into temple walls. Still, there's a stark contrast between work that communicates with heart and content, and graffiti that only rewards the letterer.

Yet, in a town as politically motivated as Oaxaca, thoughtful street art will always return. Though it may not be televised, I suspect that the revolution will be spray-painted.

De nuevo, cada superficie disponible está siendo cubierta,
pero en lugar de iconografía ingeniosa, eslóganes poderosos y
anuncios urgentes, lo que prolifera es el grafiti. Las calles
de esta imponente ciudad colonial tristemente empiezan a
parecerse al interior de un vagón del metro neoyorquino
alrededor de 1976.

Es cierto que el grafiti puede considerarse una acción de
individuos impotentes que tratan de dejar una marca duradera
en esta breve vida. Si se visita la sección egipcia del
Metropolitan Museum of Art de Nueva York, se puede apreciar
la obra de grafiteros que alcanzaron una especie de inmortali-
dad al inscribir sus nombres en los muros de los templos.
Todavía hay una enorme diferencia entre el trabajo que comu-
nica con el corazón y su contenido, y el grafiti que sólo
recompensa al que lo inscribe.

No obstante, en una ciudad tan politizada como Oaxaca, el
arte callejero pensante siempre regresará. Aunque no será
televisada, sospecho que la revolución será pintada con
spray.

Travels in Chiapas

Viajes en Chiapas

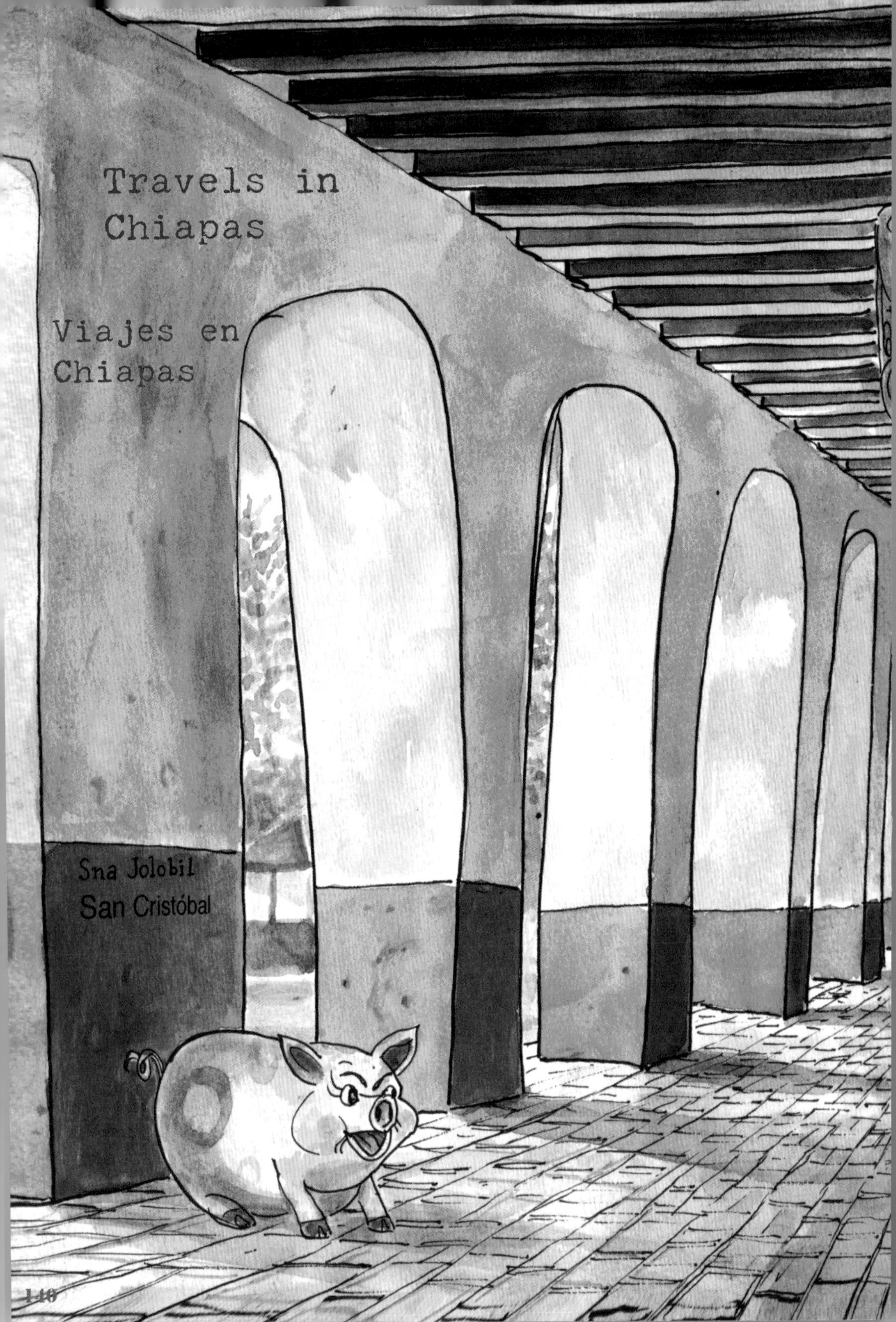
Sna Jolobil
San Cristóbal

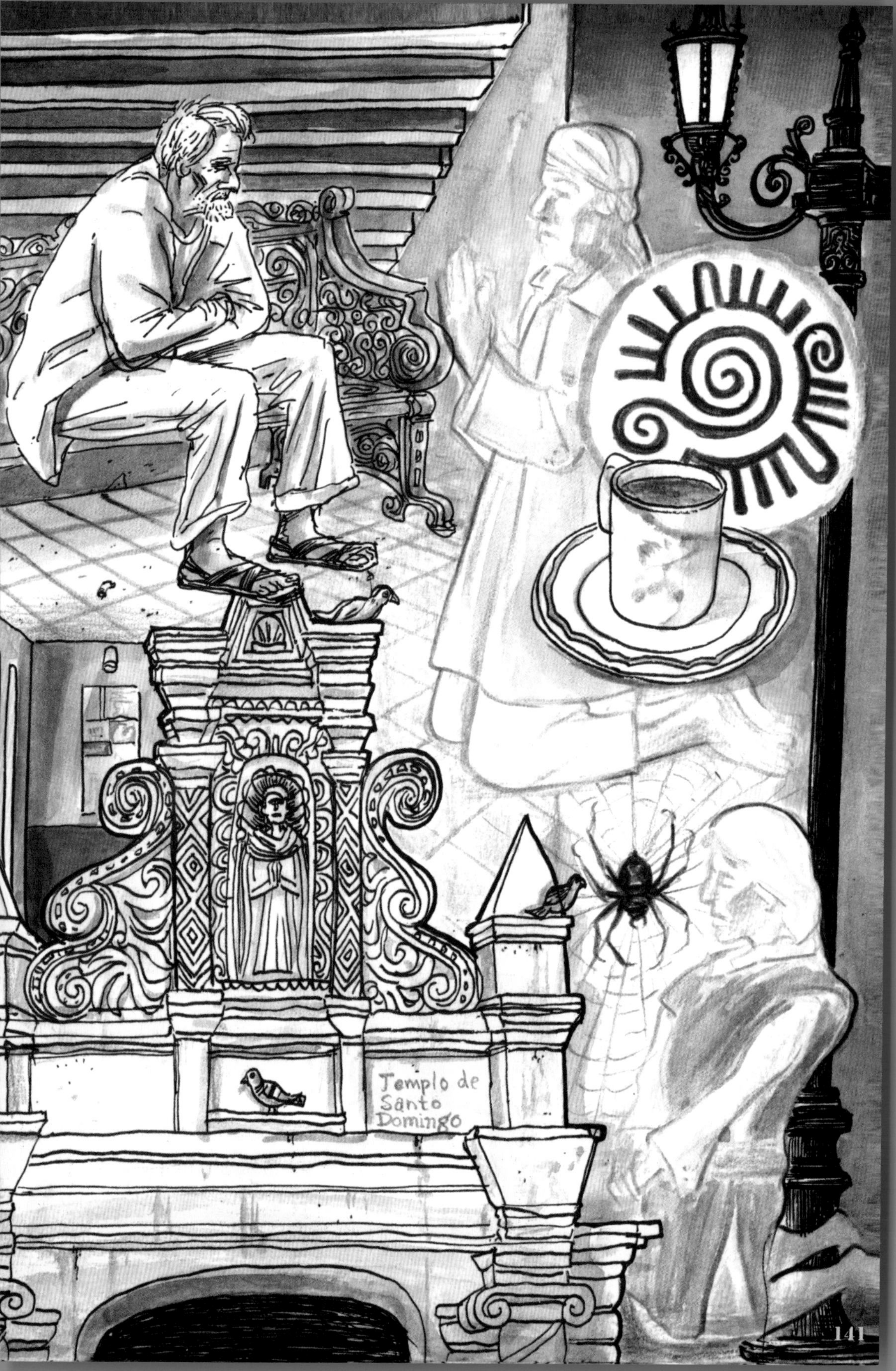
Templo de Santo Domingo

Museo Na Bolom

142 Cascadas el Chiflón

Zócalo, San Cristóbal

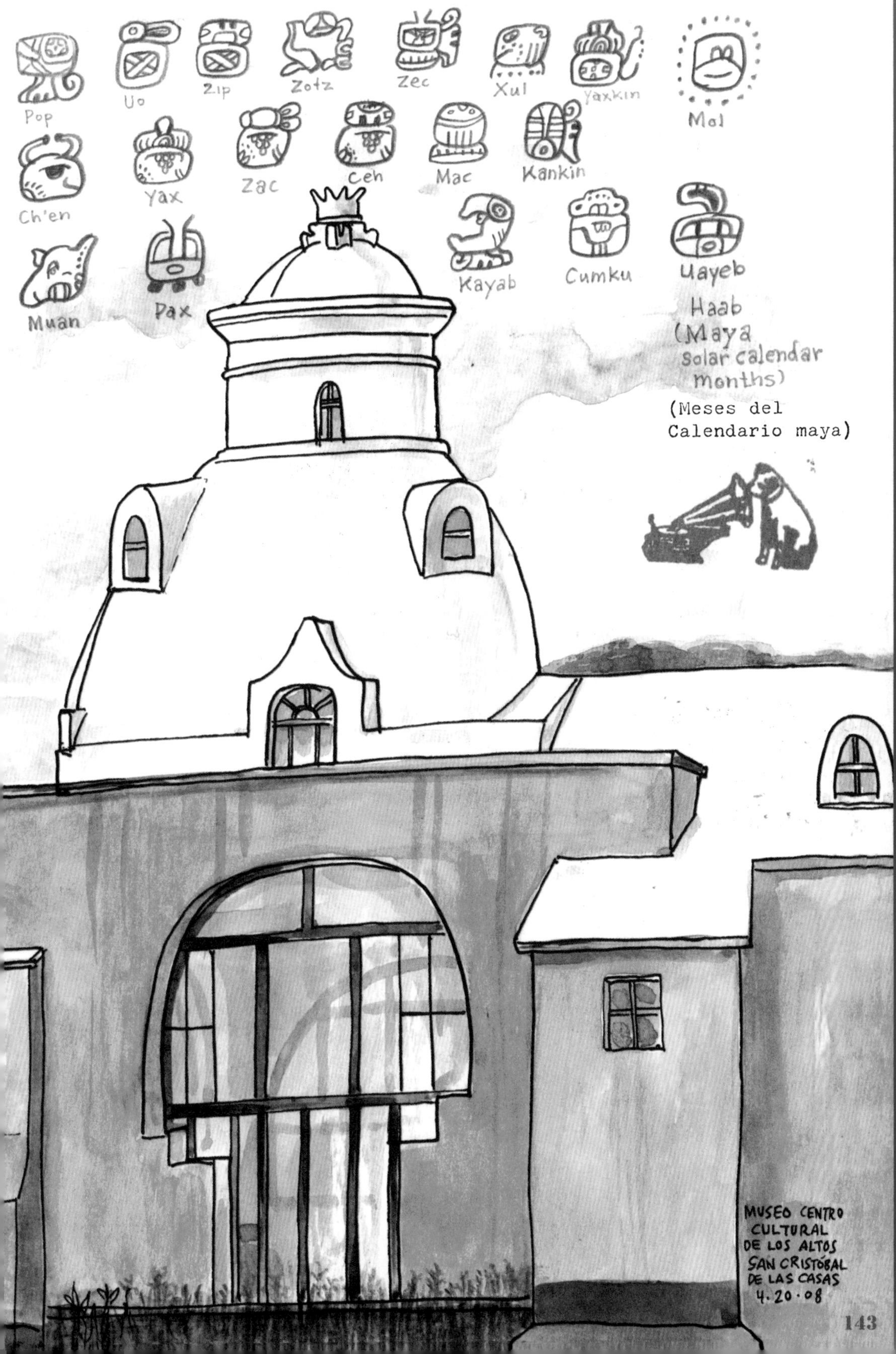
Pop
Uo
Zip
Zotz
Zec
Xul
Yaxkin
Mol
Ch'en
Yax
Zac
Ceh
Mac
Kankin
Muan
Pax
Kayab
Cumku
Uayeb
Haab (Maya solar calendar months)
(Meses del Calendario maya)
MUSEO CENTRO CULTURAL DE LOS ALTOS SAN CRISTÓBAL DE LAS CASAS 4.20.08

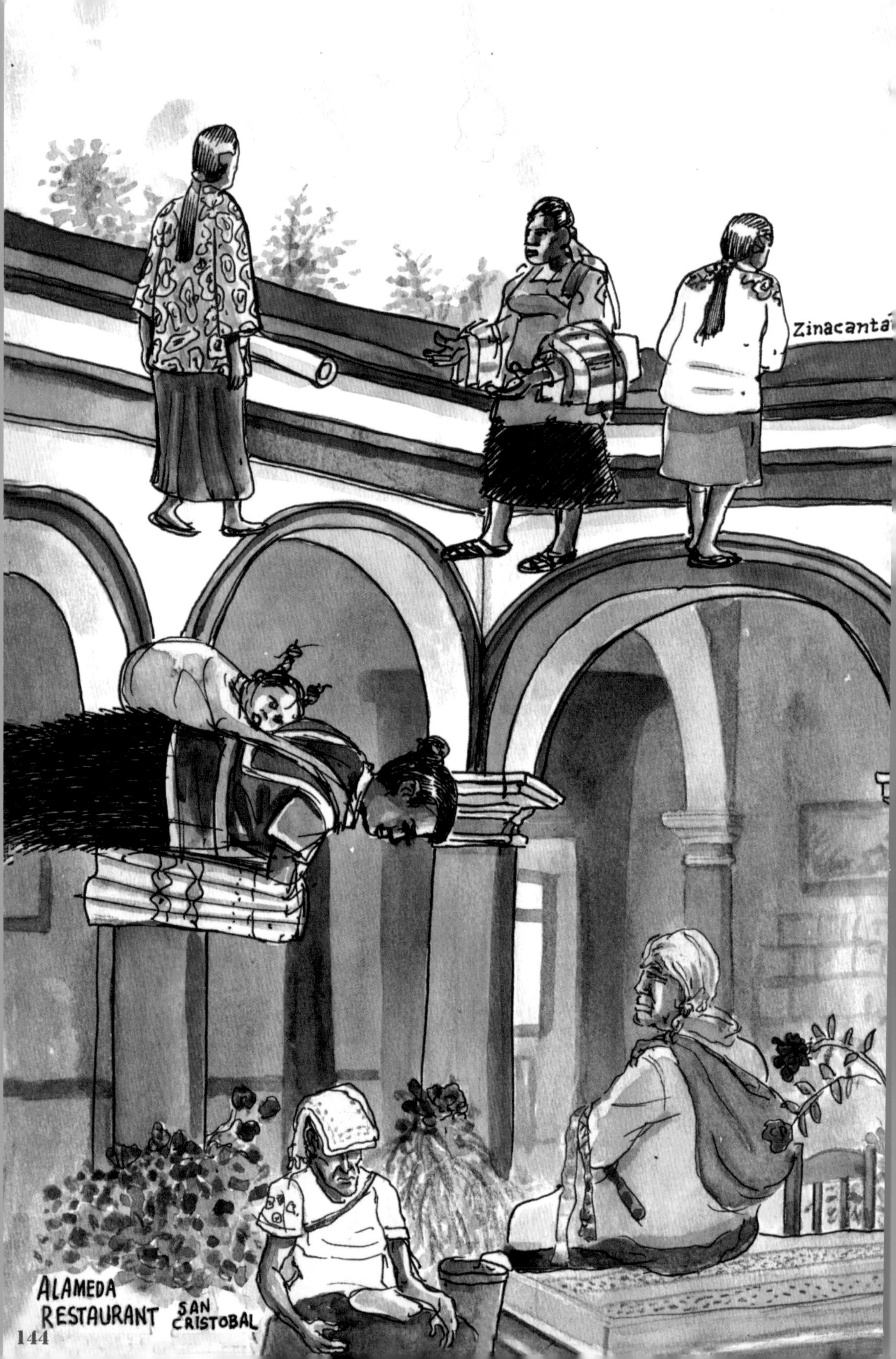
Zinacanta
ALAMEDA
RESTAURANT
SAN
CRISTOBAL

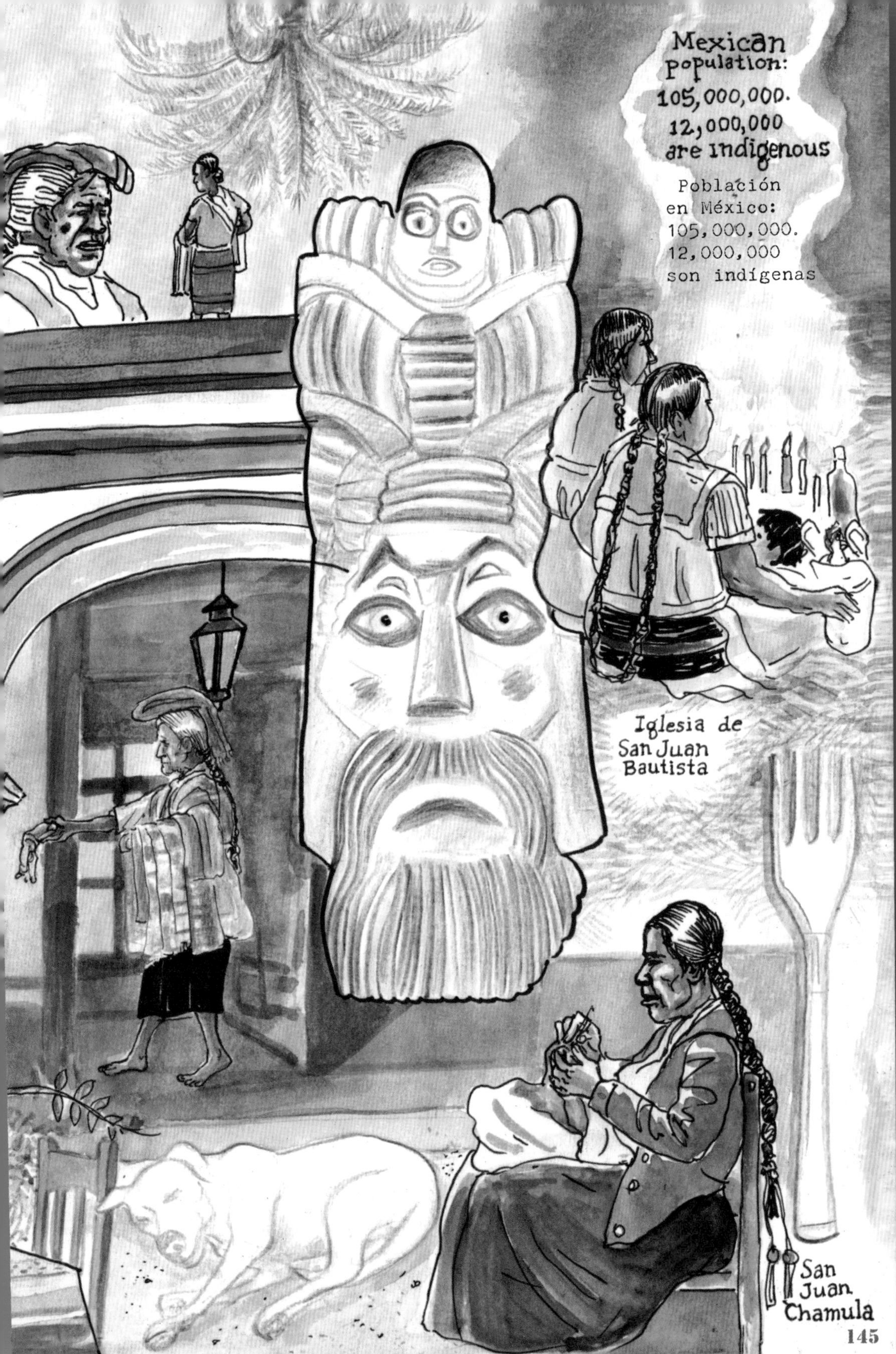
Mexican population: 105,000,000. 12,000,000 are indigenous
Población en México: 105,000,000. 12,000,000 son indígenas
Iglesia de San Juan Bautista
San Juan Chamula

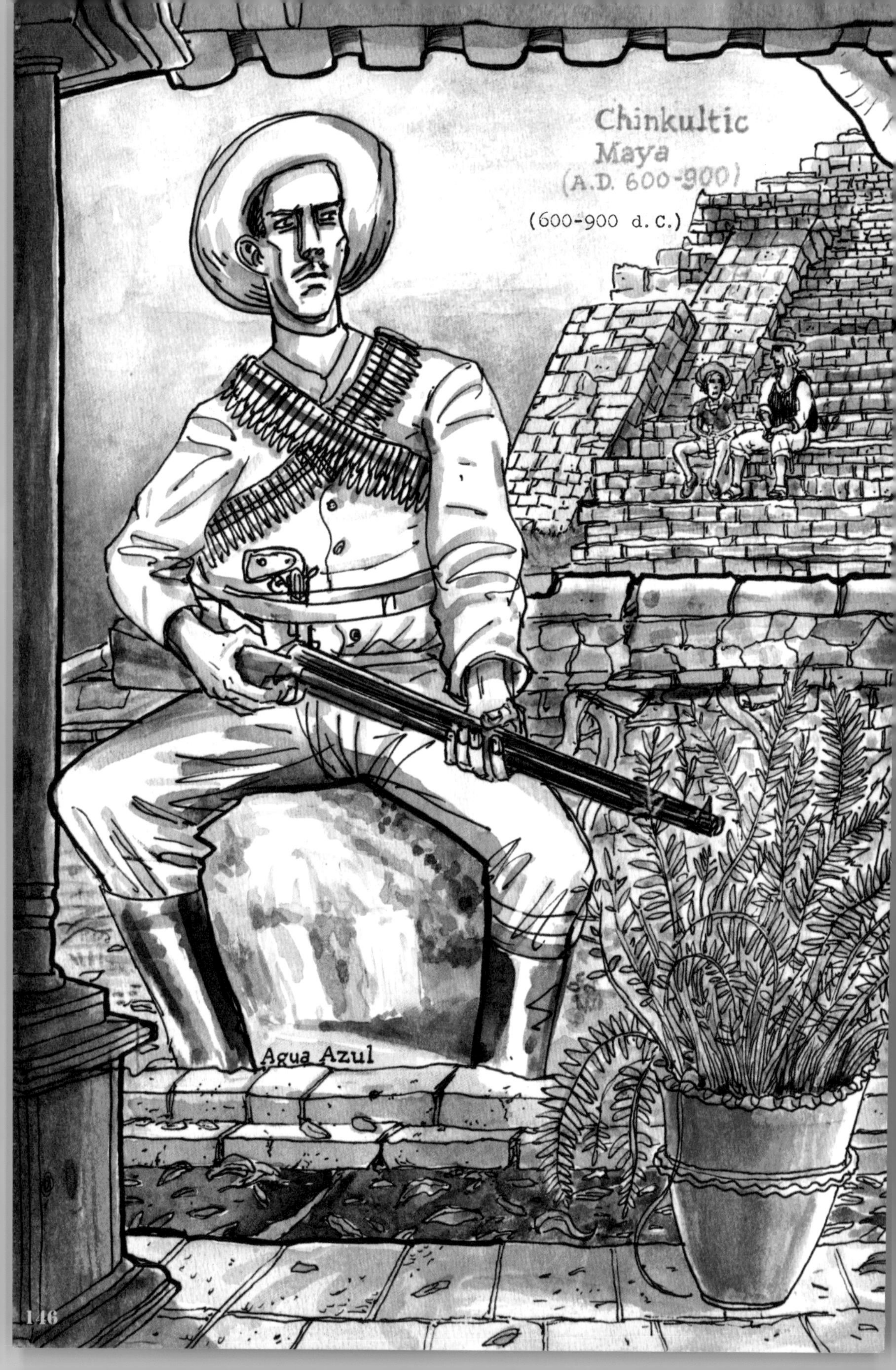
Chinkultic
Maya
(A.D. 600-900)
(600-900 d. C.)
Agua Azul

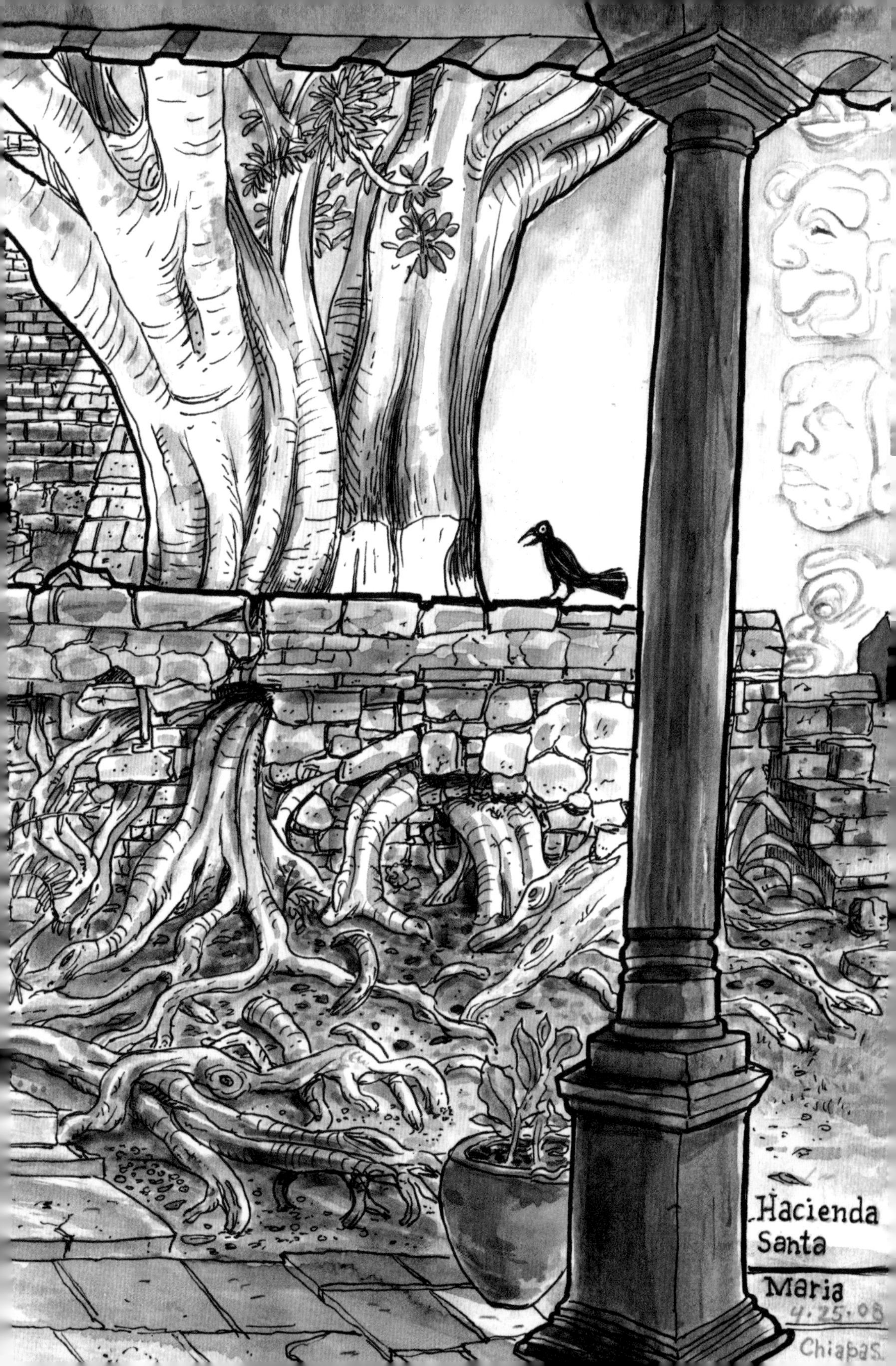
Hacienda
Santa
Maria
4.25.08
Chiapas.

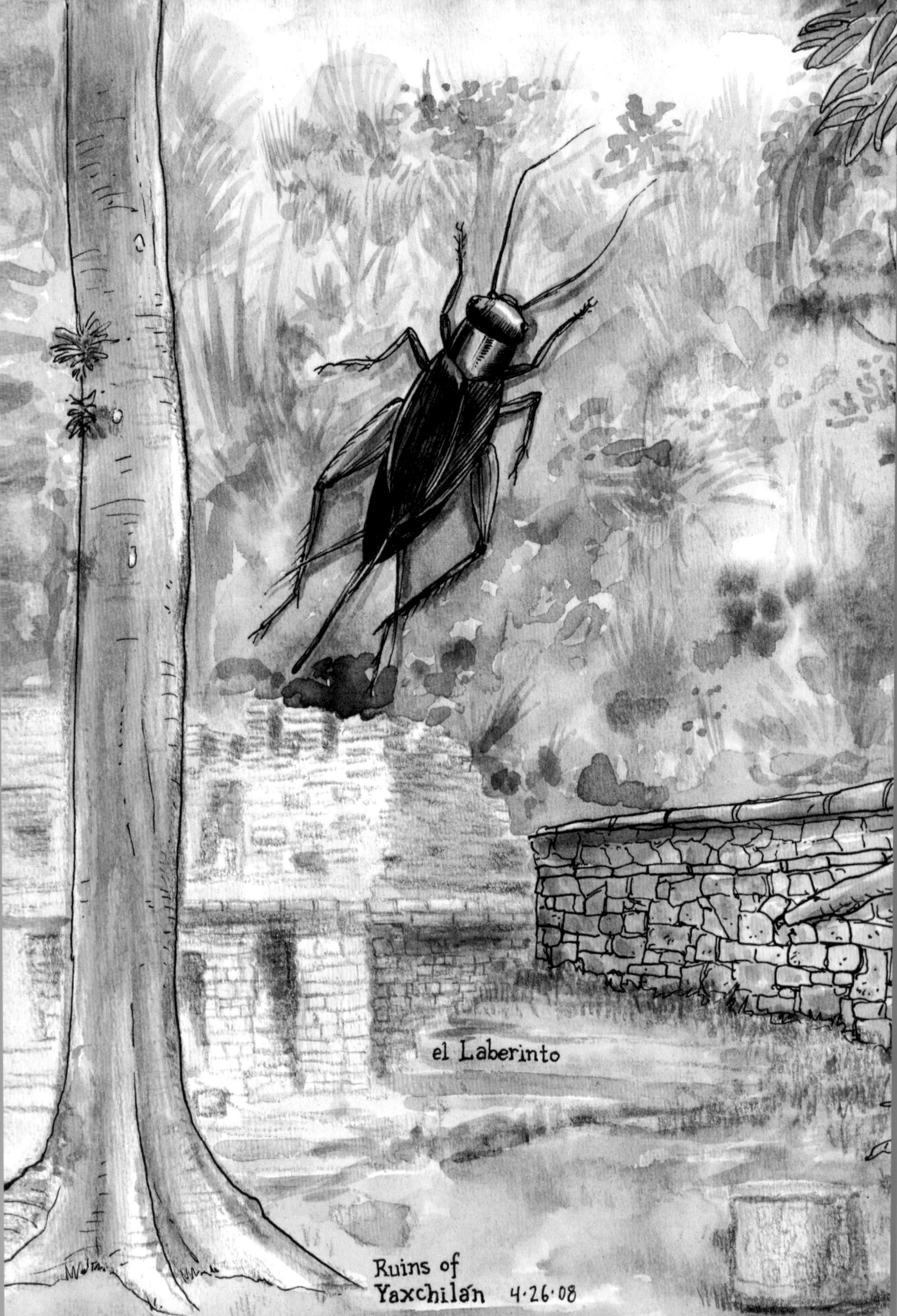
el Laberinto
Ruins of
Yaxchilán 4·26·08

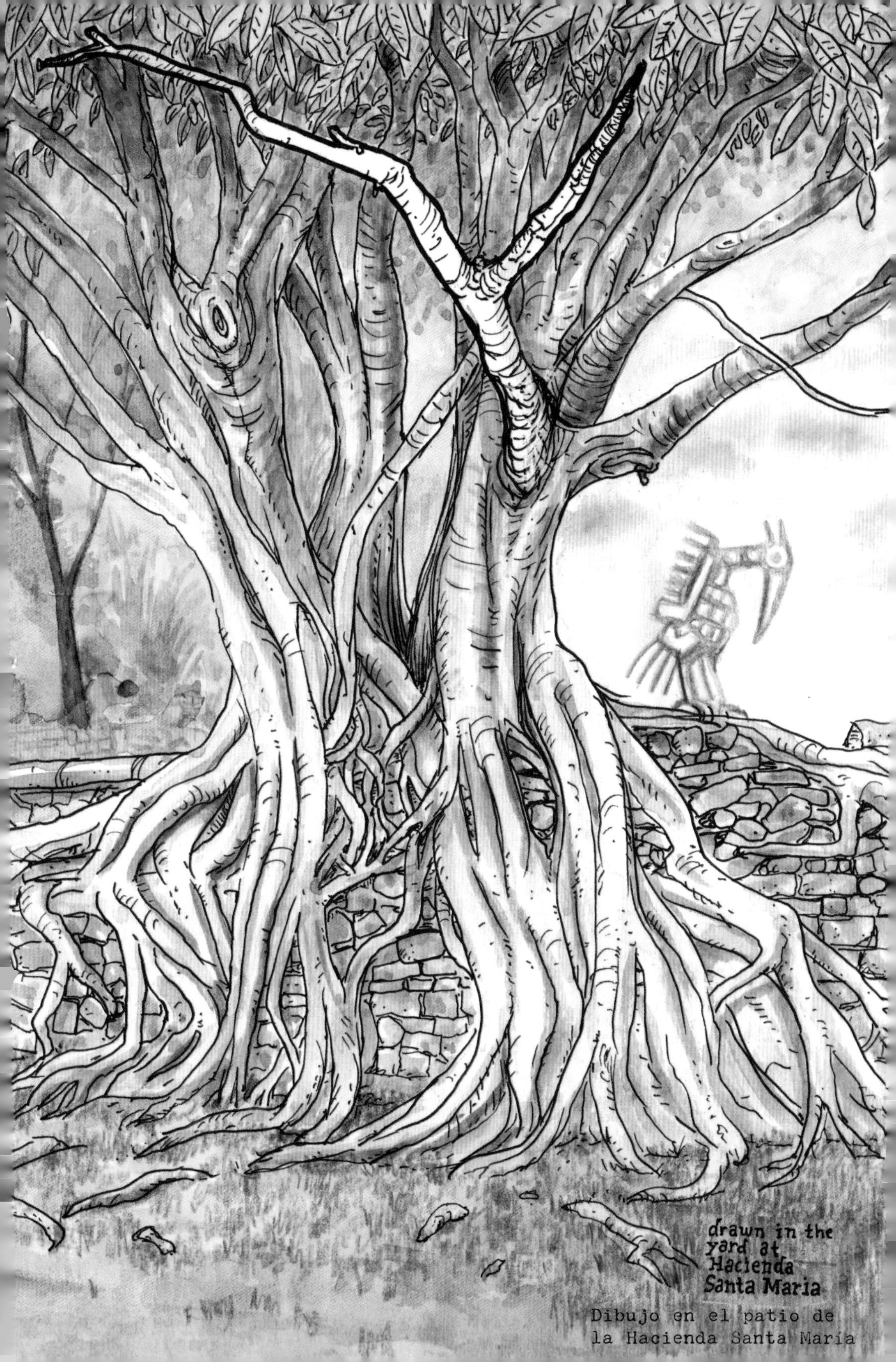
drawn in the yard at Hacienda Santa Maria

Dibujo en el patio de
la Hacienda Santa María

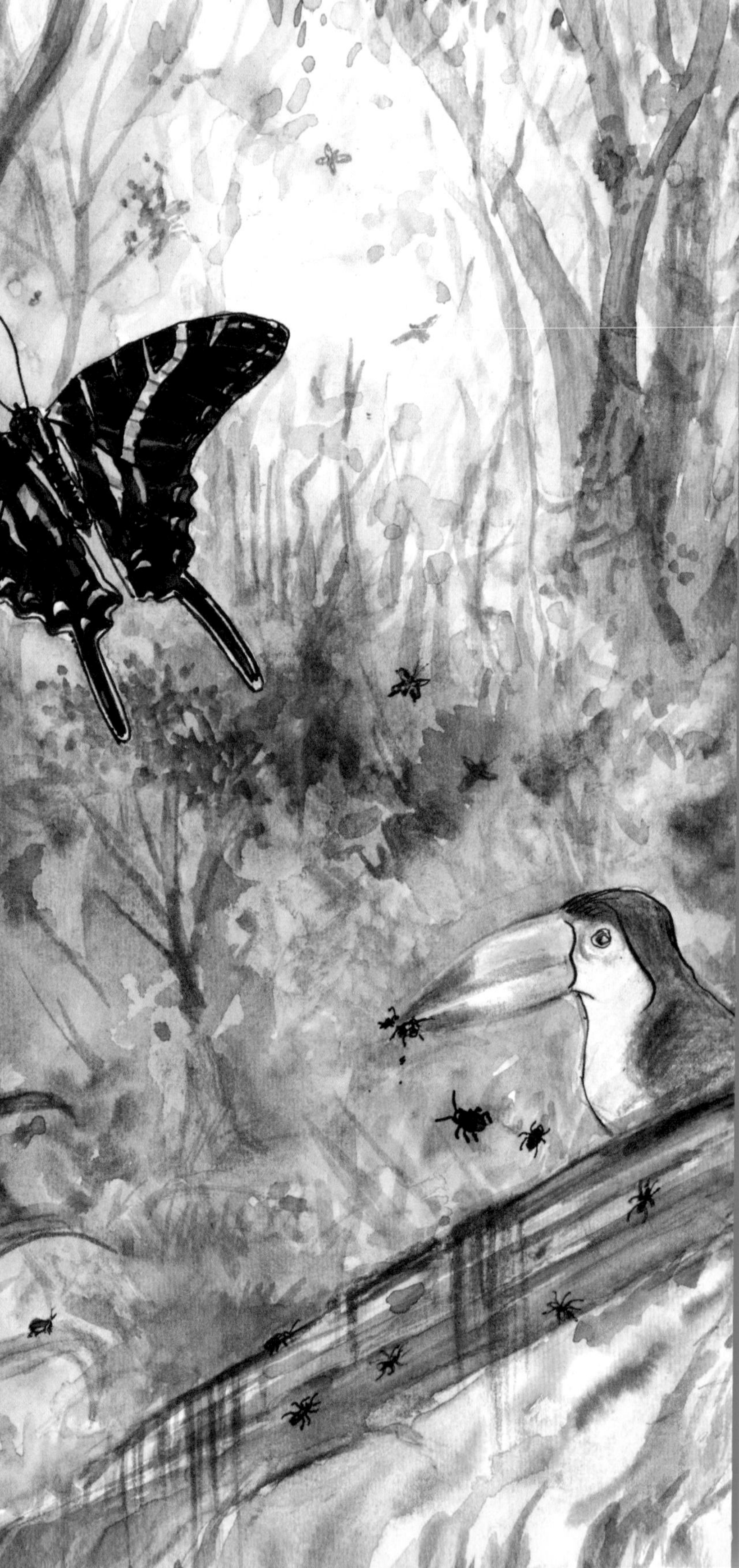

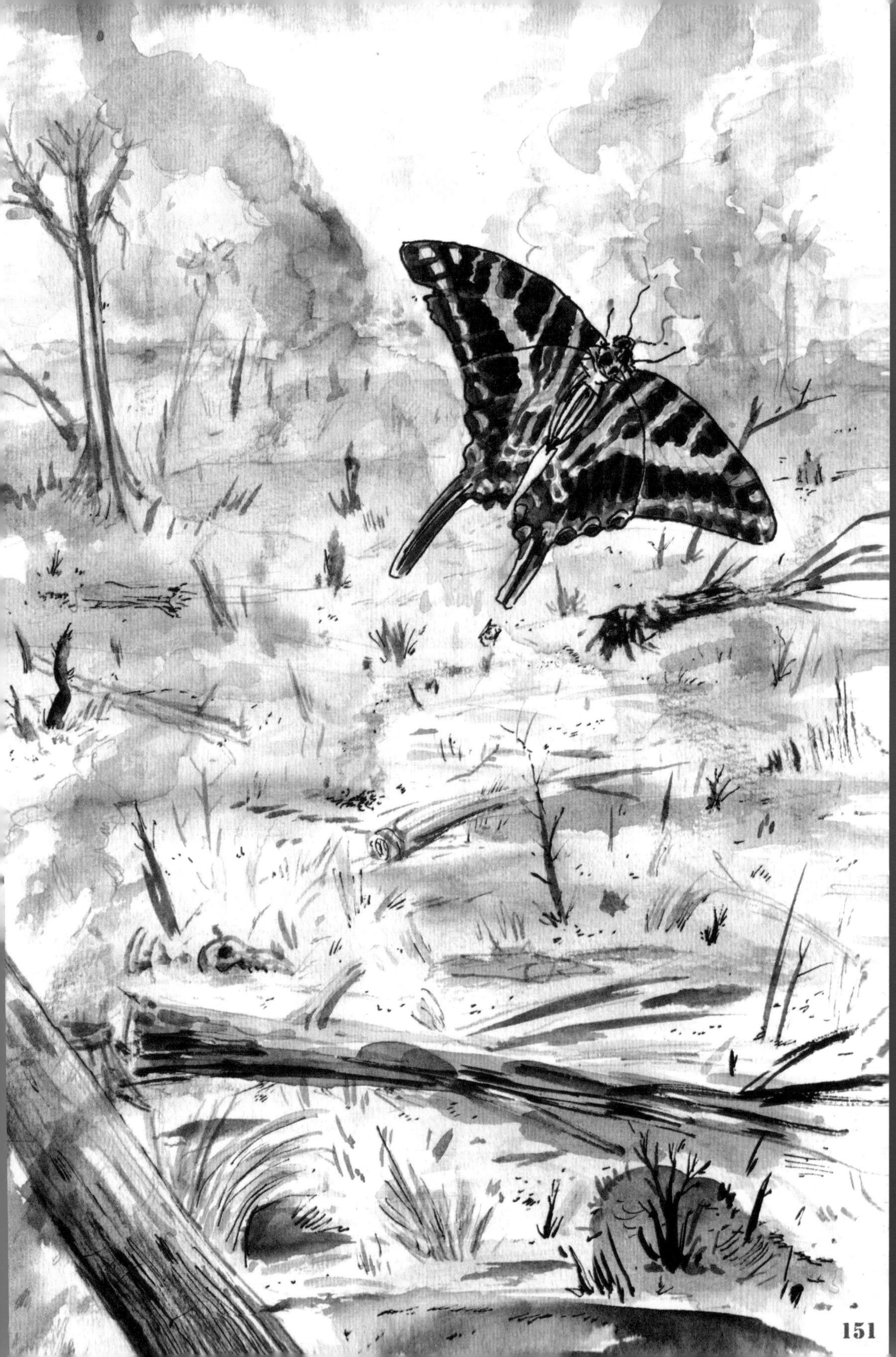

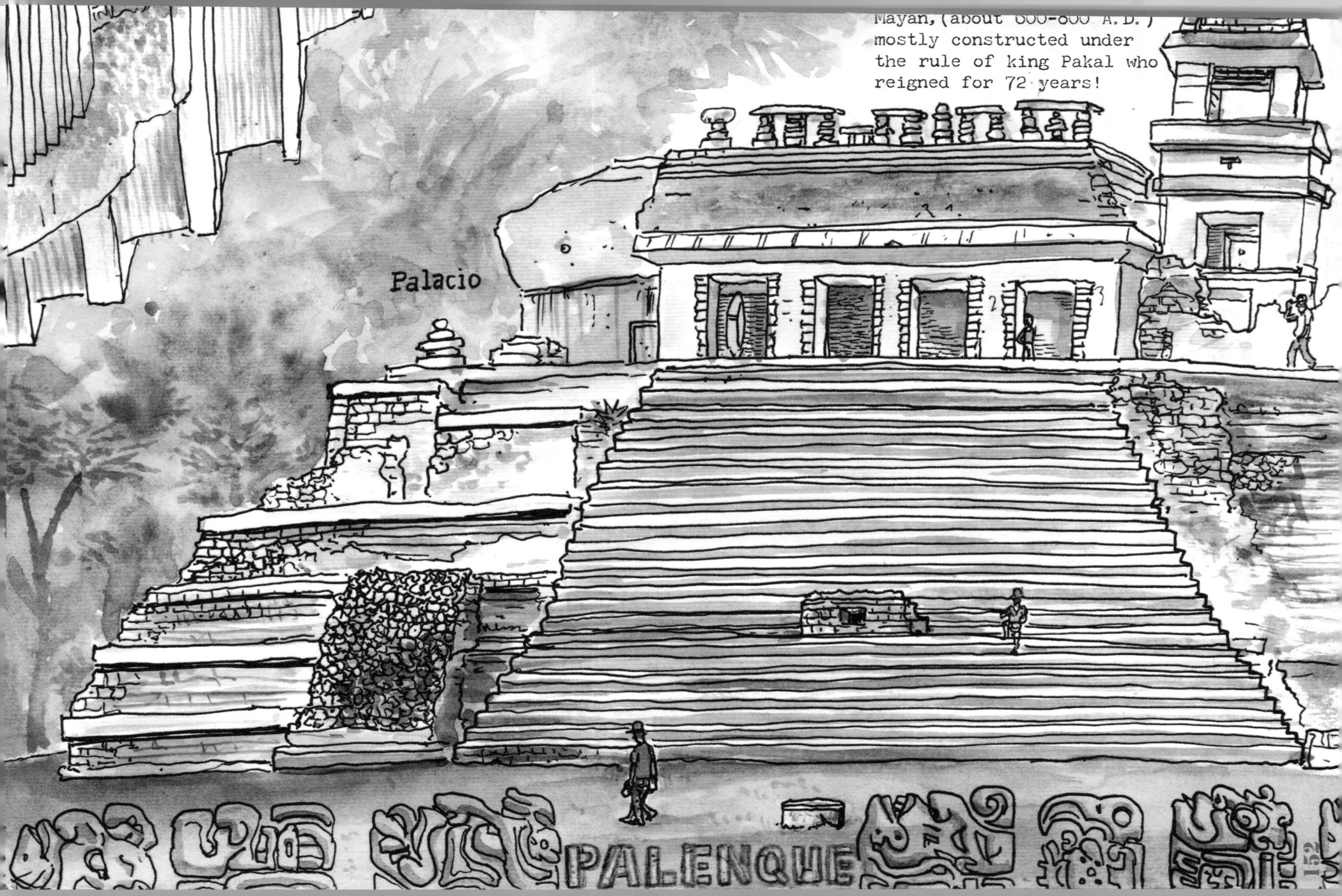
Mayan, (about 600-800 A.D.)
mostly constructed under
the rule of king Pakal who
reigned for 72 years!
Palacio
PALENQUE

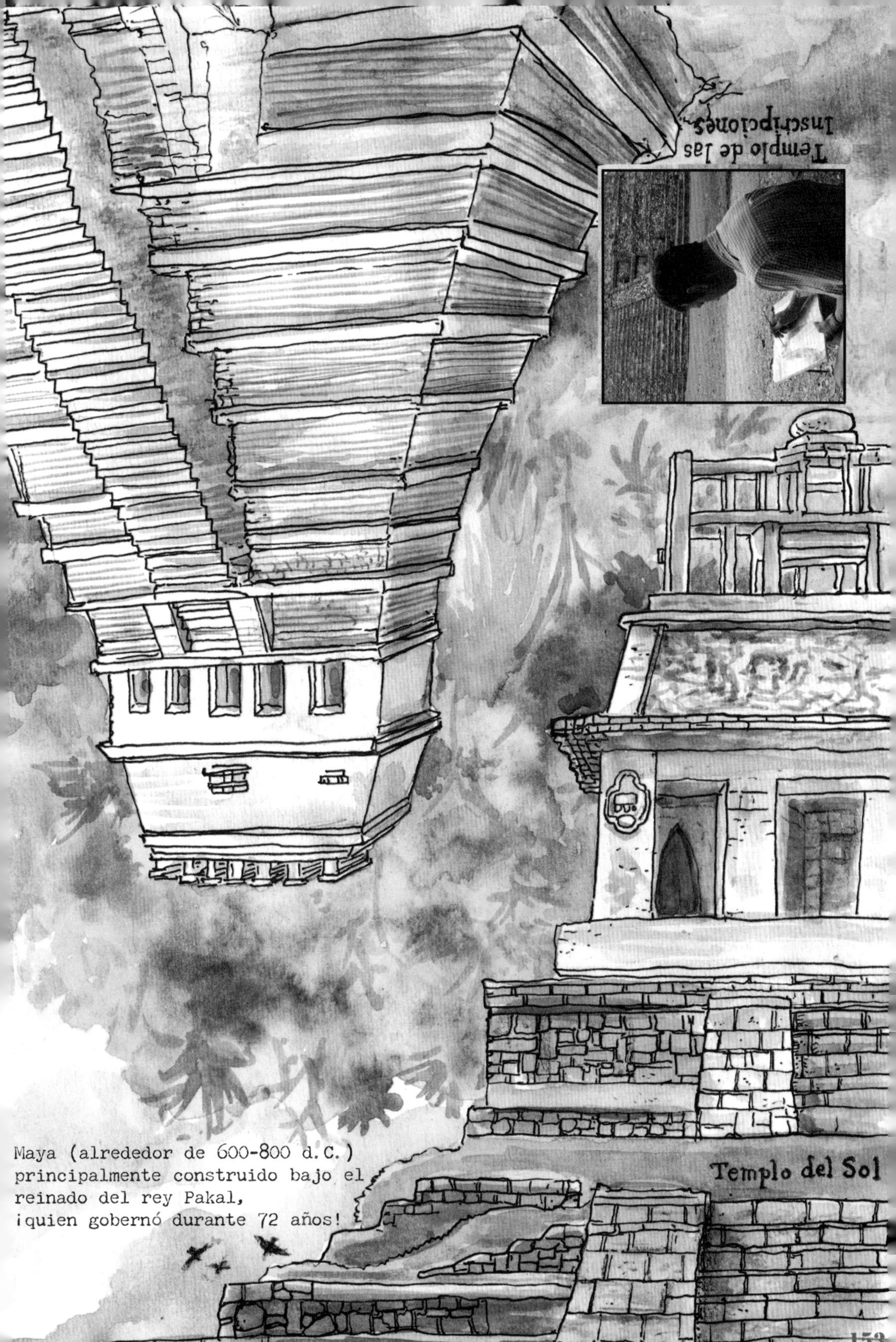
Templo de las Inscripciones
Templo del Sol
Maya (alrededor de 600-800 d.C.)
principalmente construido bajo el
reinado del rey Pakal,
¡quien gobernó durante 72 años!

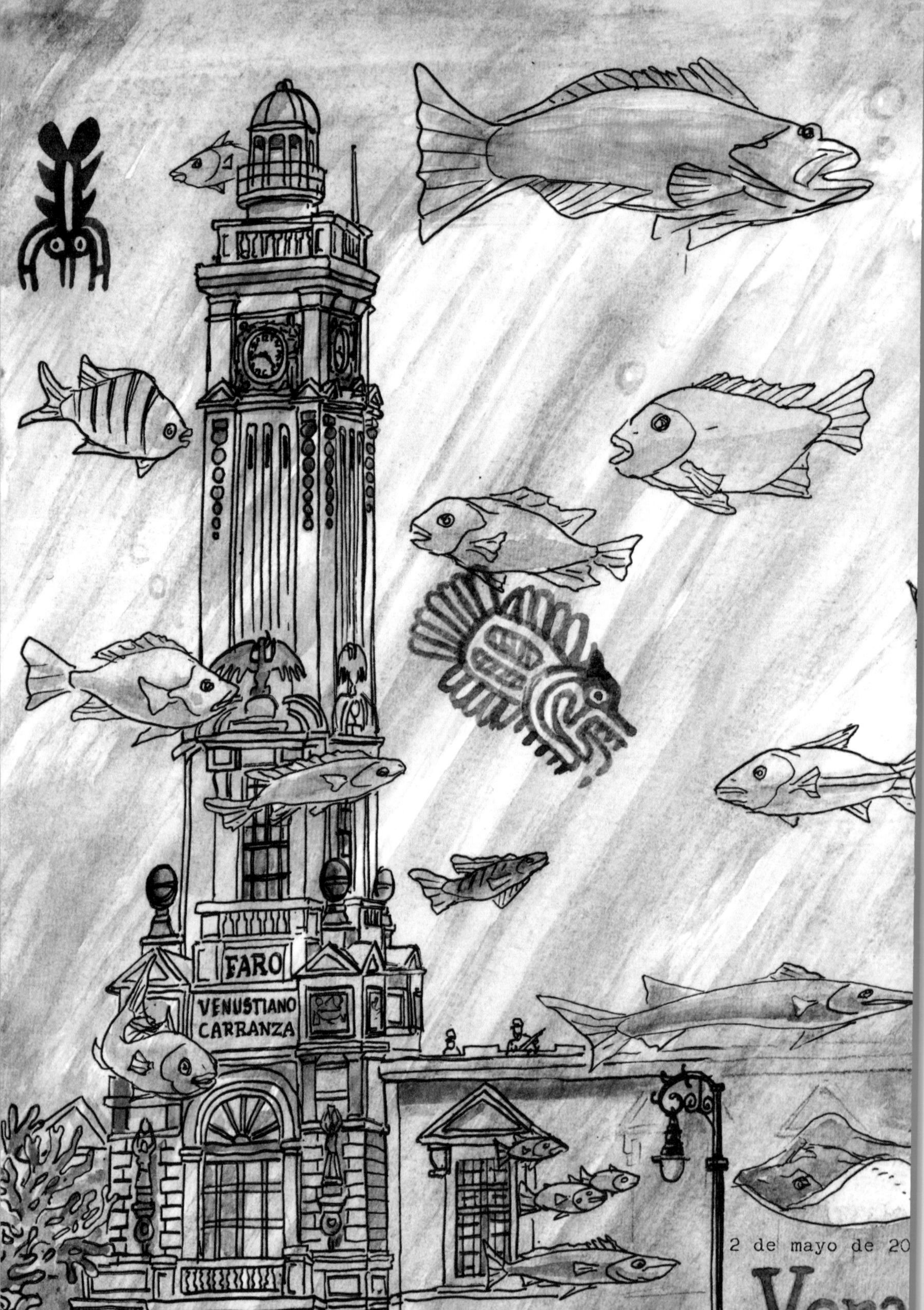
FARO
VENUSTIANO
CARRANZA
2 de mayo de 20

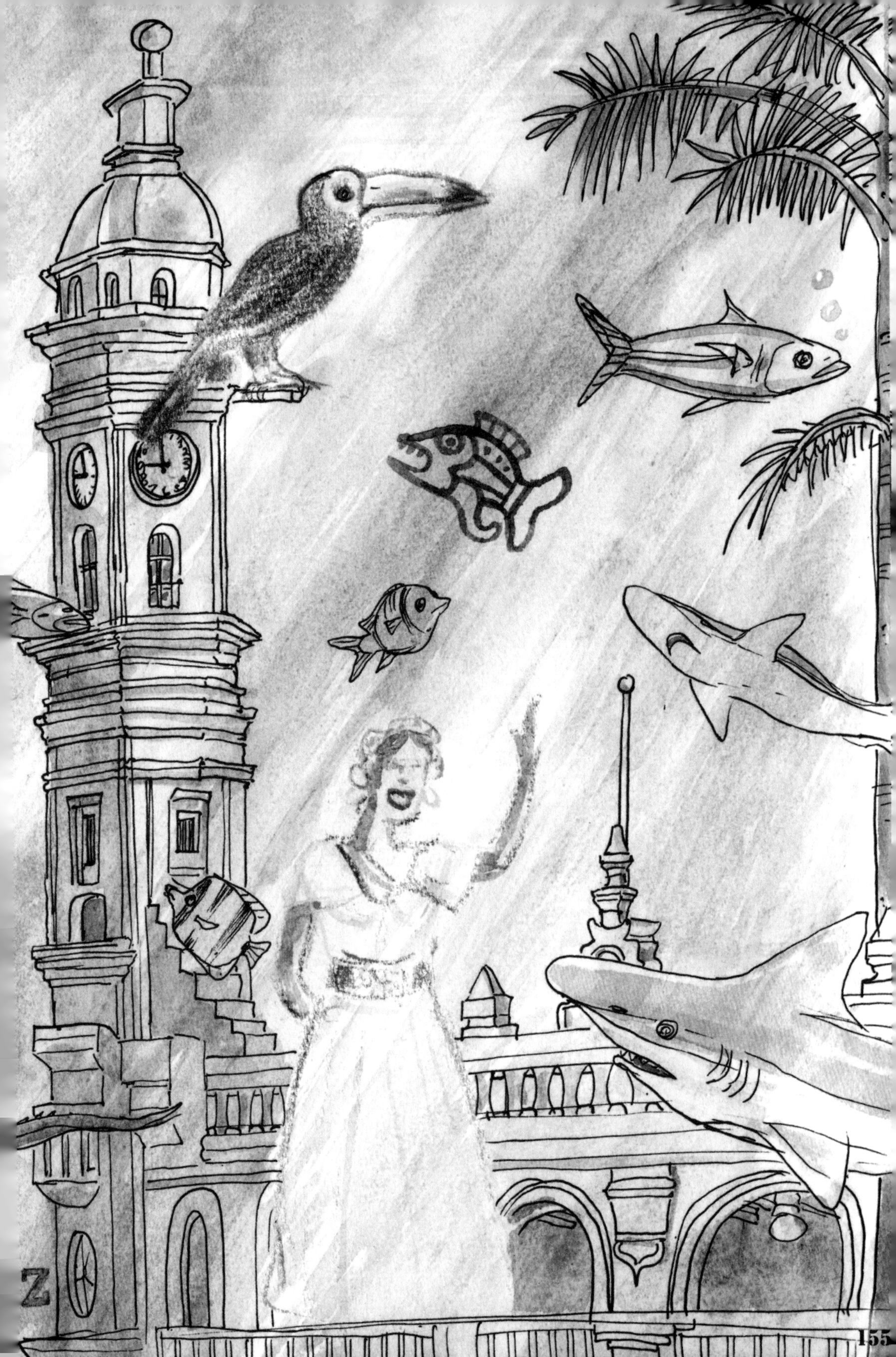

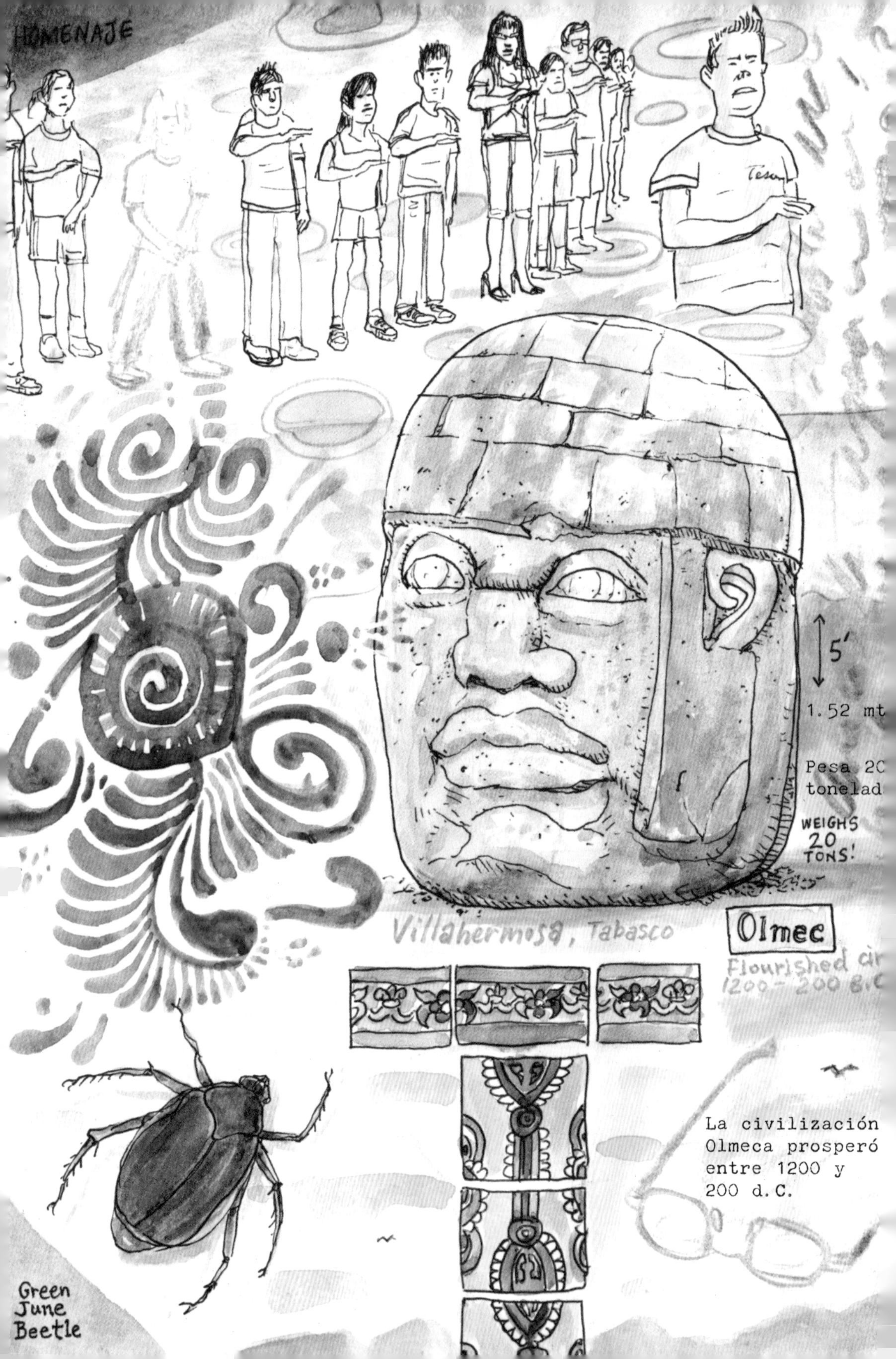
HOMENAJE
5'
1.52 mt
Pesa 20
tonelad
WEIGHS 20 TONS!
Villahermosa, Tabasco
Olmec
Flourished ci
1200 - 200 B.C
La civilización
Olmeca prosperó
entre 1200 y
200 d.C.
Green
June
Beetle

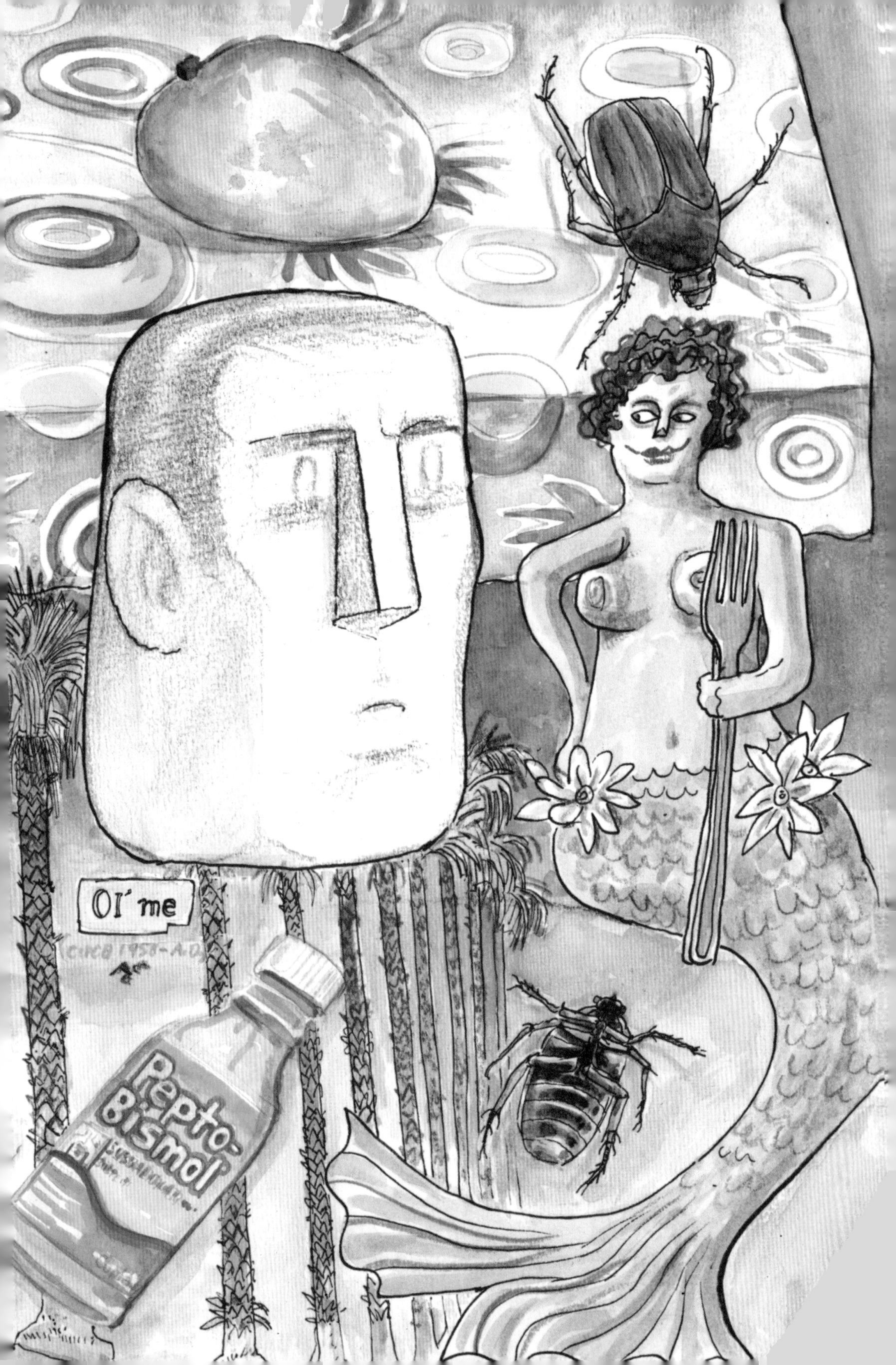
Ol' me
Pepto-Bismol

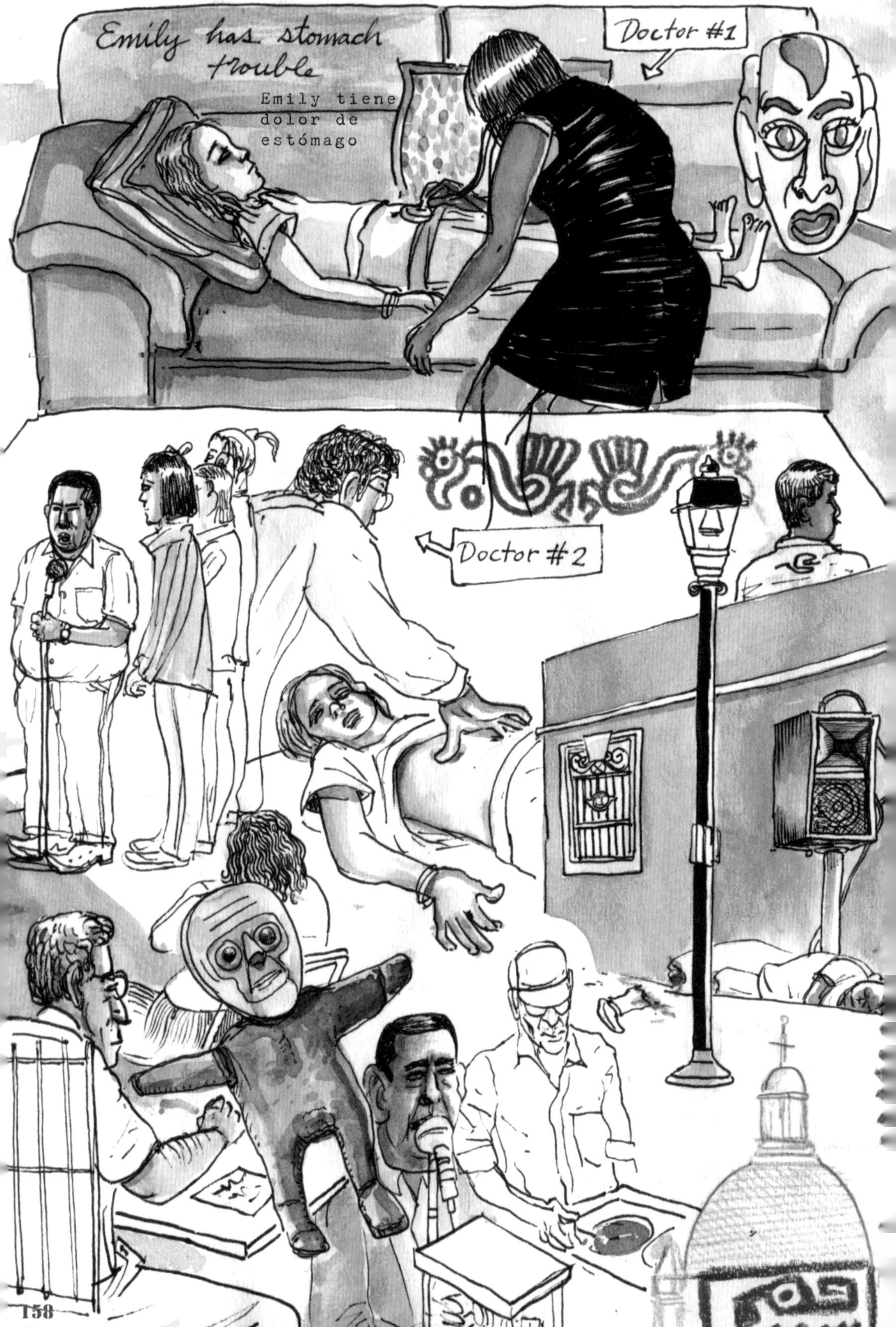
Emily has stomach trouble
Emily tiene dolor de estómago
Doctor #1
Doctor #2

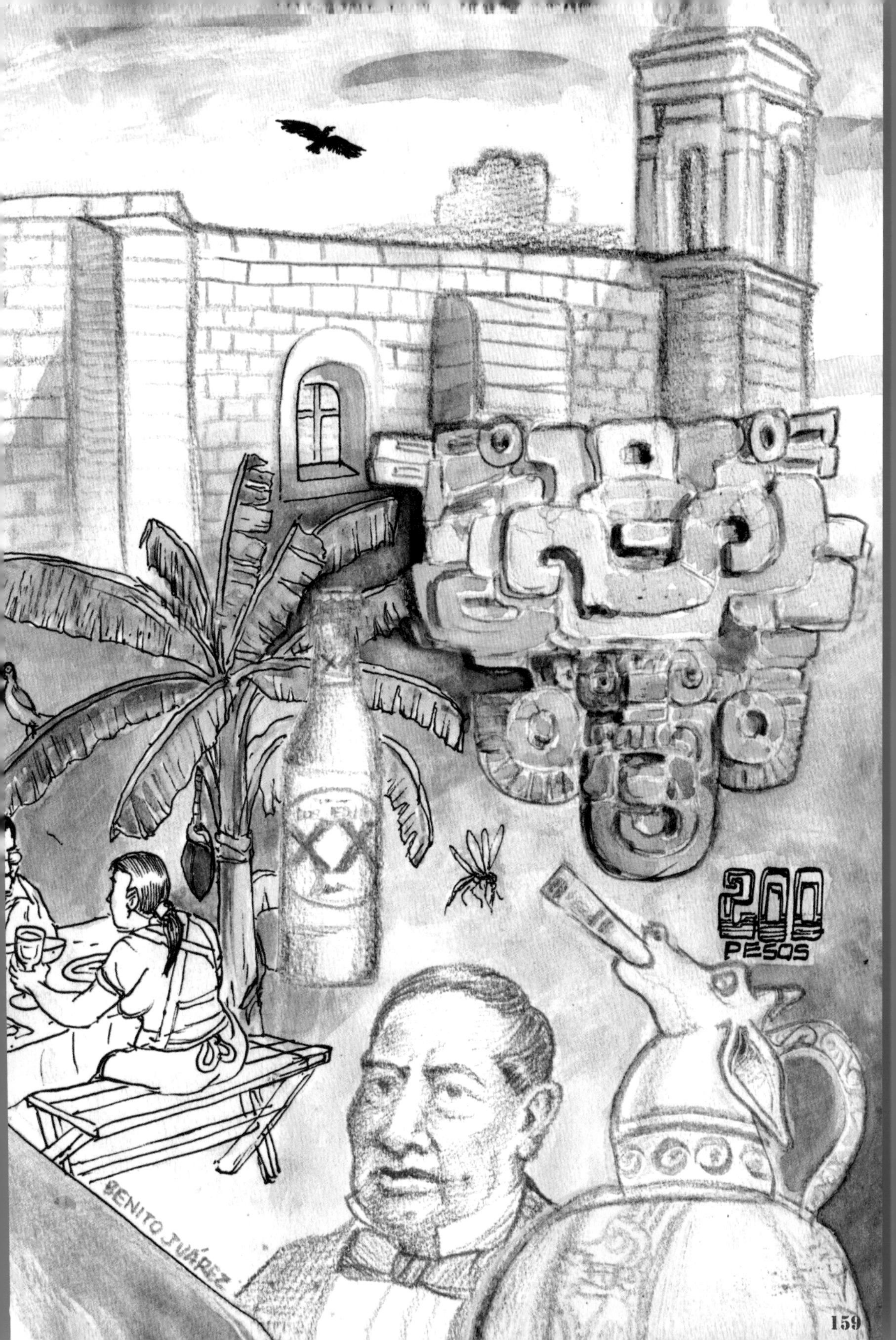
200
PESOS
BENITO JUÁREZ

May 7th, 2008

I may be suffering from PDN (Pre Departure Nostalgia) as we get closer to our stateside return from Mexico this July. Whatever the diagnosis, all my senses seem to be strangely heightened. My eyes constantly watch for new subjects, and drawing in my sketchbook has become a daily obsession. My ears are sharply attuned to the daily parade of sounds, from the ravens that wake me up each morning to the tree frogs that lull me to sleep each night. Yet it's my sense of smell that's been really off the charts.

Experts say that the olfactory sense can trigger long forgotten memories. The smell of cut grass or the perfume your mother once wore can instantly transport you back to your childhood. There are so many smells to choose from here in Oaxaca, I expect I'll have flashbacks long after we're gone.

It begins when I awake to the scent of wood smoke as our neighbors warm their tortillas over a fire. Heading up our gravel driveway for my daily constitutional, I inhale the delicious fragrance of Jacaranda blossoms in the trees above. This is mingled with the stink of deposits made by every local street dog; apparently our driveway is the perfect toilet safely away from the traffic. Continuing down a bumpy cobblestone street I detect a hint of Bougainvillea, but this is cancelled out by the stomach-wrenching stench of dead possum. The smell envelops and hangs on my clothes until the aroma of pineapple/orange/papaya and mango at the corner fruit stand brings blessed relief. Farther down the street, a light whiff of Mezcal emanates from an hombre passed out in a doorway; then, over a corrugated metal wall, comes the comforting smell of slightly burnt corn tacos and charcoal mixed with a distressing odor.

It's Menudo, and I don't mean the 90's boy band, but a traditional Mexican soup made of boiled intestines and stomach. I can almost hear the goat's dying bleat, which makes me retreat to the vegetarian side of my brain. Fortunately the delicious smell of roasting chicken floats by and my true carnivorous nature resumes.

I temporarily shift senses on hearing distant marimba music overlaid with what seems like a thousand barking dogs. To my right there's the sound of a sputtering fuse followed by a rising whistle. There's a brief pause, then a thundering explosion.

The acrid smell of fireworks snaps me back to my sense of smell as I return to my driveway. I carefully negotiate the piles left by the street dogs, relieved to inhale a restorative breath of Jacaranda carried on the warm breeze.

If there is a pill that cures PDN, I won't be taking it.

Es posible que esté sufriendo de NPP (Nostalgia Pre Partida) conforme nos acercamos al regreso desde México a nuestro hogar este próximo julio. Más allá del diagnóstico, todos mis sentidos parecen estar extrañamente inflamados. Mis ojos buscan nuevos temas de manera constante, y dibujar en mi cuaderno se ha convertido en una obsesión diaria. Mis oídos están atentos con agudeza al desfile cotidiano de sonidos, desde los cuervos que me despiertan cada mañana hasta las ranas en los árboles que me arrullan para que me duerma cada noche. Sin embargo, el que está de verdad disparado es mi sentido del olfato.

Los expertos dicen que el sentido del olfato puede activar la rememoración de recuerdos olvidados hace mucho tiempo. El olor del pasto cortado o el perfume que alguna vez usó tu madre te pueden transportar de inmediato a la niñez. Hay tantos olores entre los que se puede elegir aquí en Oaxaca, que anticipo que tendré reminiscencias mucho después de que nos hayamos ido.

Todo comienza cuando me despierto ante el olor a humo de la madera producido por nuestros vecinos que calientan sus tortillas al fuego. Conforme avanzo por nuestro camino de grava para mi caminata cotidiana, inhalo la deliciosa escencia de las flores de Jacaranda en los árboles que están por encima de mí. Esto se entremezcla con el hedor de los depósitos que deja cada perro callejero local; parece ser que nuestra entrada es la taza perfecta ya que es seguro por estar alejado del tráfico. Sigo por una calle adoquinada con baches cuando detecto un dejo de olor a buganvilia, pero éste se anula por el hedor a animal muerto que estruja el estómago. El olor me envuelve y se impregna mi ropa hasta que el aroma de piña/naranja/papaya y mango que proviene del puesto de fruta de la esquina me trae un alivio bendito. Más abajo en la misma calle, una ligera fragancia a mezcal emana de un hombre inconsciente ante una puerta; después, de detrás de una pared de metal corrugado proviene el reconfortante olor a tacos de maíz ligeramente quemados y a carbón, combinados con un olor desagradable.

Es Menudo, y no me refiero al grupo juvenil de los noventa, sino a una tradicional sopa mexicana hecha de intestinos y estómago cocidos. Casi puedo escuchar el quejido mortal de la cabra, lo que me hace retroceder e instalarme en el lado vegetariano de mi cerebro. Por fortuna, el delicioso aroma de pollo rostizado flota por ahí y regresa mi verdadera naturaleza carnívora.

De manera temporal cambio de sentido cuando escucho la distante música de la marimba encimarse con lo que parecen ser mil perros que ladran. A mi derecha se produce el sonido de un petardo seguido por un silbido que crece en intensidad. Hay una pequeña pausa y después un estruendoso estallido.

El acre olor a fuegos artificiales me devuelve a mi sentido del olfato conforme regreso a mi entrada. Sorteo con cuidado las pilas dejadas por los perros callejeros, aliviado por inhalar un restaurador aroma a Jacaranda que transporta la cálida brisa.

Si existe una pastilla que cure la NPP, me negaré a tomarla.

Smell-o-Vision
Visión aromática

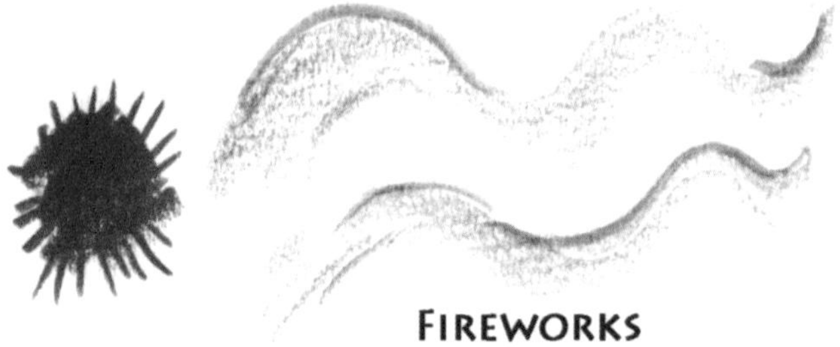

FIREWORKS
Fuegos artificiales

MEZCAL BREATH
Fragancia de mezcal

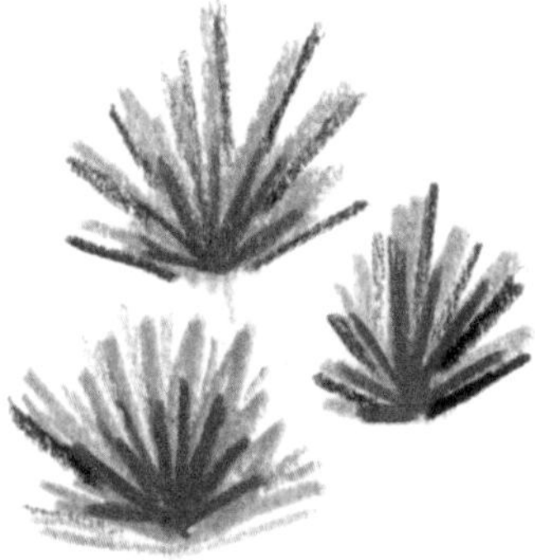

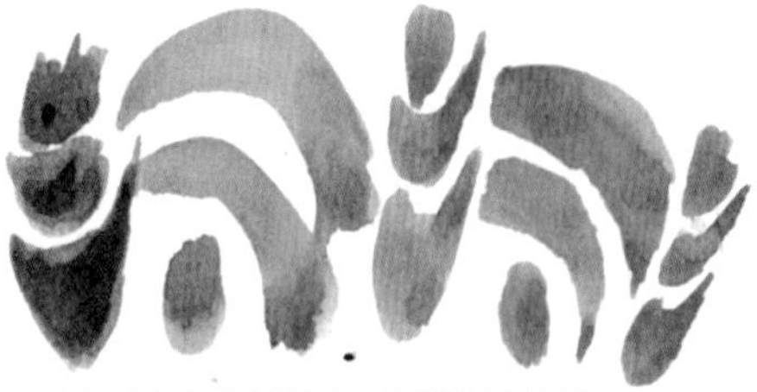

JACARANDA SCENTED AIR FRESHENER
Refrescante de aire
con aroma a Jacaranda

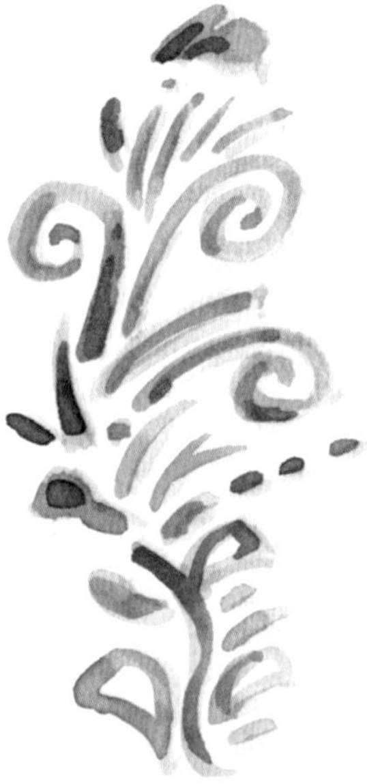

TEEN SPIRIT
Espíritu juvenil

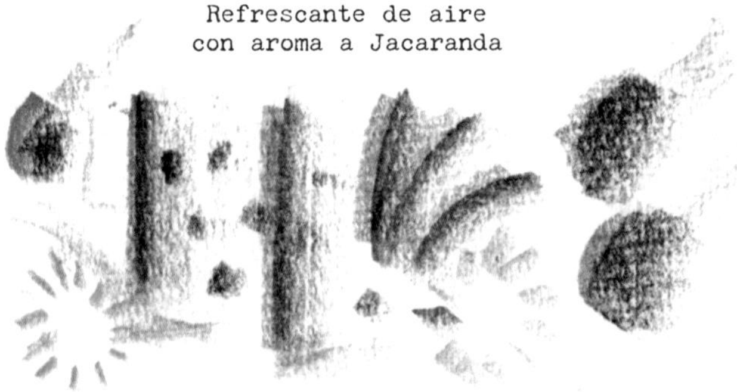

BURNING PLASTIC
Plástico quemado

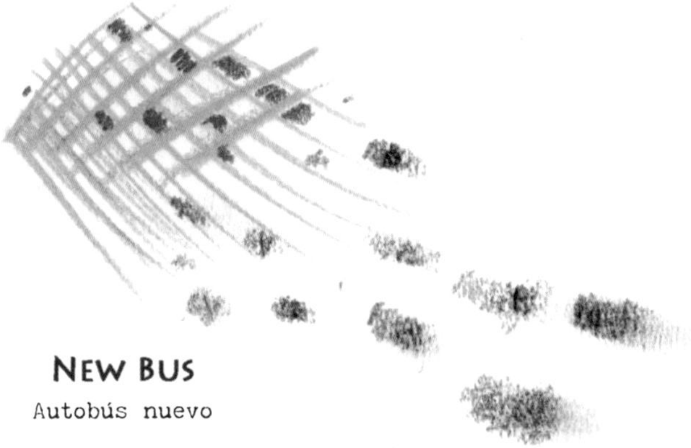

NEW BUS
Autobús nuevo

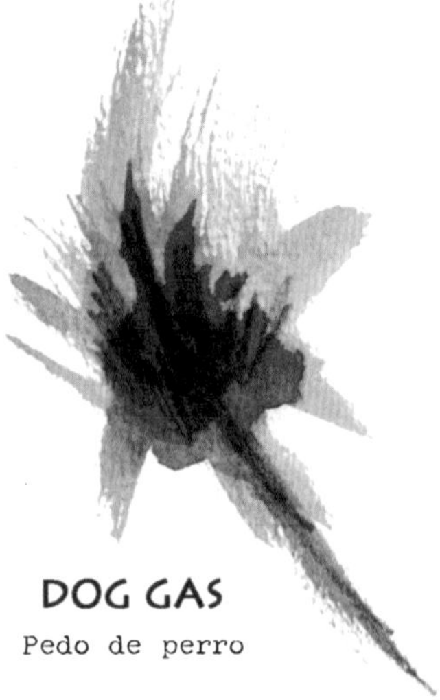

DOG GAS
Pedo de perro

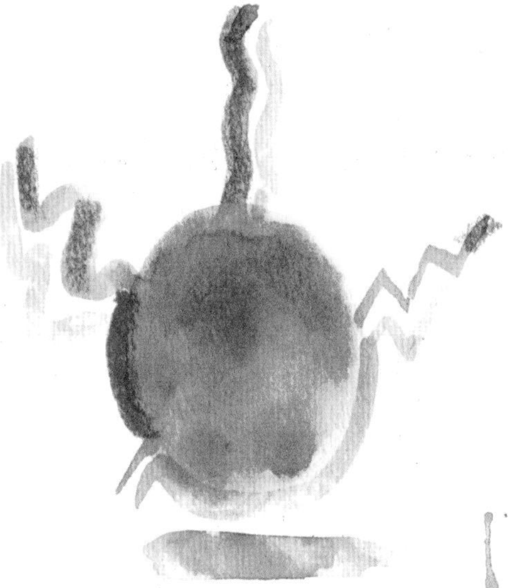

CAT SPRAY

Spray de gato

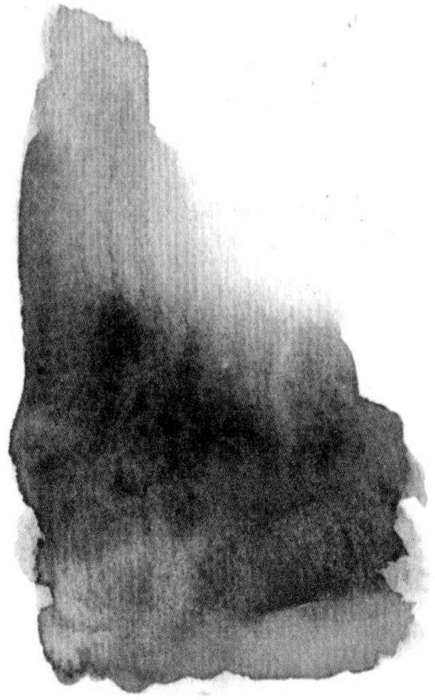

INSIDE A TOMB

Dentro de una tumba

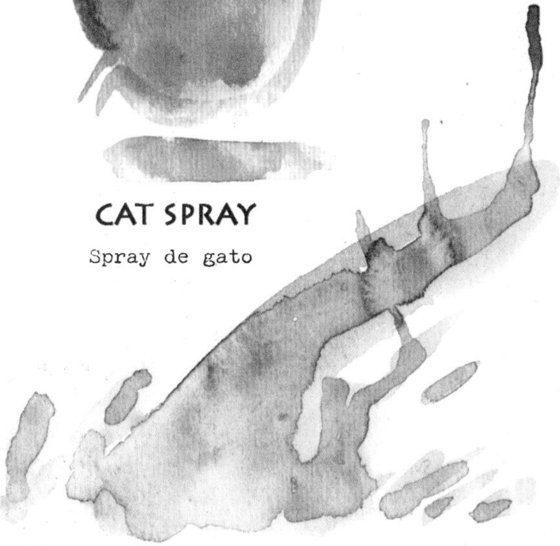

SEA BREEZE AND DEAD JELLY FISH

Brisa marina y una medusa muerta

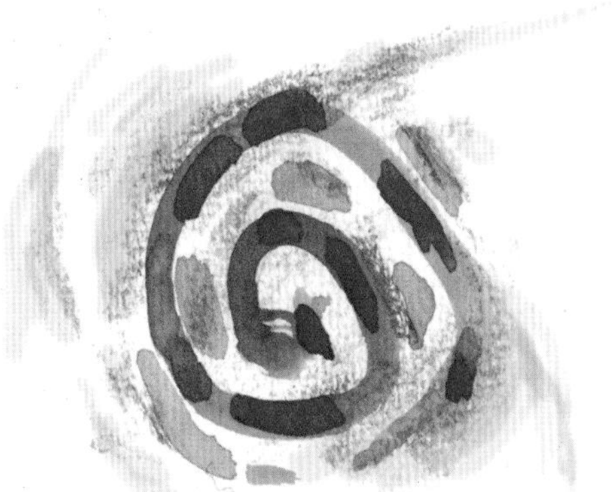

CHICKEN ON STREET GRILL

Pollo en asador callejero

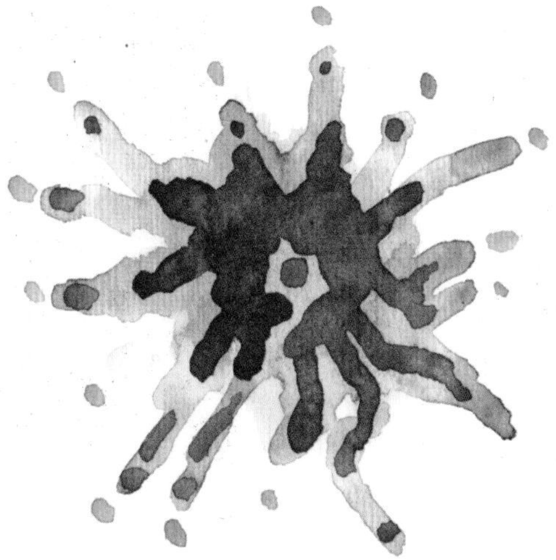

PASSING GARBAGE TRUCK

Camión de basura ambulante

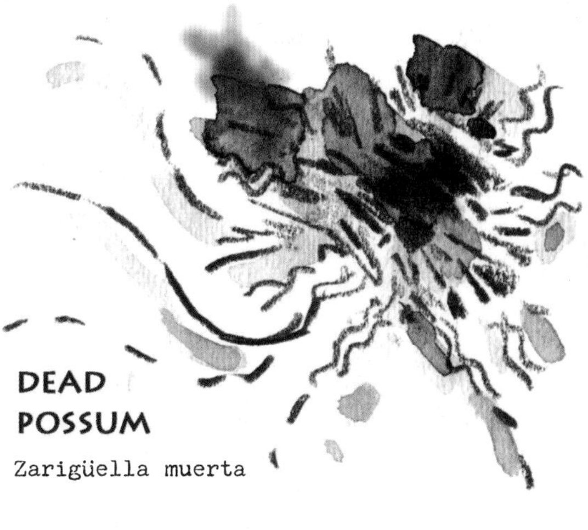

DEAD POSSUM

Zarigüella muerta

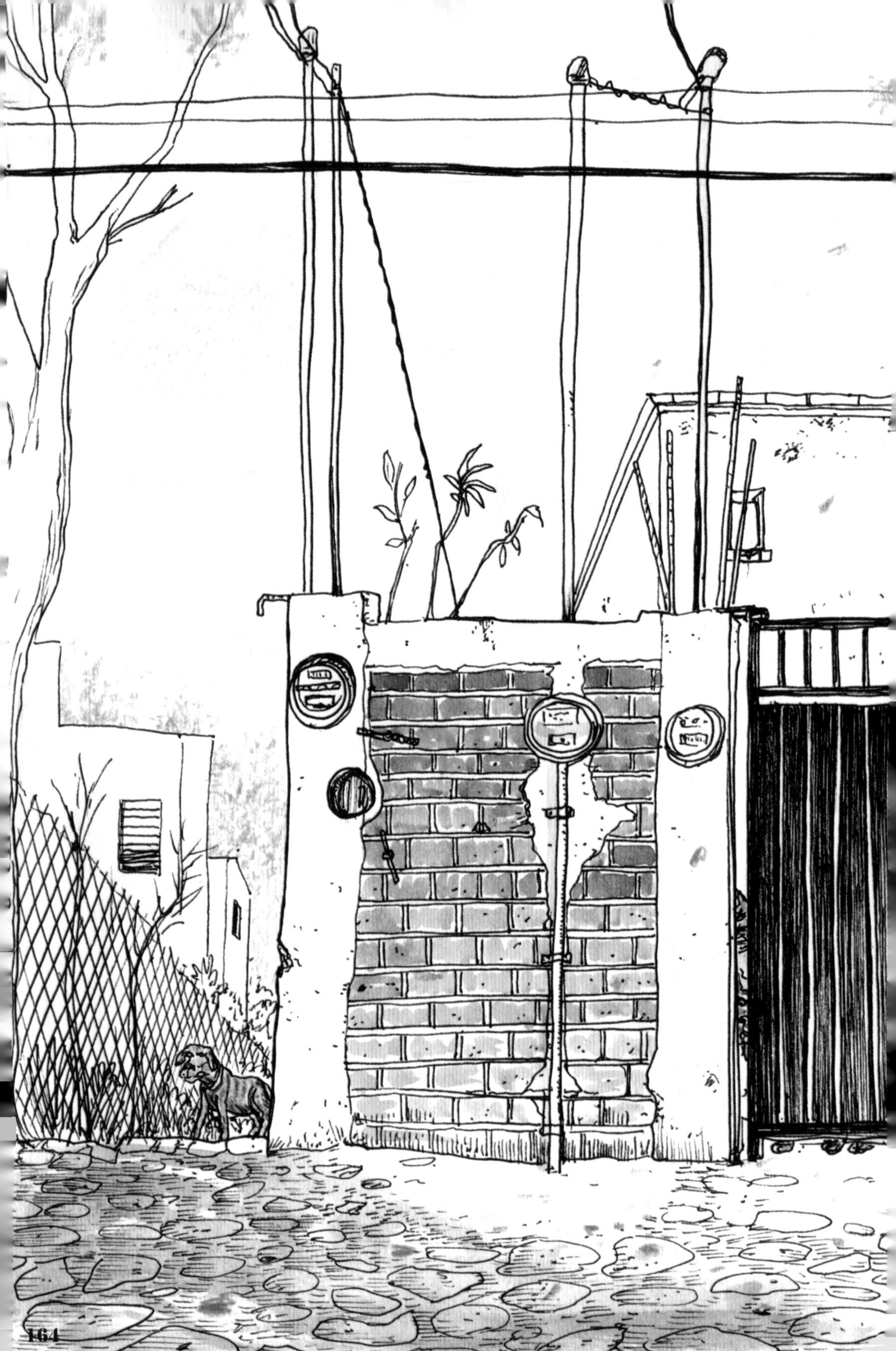

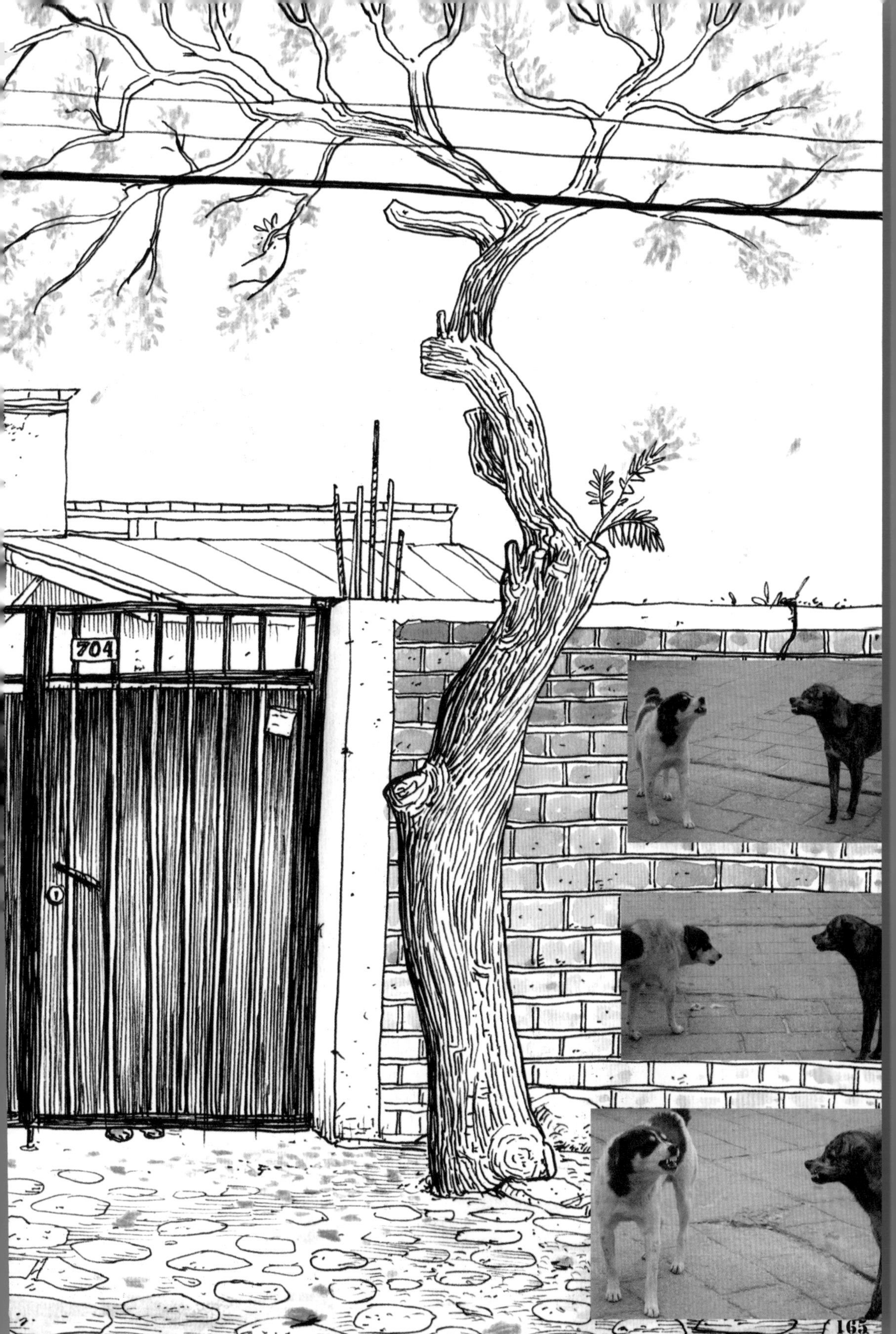
704

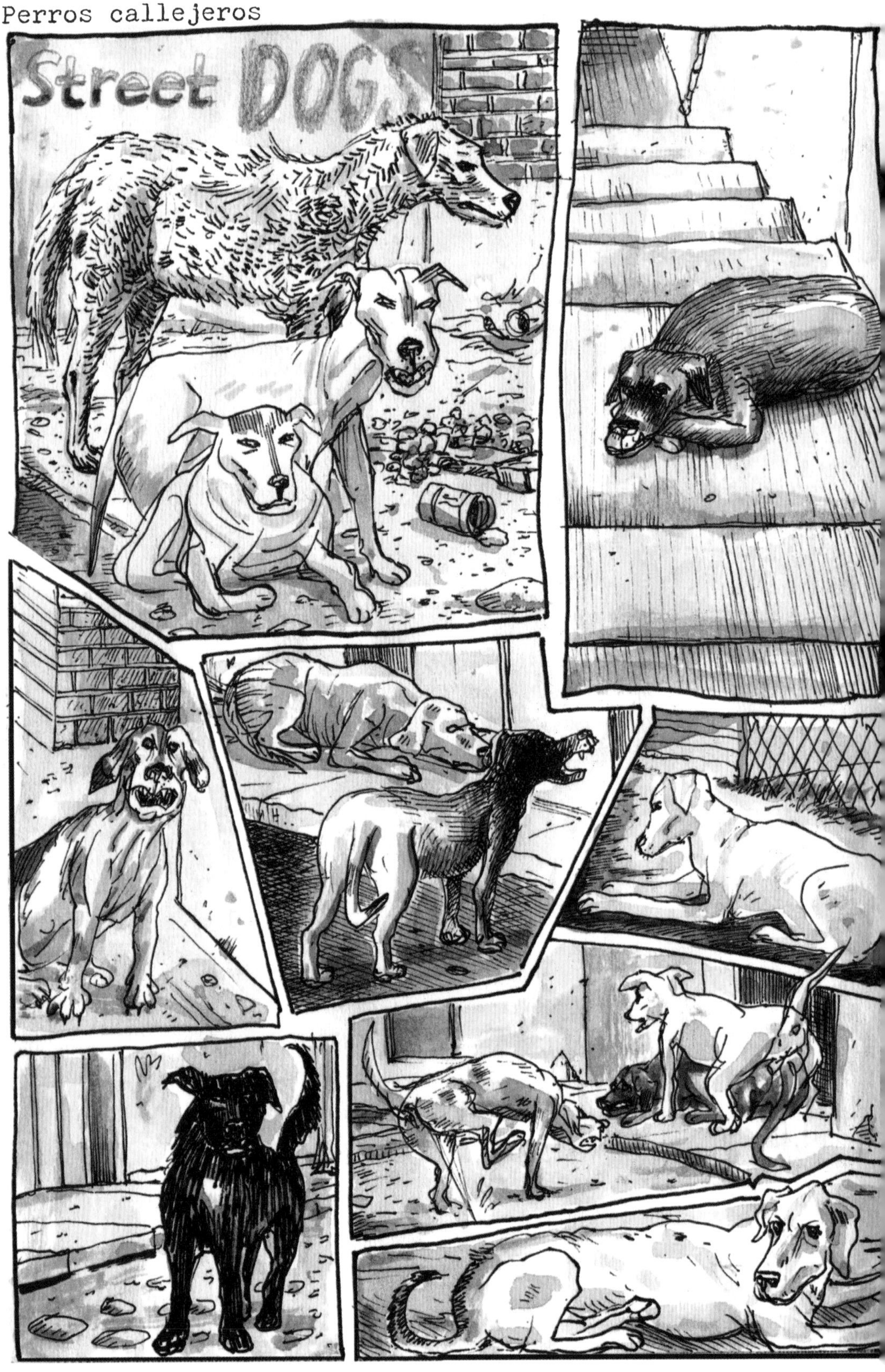
Street DOGS

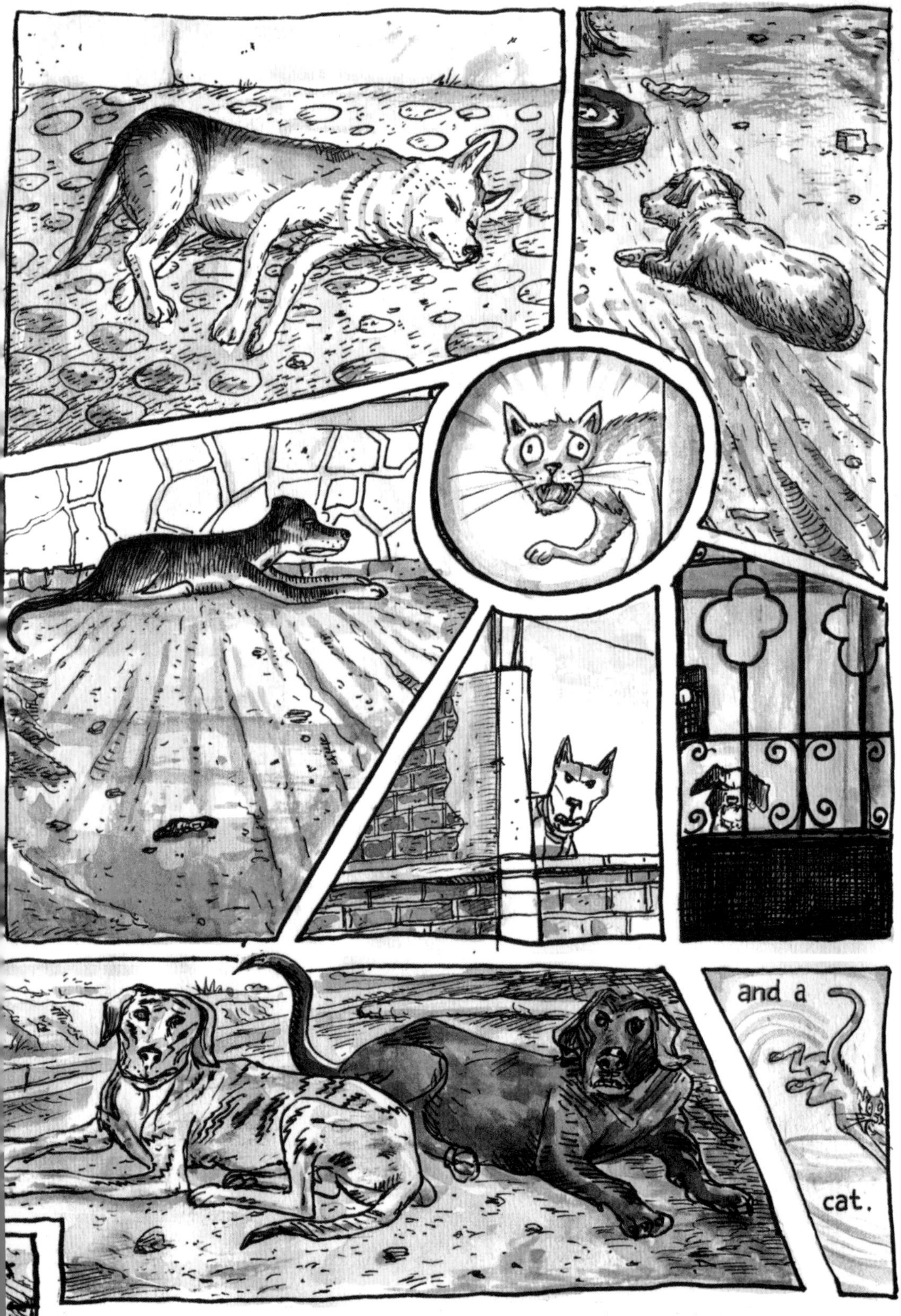
and a
cat.

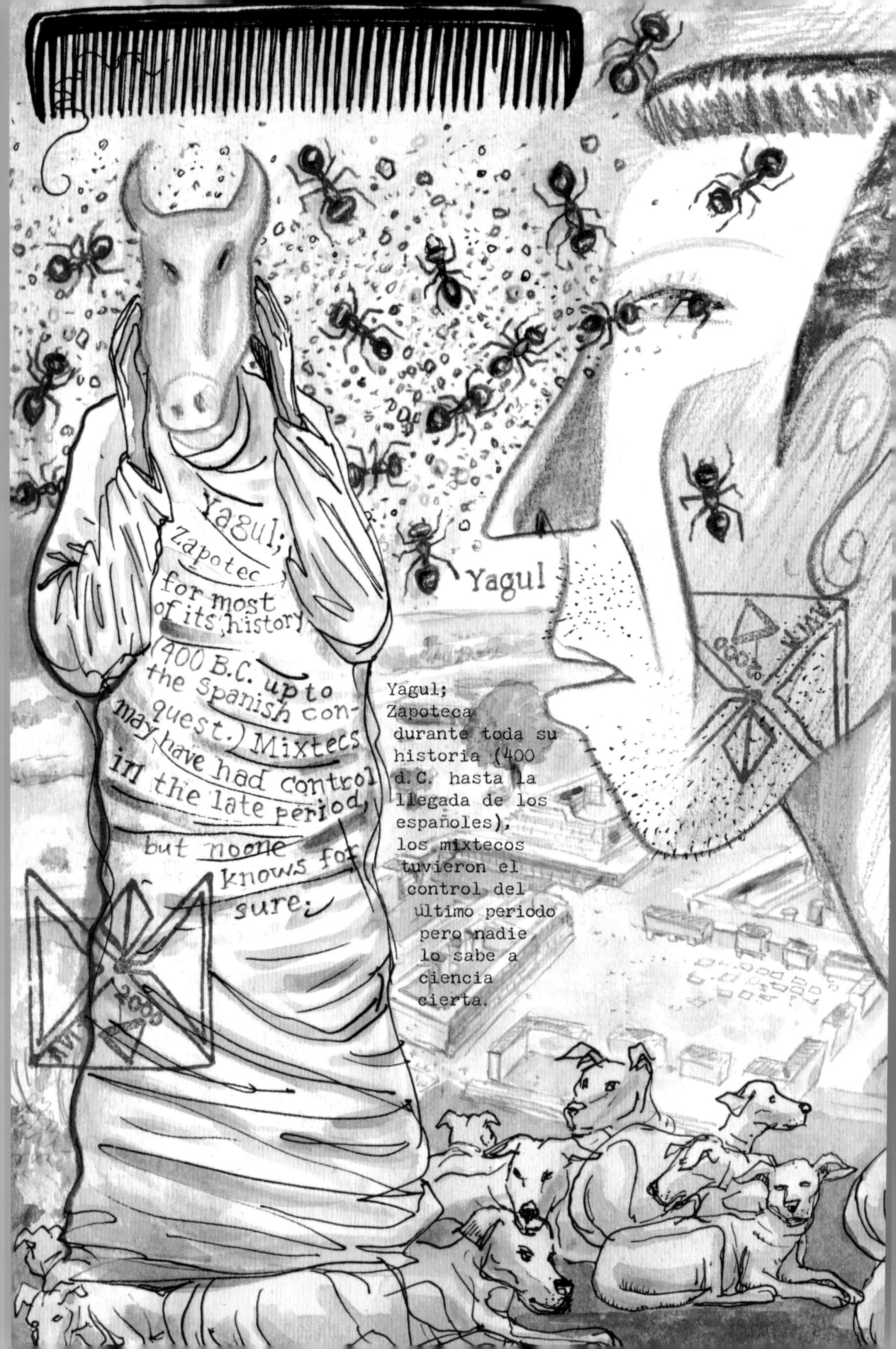
Yagul; Zapotec for most of its history (400 B.C. up to the Spanish conquest.) Mixtecs may have had control in the late period, but noone knows for sure.
Yagul
Yagul; Zapoteca durante toda su historia (400 d.C. hasta la llegada de los españoles), los mixtecos tuvieron el control del último periodo pero nadie lo sabe a ciencia cierta.

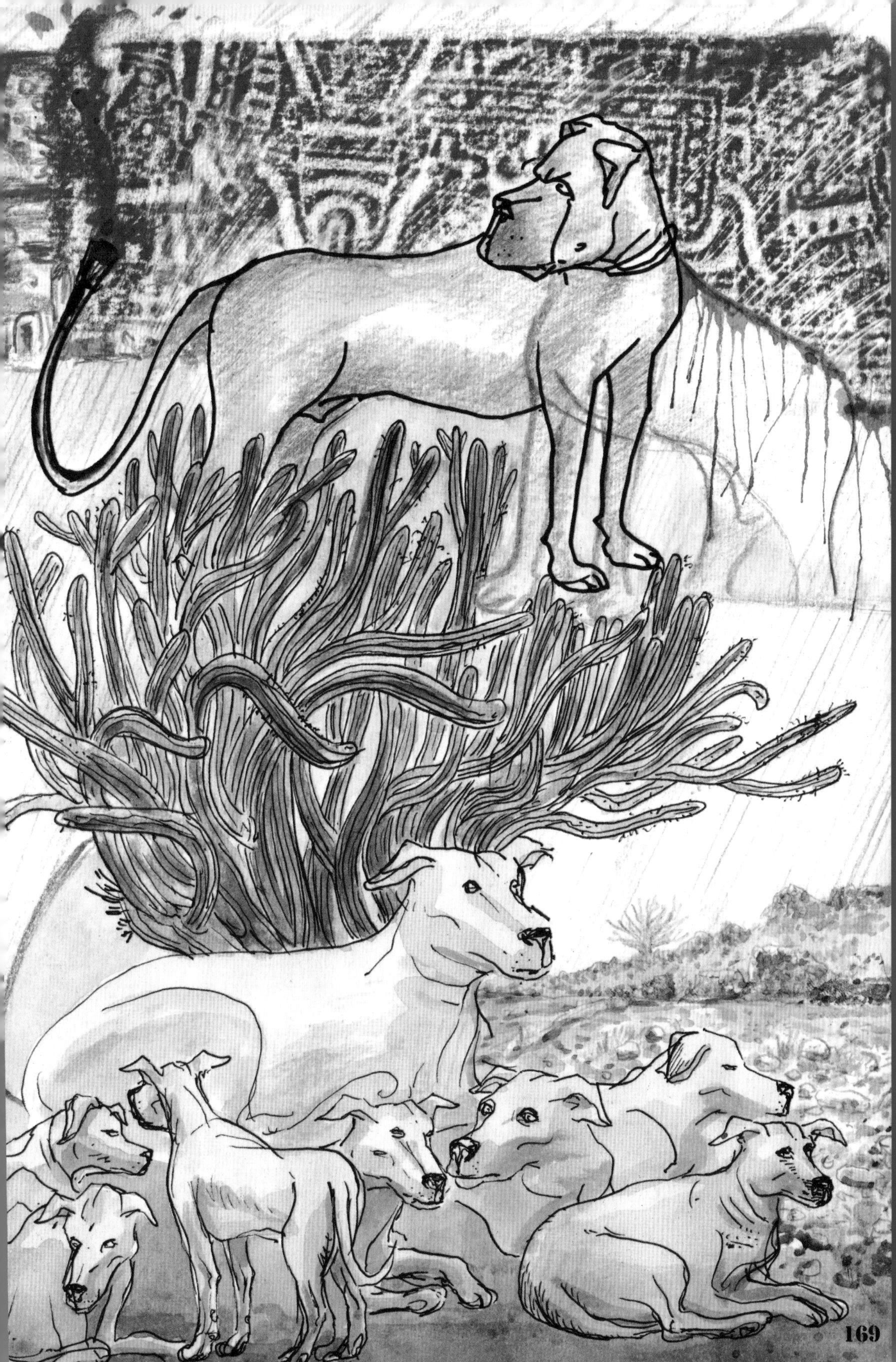

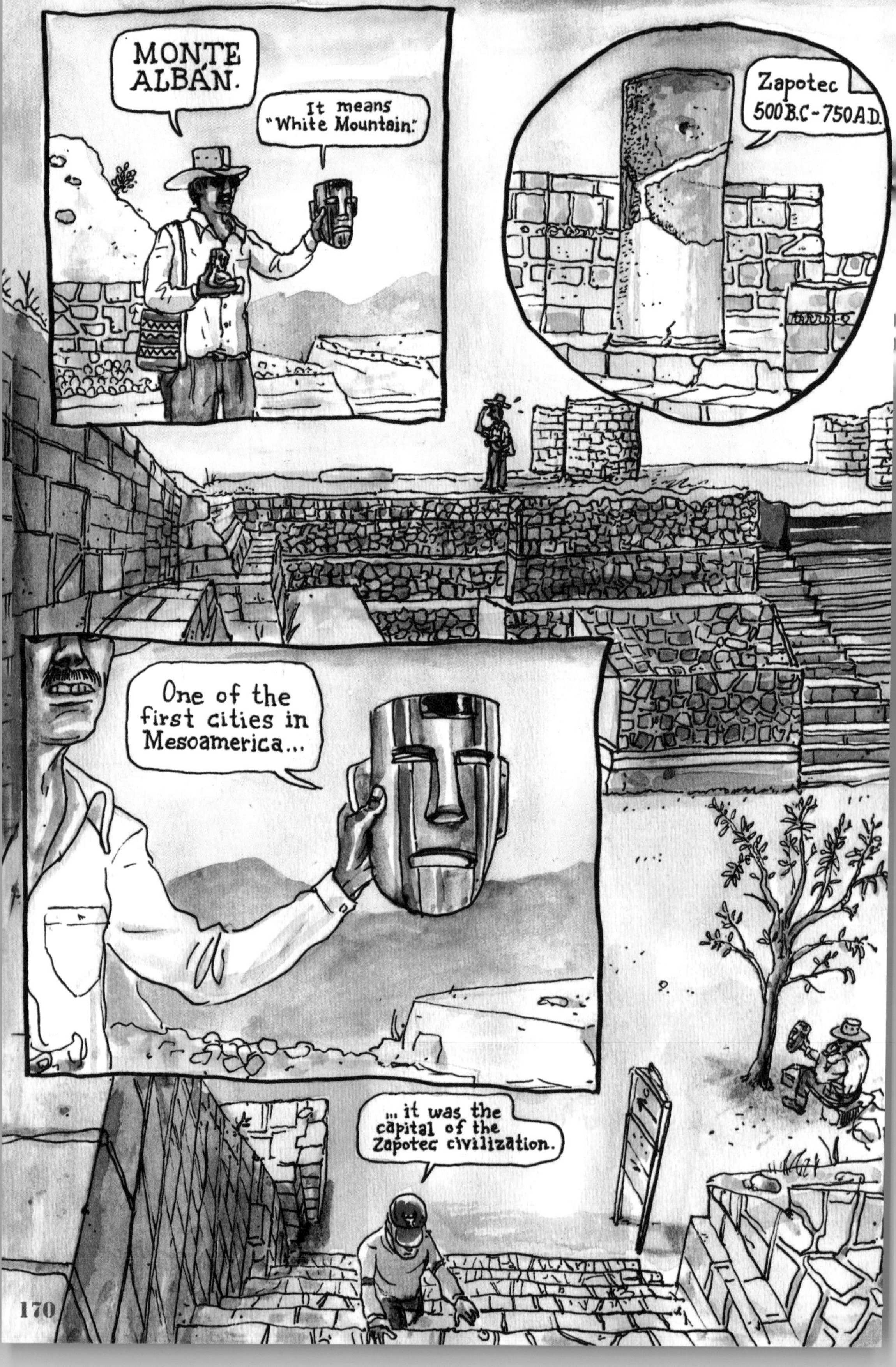
MONTE ALBÁN.
It means "White Mountain."
Zapotec 500 B.C - 750 A.D.
One of the first cities in Mesoamerica...
... it was the capital of the Zapotec civilization.

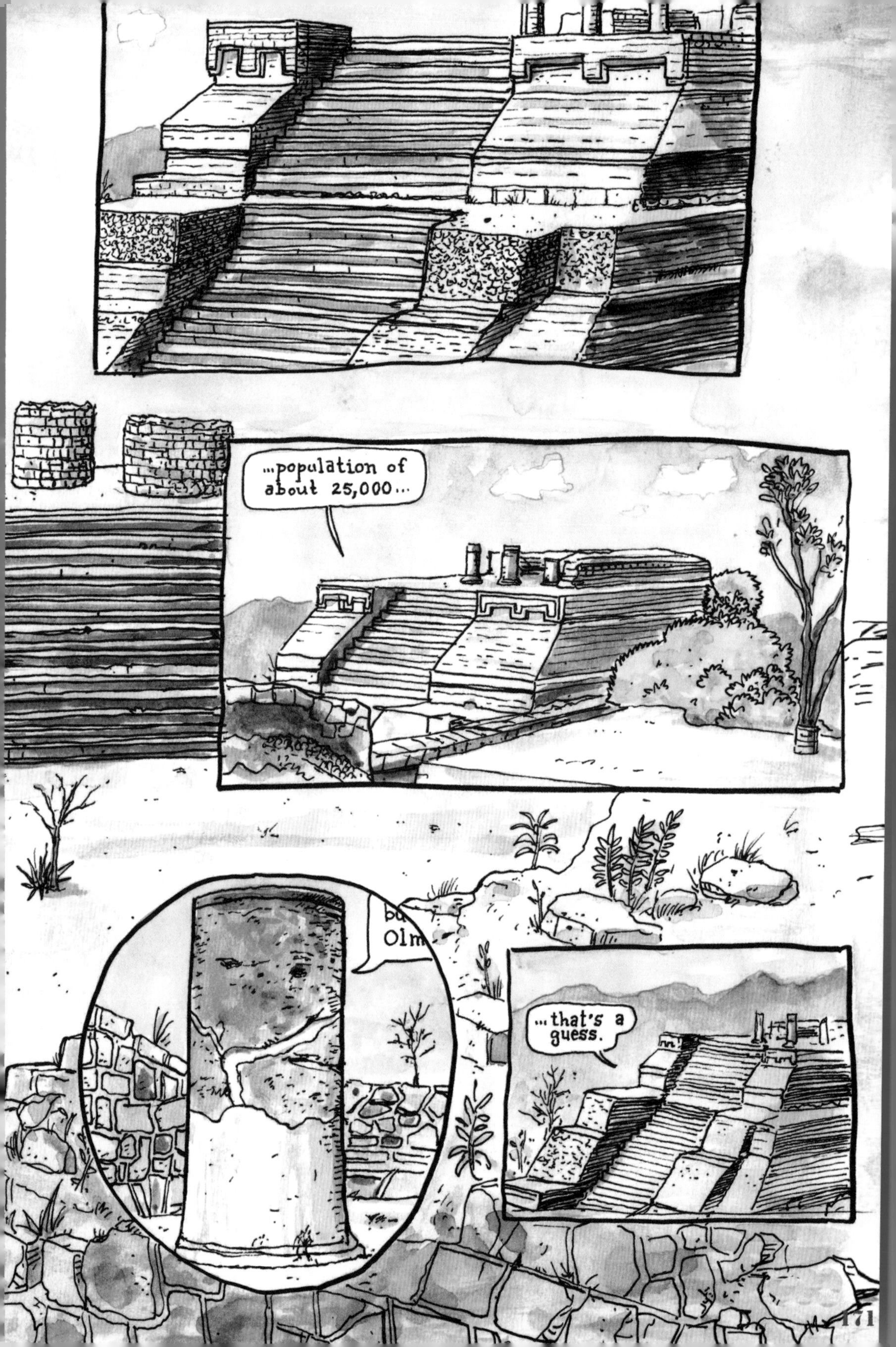
...population of about 25,000...
...that's a guess.

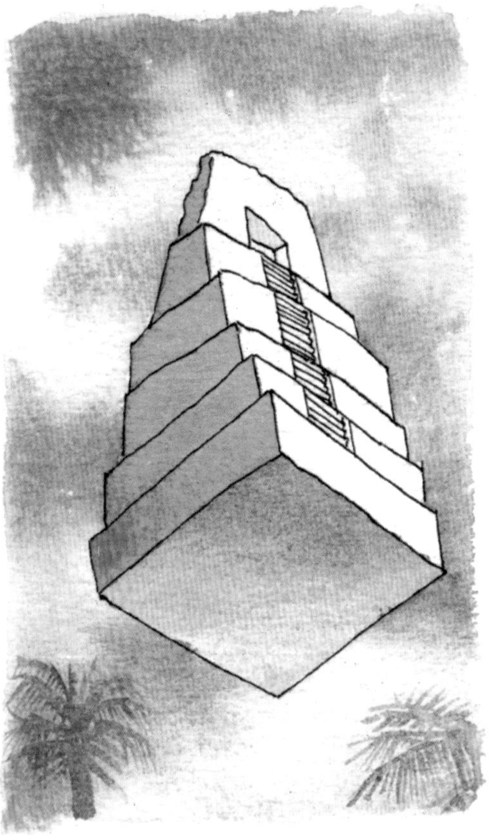
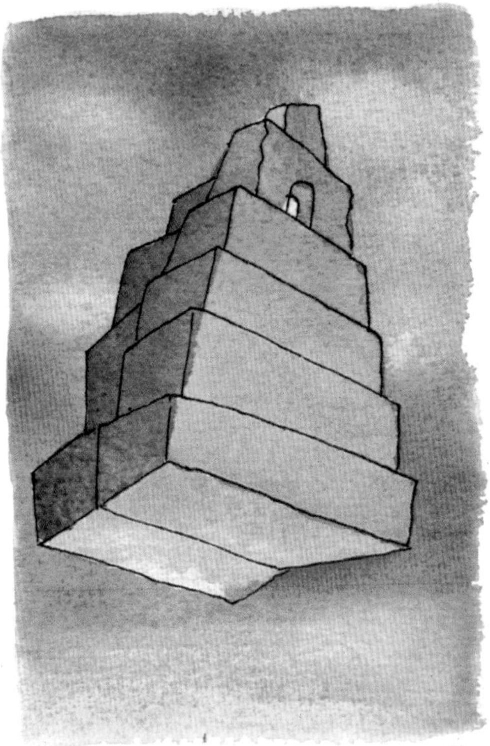
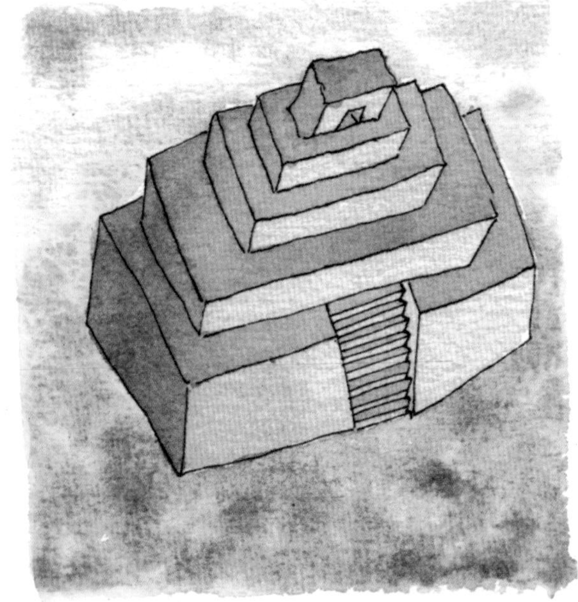
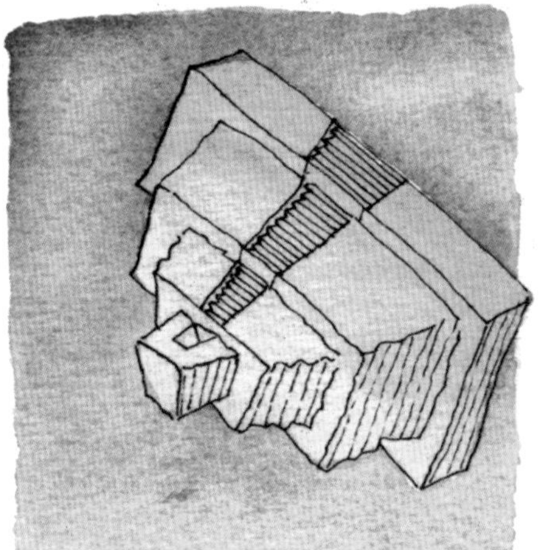

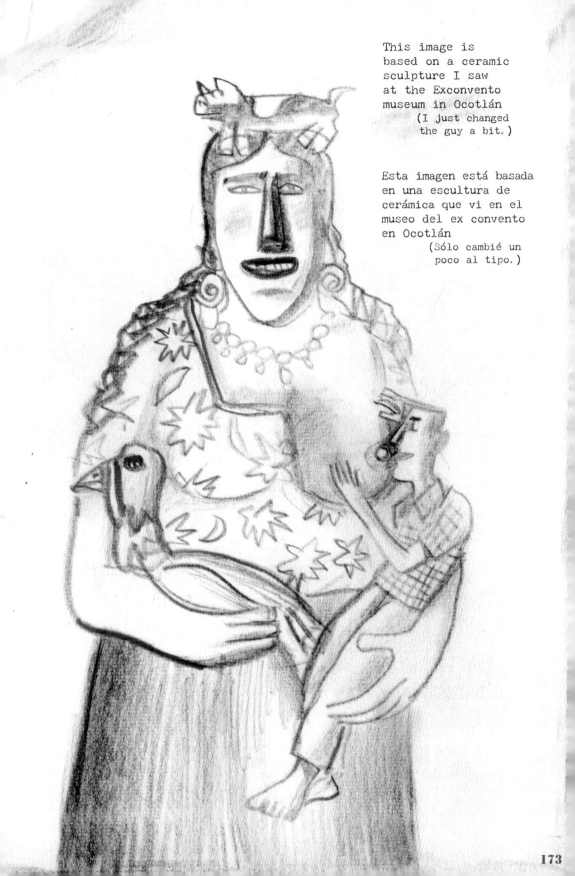

This image is
based on a ceramic
sculpture I saw
at the Exconvento
museum in Ocotlán
   (I just changed
    the guy a bit.)

Esta imagen está basada
en una escultura de
cerámica que vi en el
museo del ex convento
en Ocotlán
      (Sólo cambié un
       poco al tipo.)

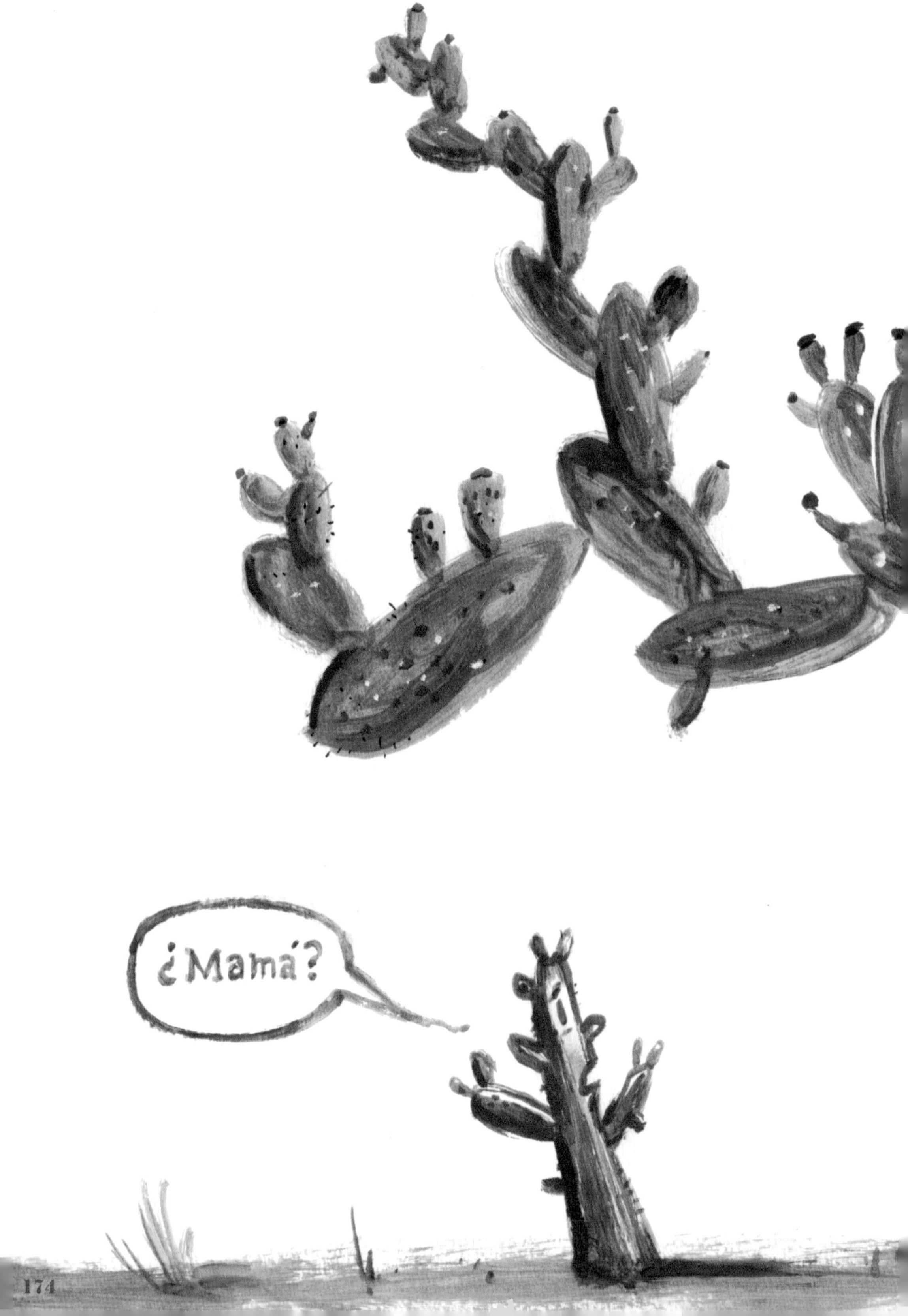
¿Mamá?

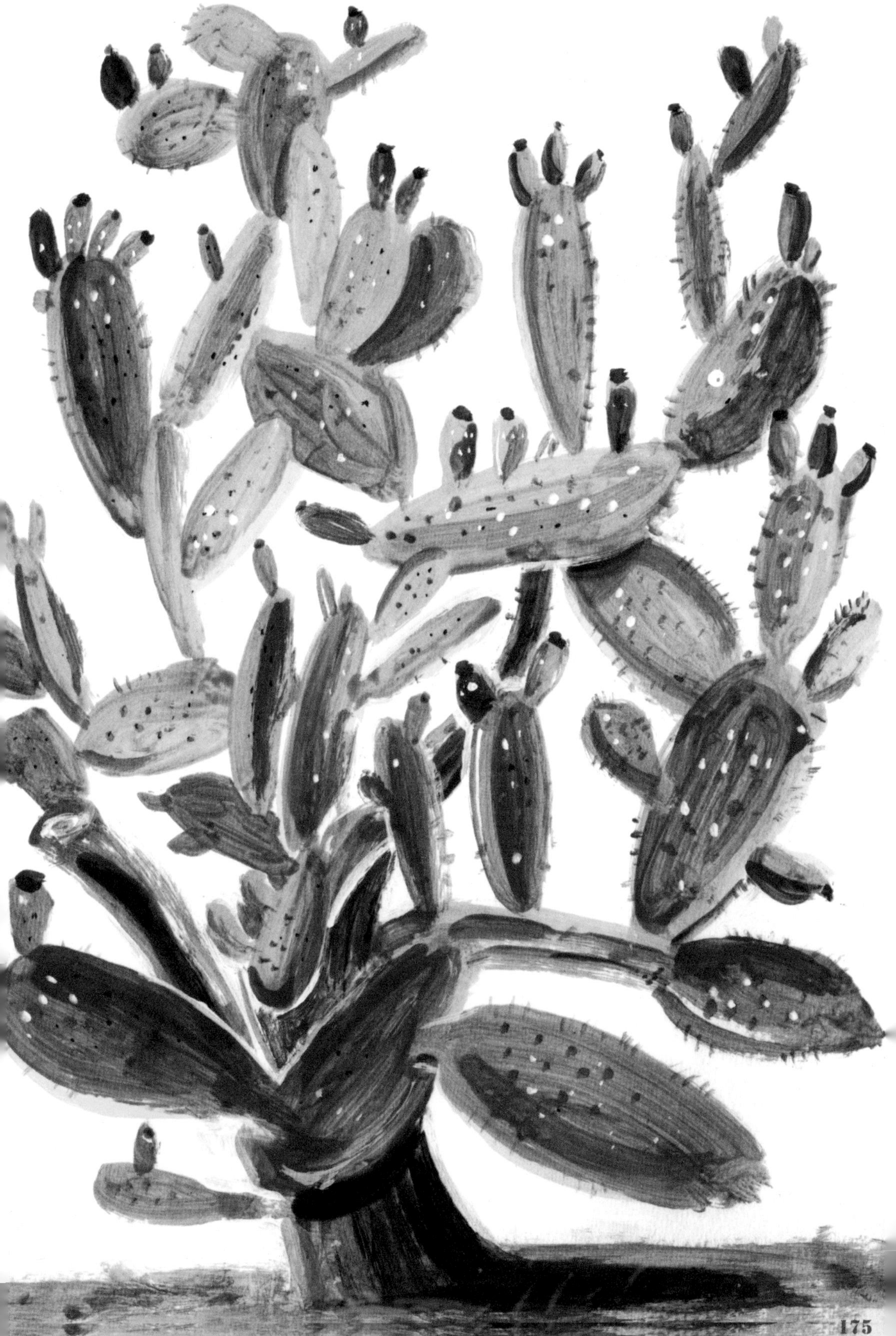

Apoala, Oaxaca

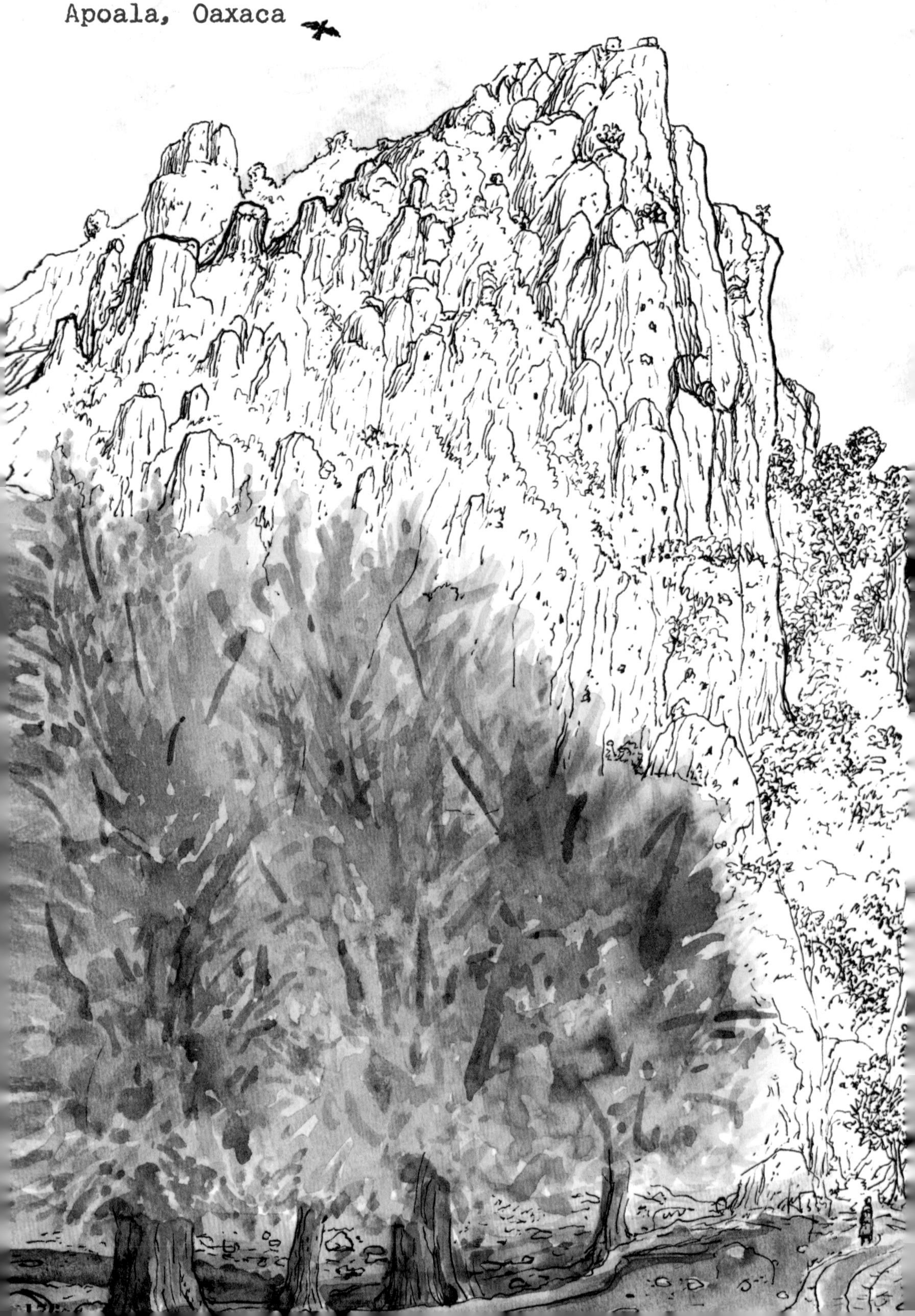

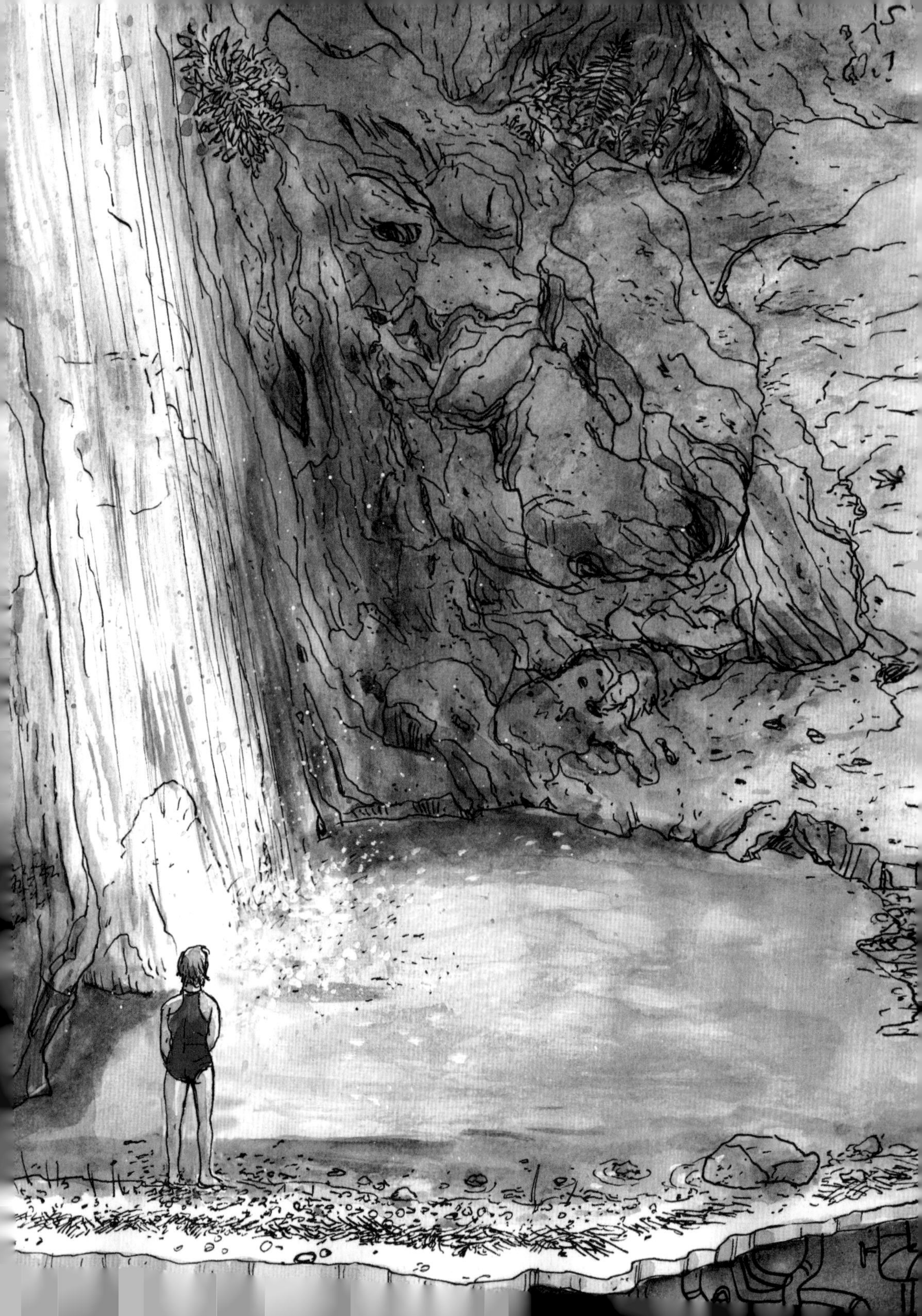

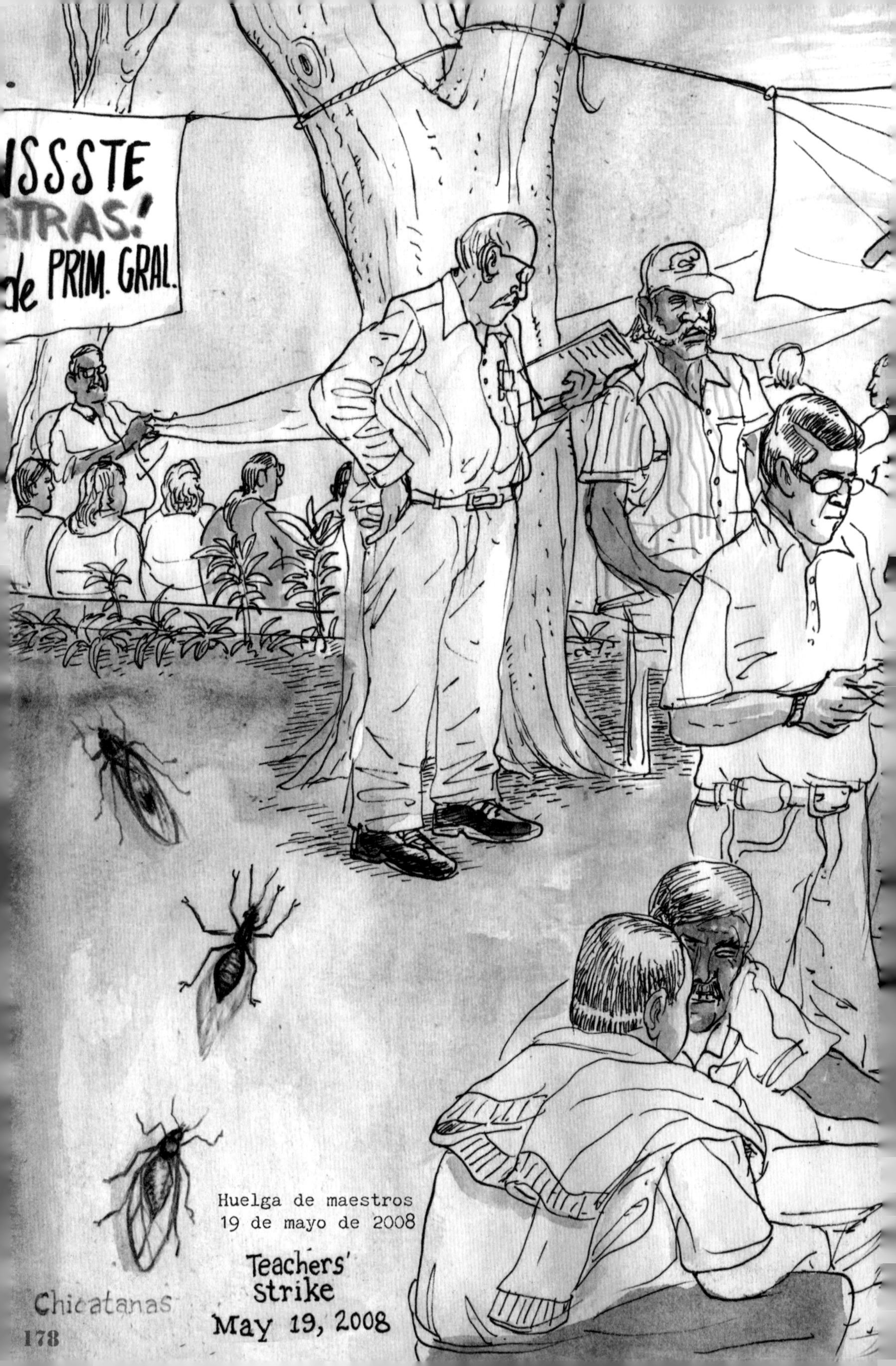

ISSSTE
TRAS!
de PRIM. GRAL.
Chicatanas

Huelga de maestros
19 de mayo de 2008

Teachers' Strike
May 19, 2008

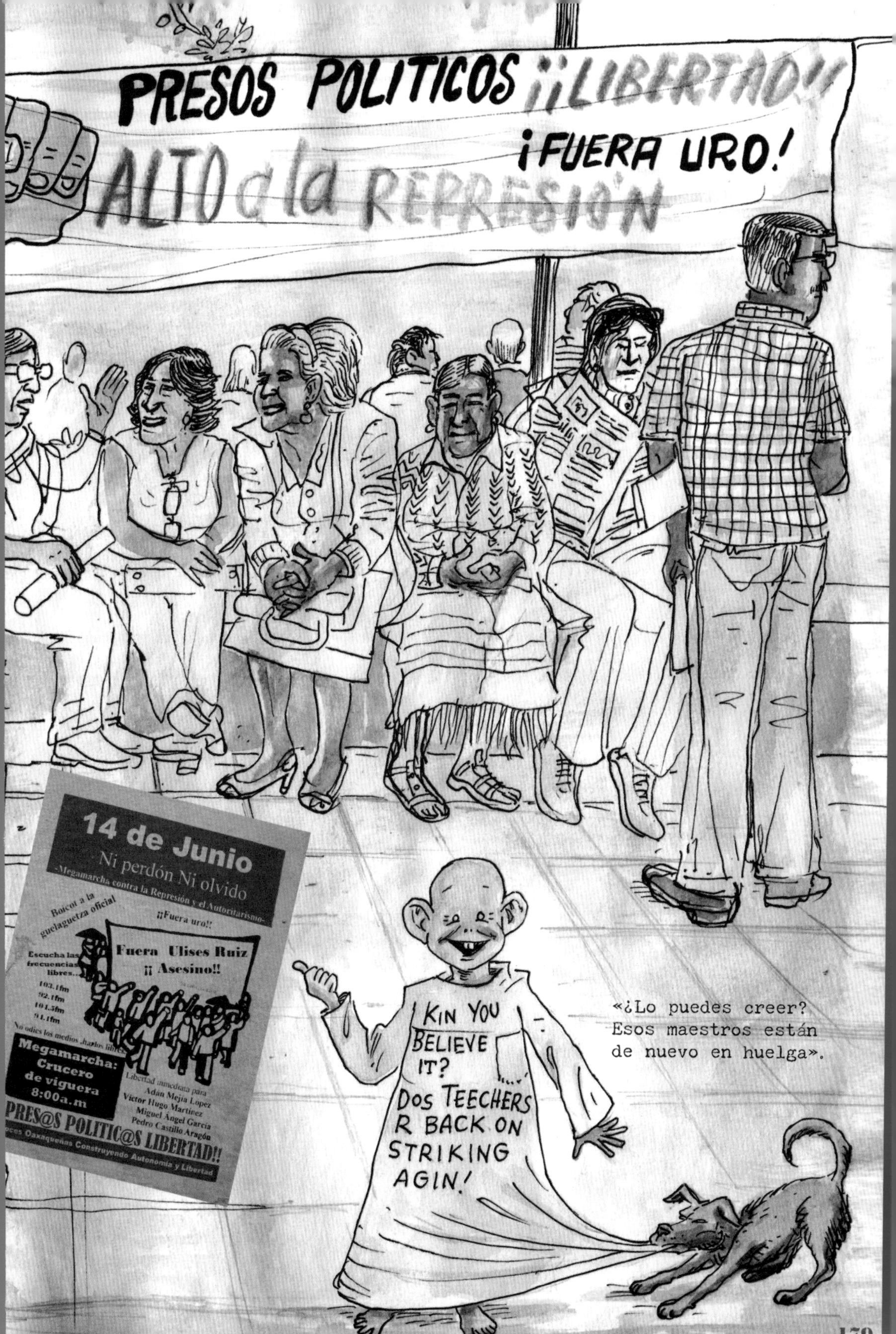
PRESOS POLITICOS ¡¡LIBERTAD!!
¡FUERA URO!
ALTO a la REPRESION
14 de Junio
Ni perdón Ni olvido
-Megamarcha contra la Represión y el Autoritarismo-
Boicot a la guelaguetza oficial
¡¡Fuera uro!!
Fuera Ulises Ruiz
¡¡ Asesino!!
Escucha las frecuencias libres...
103.1fm
92.1fm
101.5fm
91.1fm
No odies los medios ,hazlos libres
Megamarcha: Crucero de viguera 8:00a.m
Libertad inmediata para
Adán Mejía Lopez
Víctor Hugo Martínez
Miguel Ángel García
Pedro Castillo Aragón
PRES@S POLITIC@S LIBERTAD!!
Voces Oaxaqueñas Construyendo Autonomía y Libertad
KIN YOU BELIEVE IT? DOS TEECHERS R BACK ON STRIKING AGIN!

«¿Lo puedes creer?
Esos maestros están
de nuevo en huelga».

June 1st, 2008

For ages, Mexicans have been the butt of jokes for their pur-
ported "Mañana —I'll get to it tomorrow" attitude. Synonymous
with slow service, drawn out lunches and siestas, they're
said to live their lives at a snail's pace. For a
Manhattanite like myself, our move to Mexico was a potential
threat —might I be forced to reduce my usual comet-like speed
to the point of lethargy?

   What I've found during our two years in Oaxaca is a world
of simultaneity. People stroll past architecture that dates
from the 1500's while talking on cell phones, and the ruins
of magnificent vanished civilizations are just a short drive
away. Perhaps this proximity to history is why Mexicans take
more time to slow down and celebrate life as well as death
with extended fiestas.

   This simultaneity is reflected in their art as well. "The
Big Three" as they were known -Diego Rivera, David Alfaro
Siqueiros, and José Clemente Orozco- painted complex murals
seamlessly marrying modern and ancient history with social
and political themes. Their enormous frescoes brought social
realist art into public spaces throughout the world in their
heyday, from the 1920's through the 1950's.

   Being surrounded by so much history has made me slow down
to take stock of my relationship to this world as well. My
sketchbook drawings, which at first I randomly jotted down as
separate unconnected images, have melded together into uni-
fied visual narratives.

   When we get back to Manhattan next month, I'm looking forward to a return to the energy of the greatest city in the
world, but hope to retain the influence of Mexico. Along with
an appreciation for simultaneity, I'm hoping to continue my
practice of longer lunches and siestas.

   That is, if I can find the time.

1 de junio de 2008

Durante mucho tiempo, los mexicanos han sido el blanco de chistes por su supuesta actitud de «Mañana. Lo hago mañana». Sinónimo de servicio lento, prolongadas comidas y siestas, se dice que viven sus vidas al ritmo de un caracol. Para un manhattaniano como yo, mudarse a México era una amenaza potencial. ¿Es posible que me viera obligado a reducir mi típica energía meteórica hasta el punto de la letargia?

Lo que he encontrado en los dos años que llevo viviendo en Oaxaca es un mundo de simultaneidad. La gente pasea frente a edificios del siglo XVI mientras habla en sus teléfonos celulares, y las ruinas de civilizaciones magníficas que se esfumaron están a una distancia recorrida por un corto paseo en auto. Quizá se deba a esta proximidad con la historia que los mexicanos se tomen más tiempo para ir con calma y celebrar la vida, al igual que la muerte, con fiestas prolongadas.

Esta simultaneidad también se refleja en su arte. «Los Tres Grandes», como se conocía a Diego Rivera, David Alfaro Siqueiros y José Clemente Orozco, pintaron complejos murales que casaban con armonía la historia moderna y la antigua con temas políticos y sociales. En su época cumbre, desde 1920 hasta 1950, sus enormes frescos condujeron el arte social realista hacia espacios públicos por todo el planeta.

Estar rodeado de tanta historia me ha hecho disminuir la velocidad para valorar de igual manera mi relación con este mundo. Los dibujos de este diario, que al principio trazaba azarosamente como imágenes separadas e inconexas, se han amalgamado para conformar narrativas visuales unidas.

Cuando regresemos a Manhattan el próximo mes, me espera el regreso a la energía de la mejor ciudad del mundo, pero espero retener la influencia de México. Junto con el aprecio de la simultaneidad, espero continuar con mi hábito de comidas más largas y de tomar siestas.

Esto es, si es que puedo encontrar el tiempo para hacerlo.

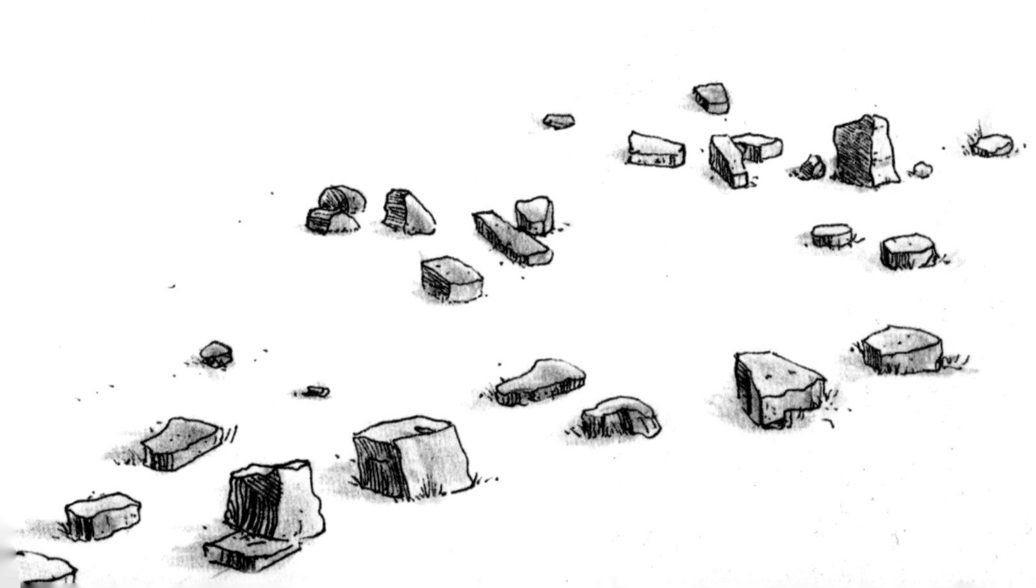

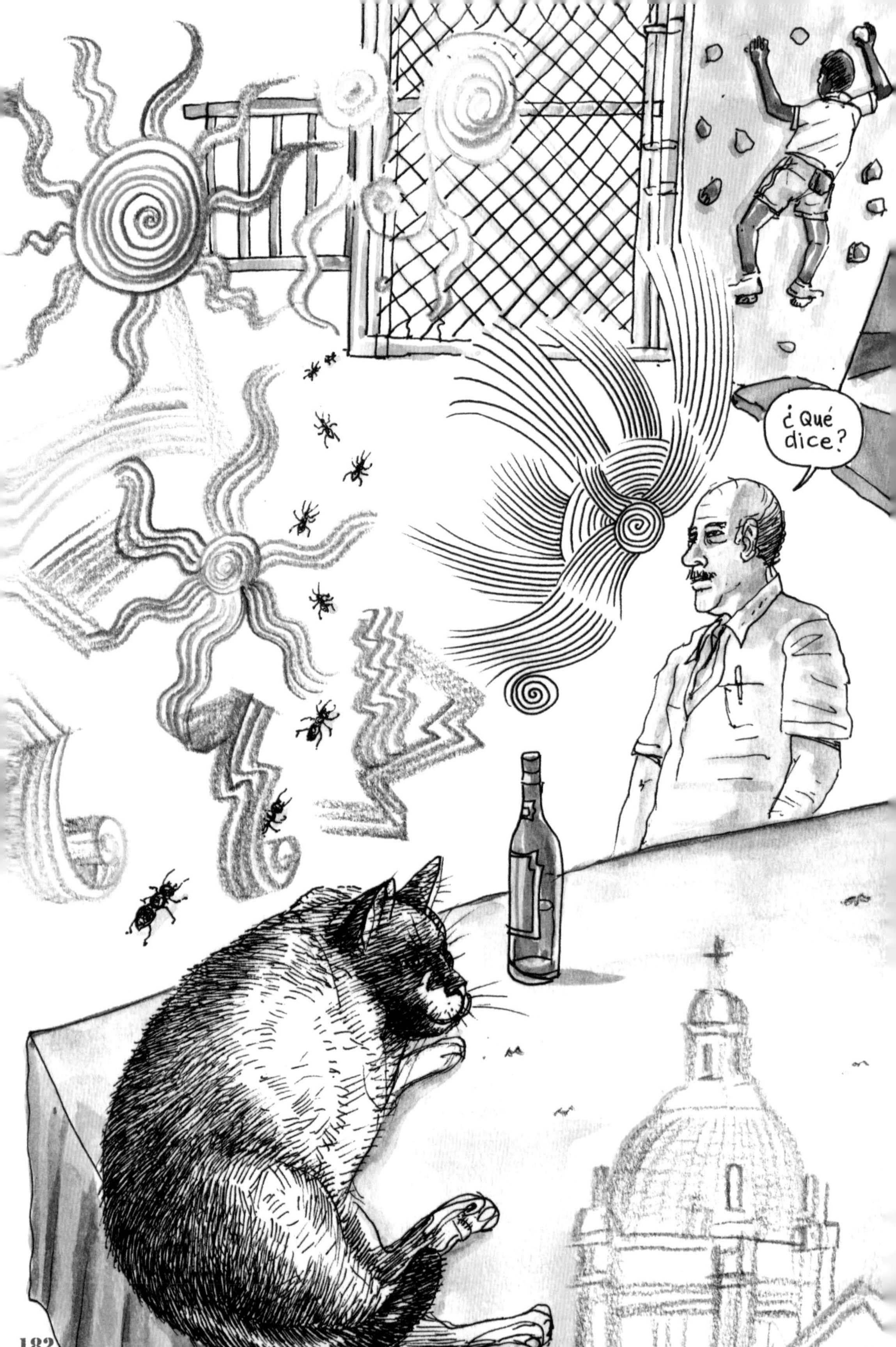
¿Qué dice?

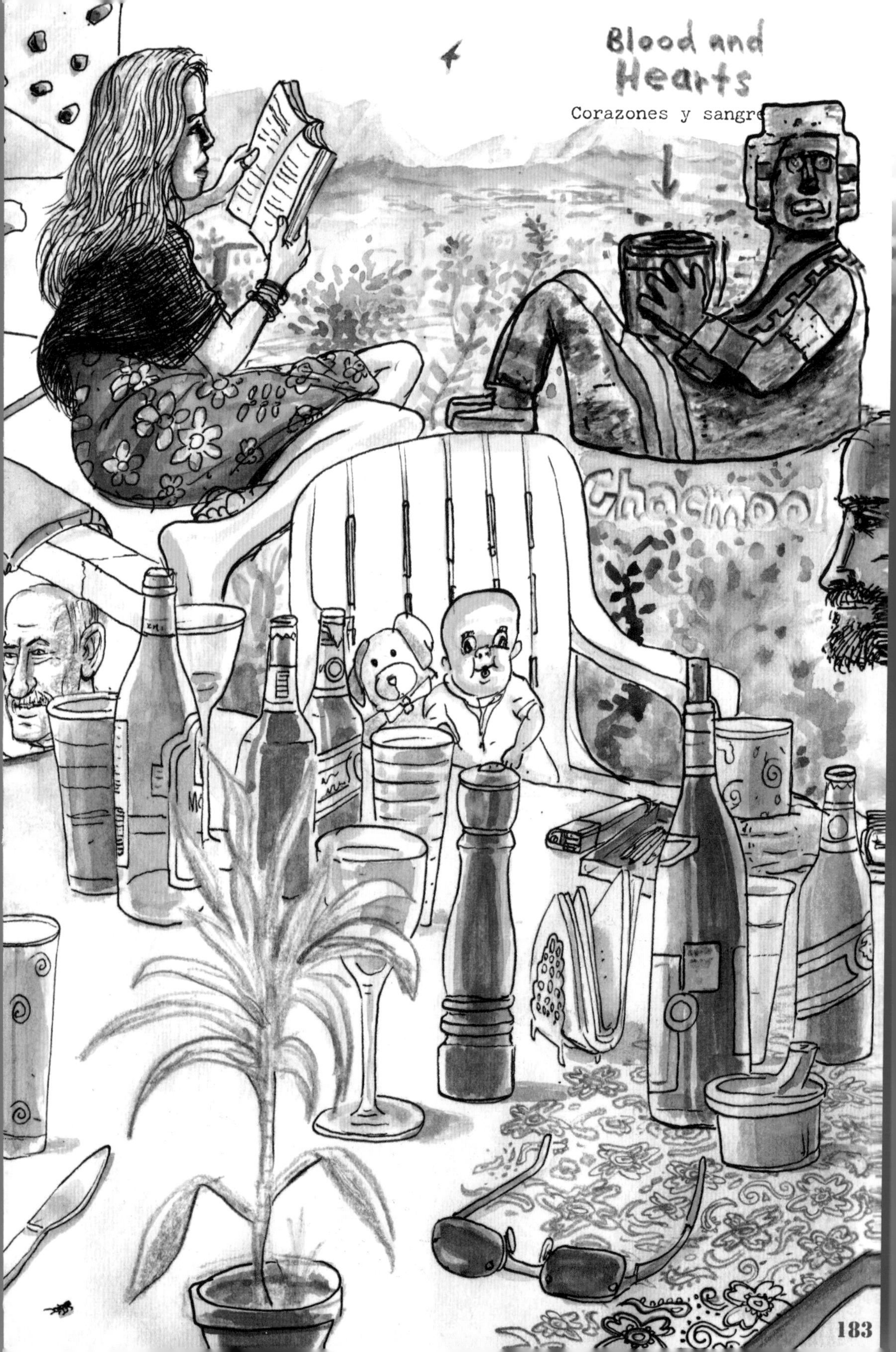
Blood and Hearts
Corazones y sangre
Chacmool

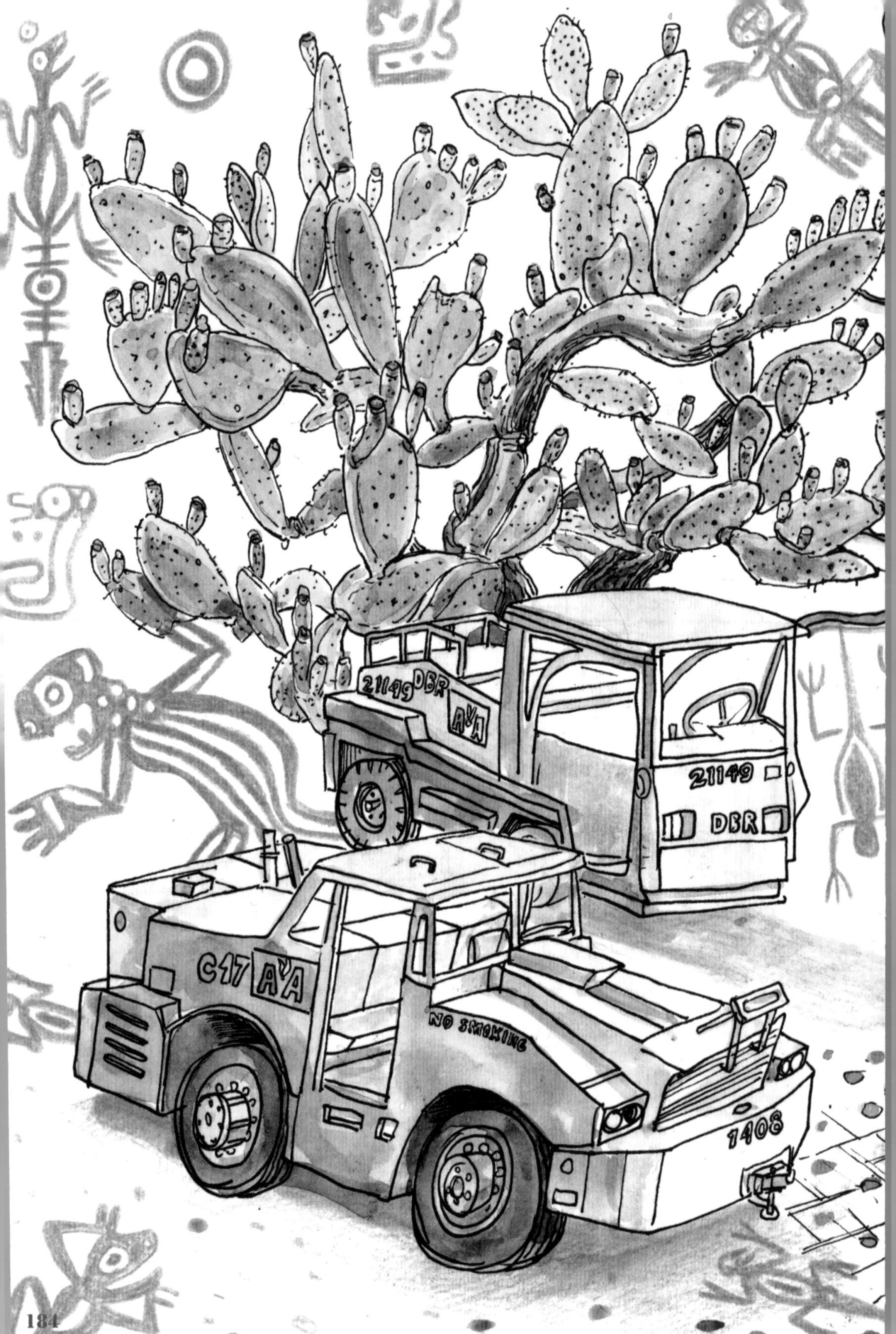
21149 DBR
A/A
21149
DBR
C17
A/A
NO SMOKING
1408

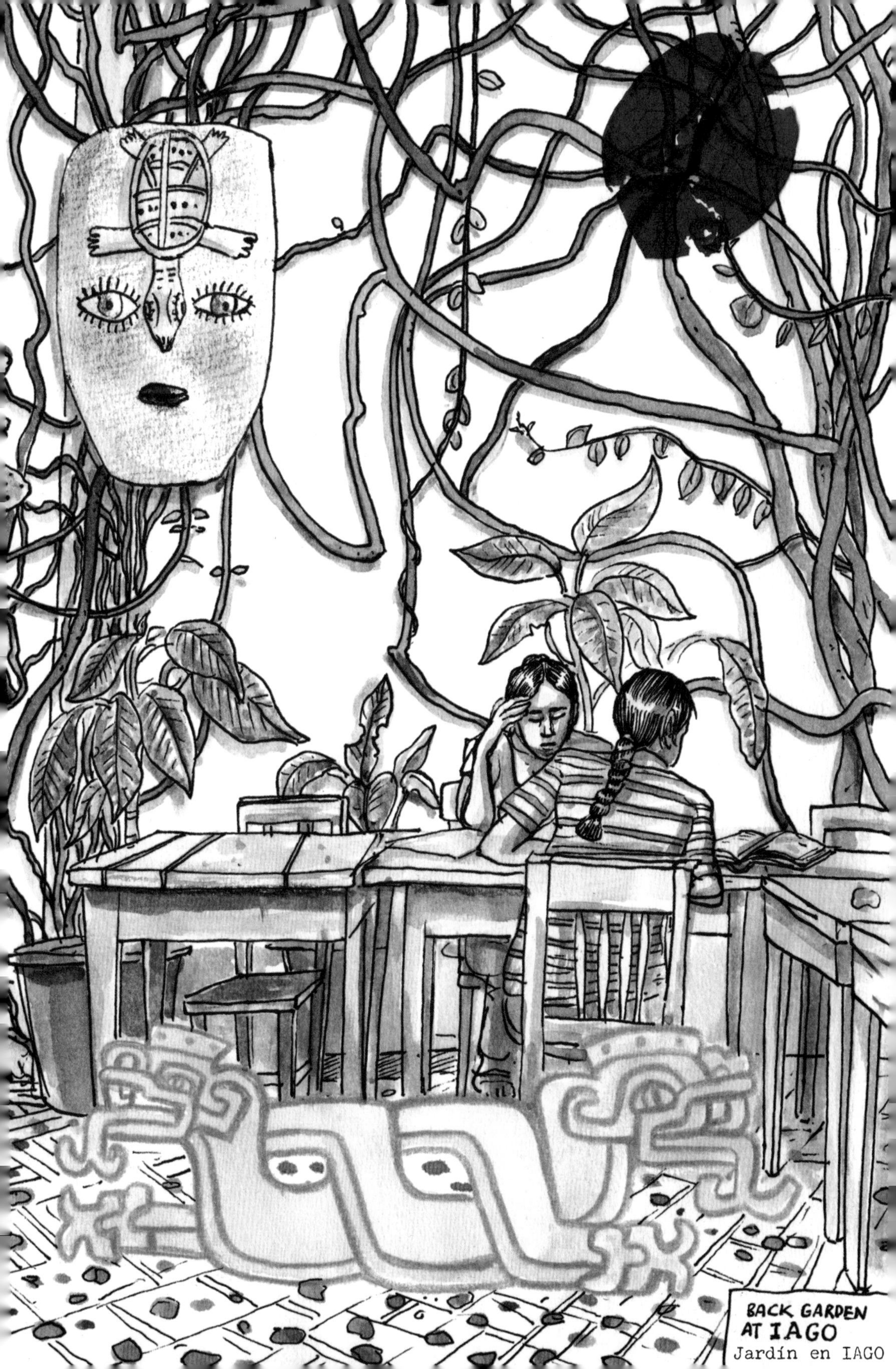
BACK GARDEN AT IAGO
Jardín en IAGO

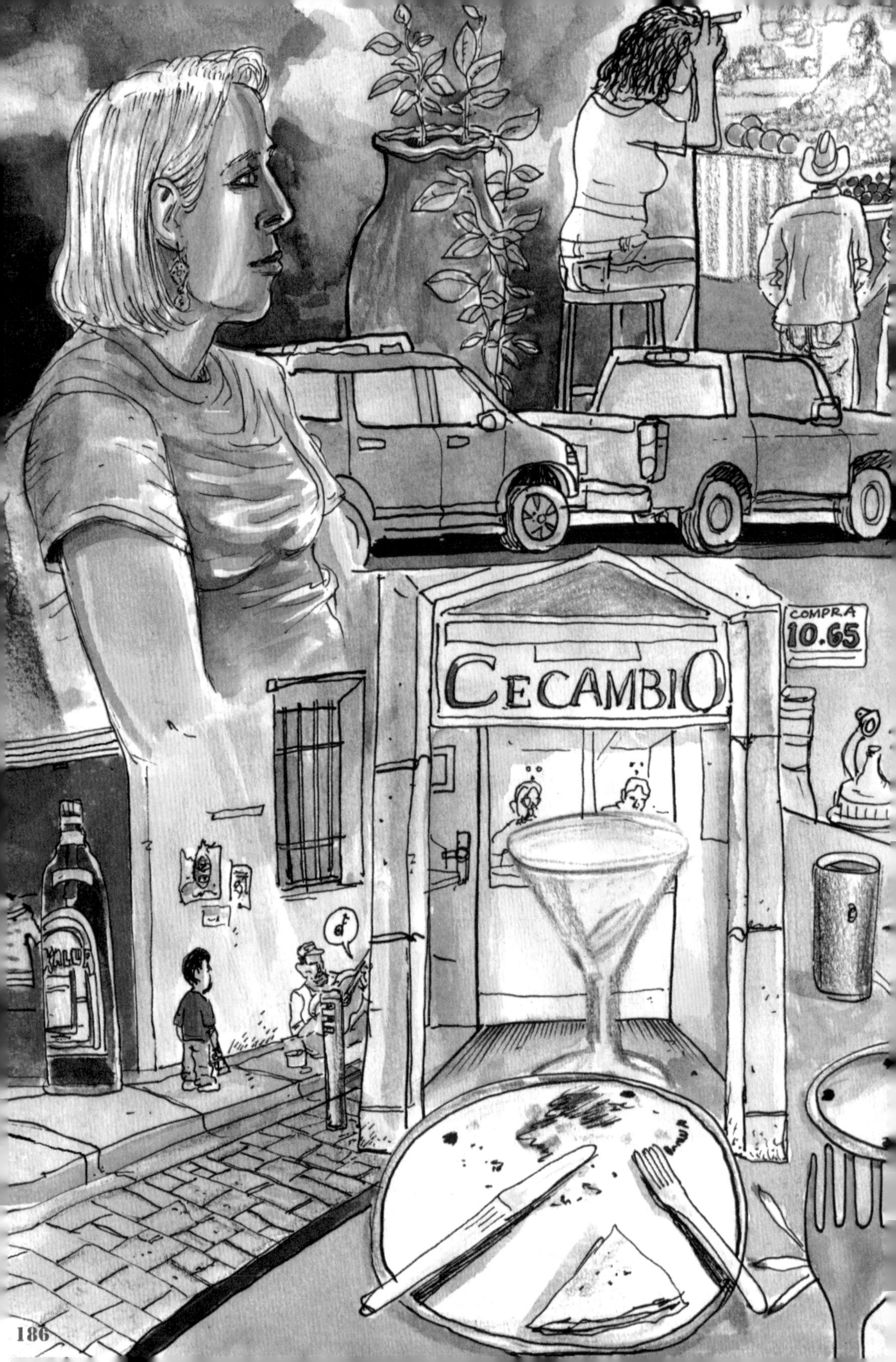
CECAMBIO
COMPRA
10.65

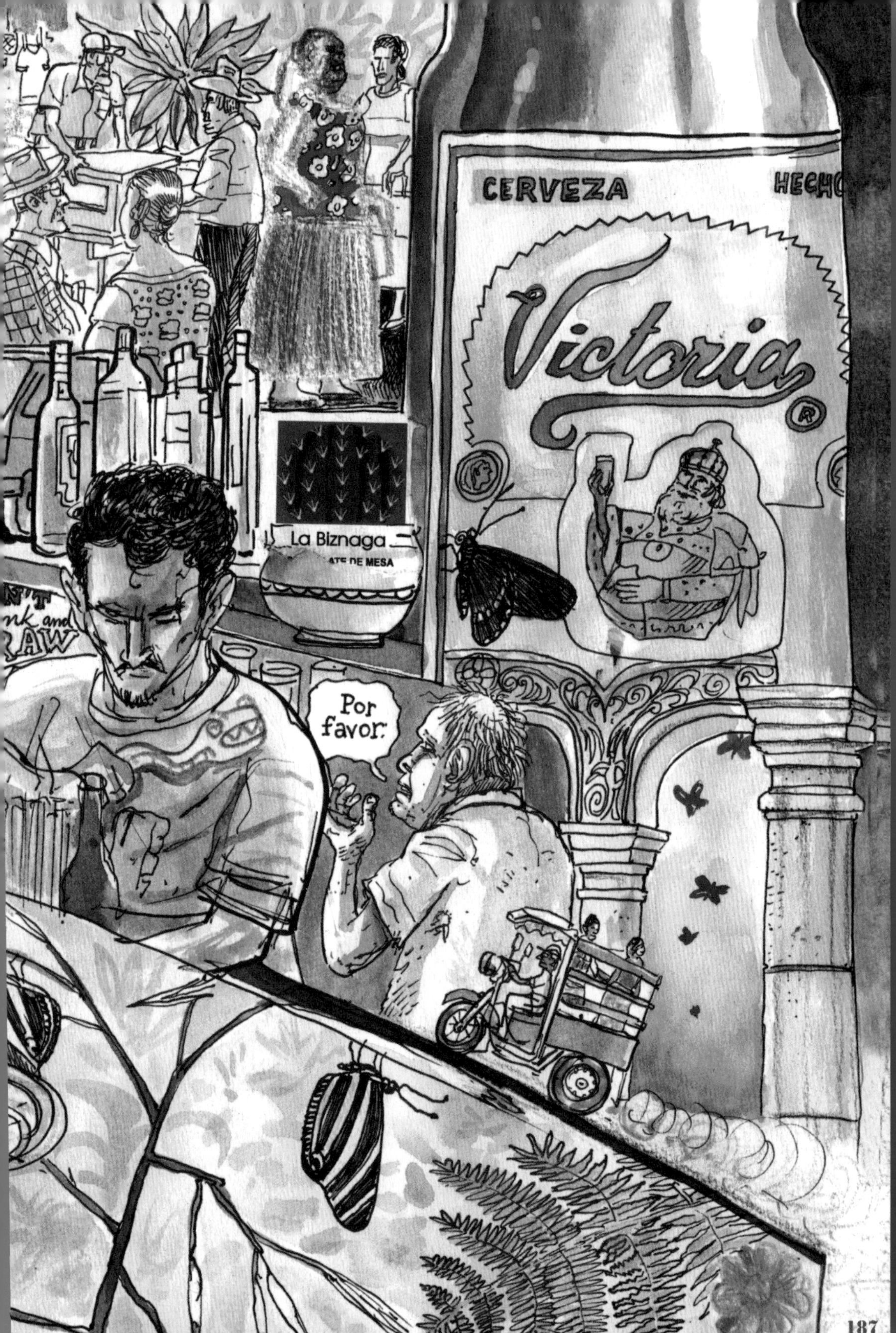
CERVEZA
HECHO
Victoria
La Biznaga
ATE DE MESA
Por favor.

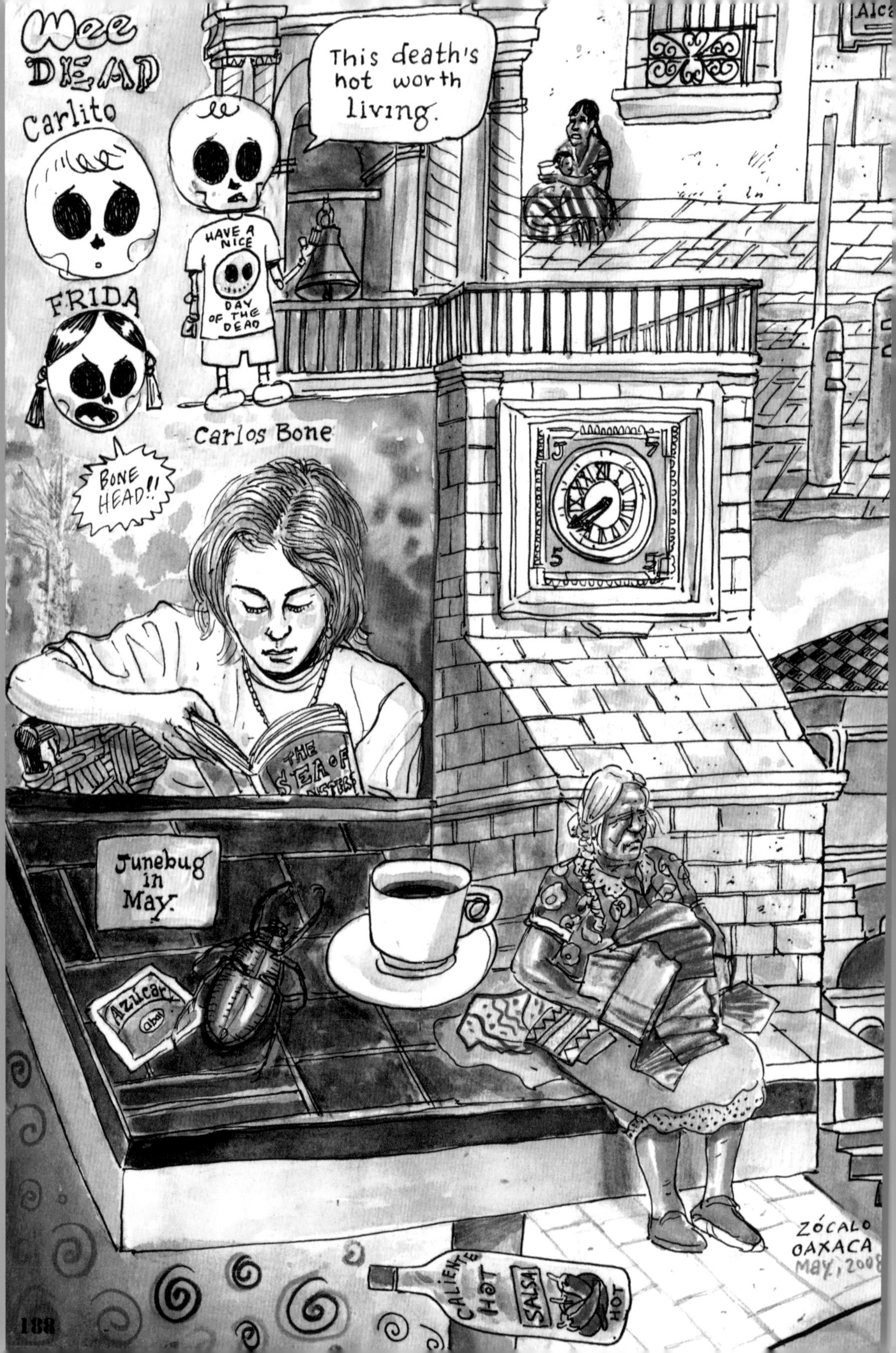
Wee DEAD
Carlito
FRIDA
Carlos Bone
This death's not worth living.
HAVE A NICE DAY OF THE DEAD
BONE HEAD!!
THE SEA OF
Junebug in May.
Azúcar
ZÓCALO OAXACA May, 2008
CALIENTE HOT
SALSA
HOT

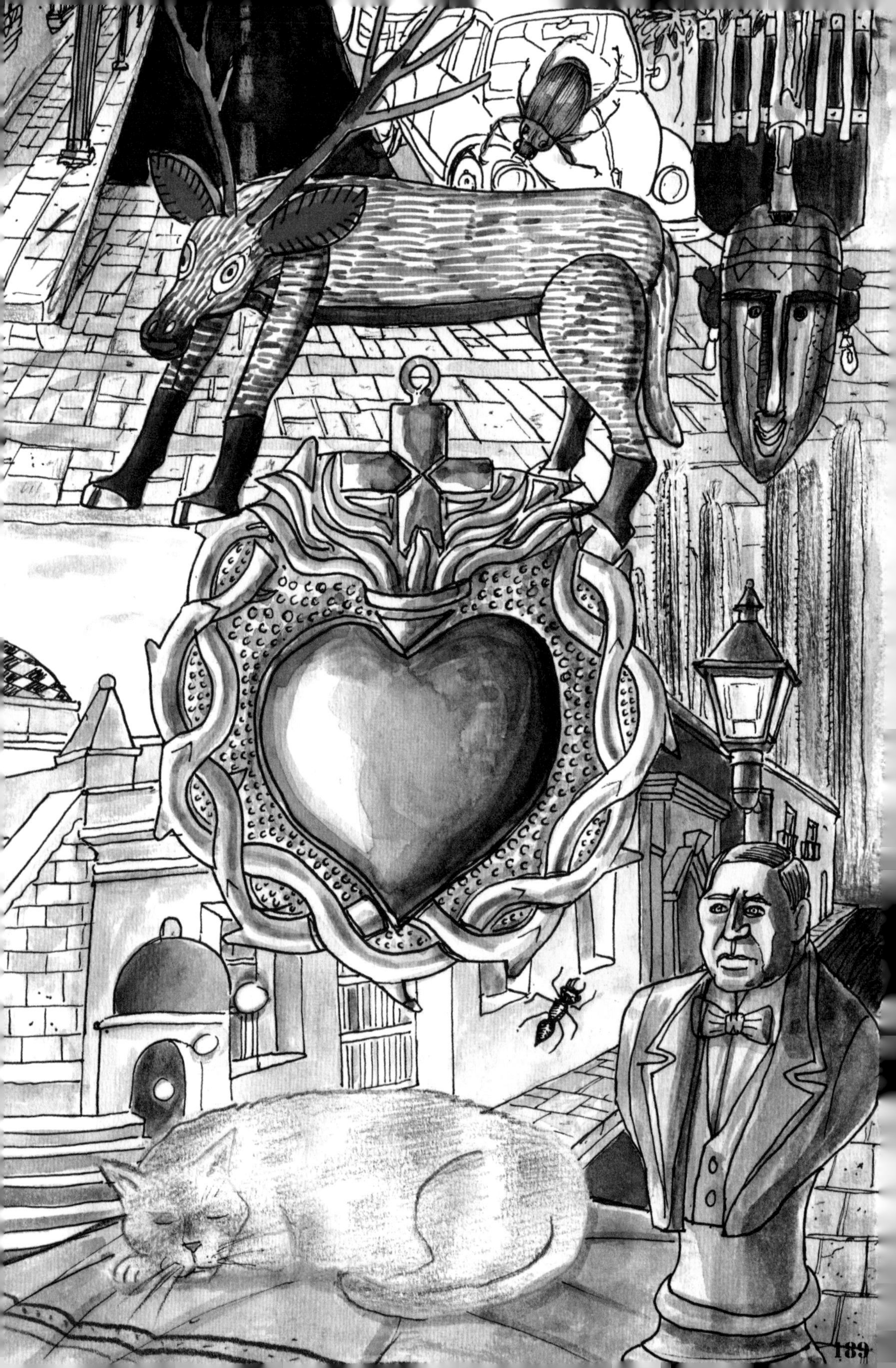

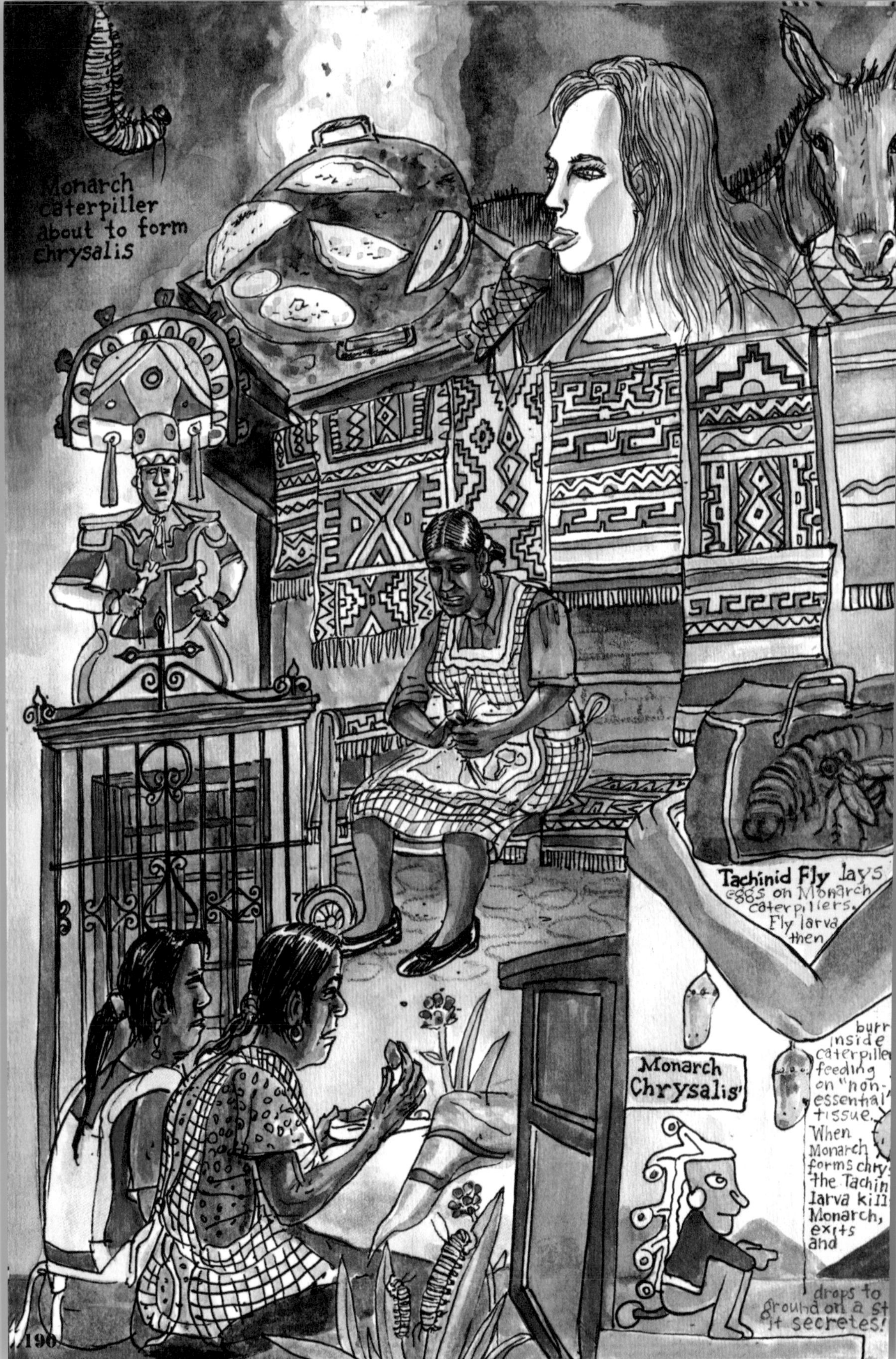

Monarch caterpiller about to form chrysalis
Tachinid Fly lays eggs on Monarch caterpillers. Fly larva then
burr inside caterpille feeding on "non-essental" tissue. When Monarch forms chry the Tachin larva kill Monarch, exits and
Monarch Chrysalis'
drops to ground on a st it secretes!

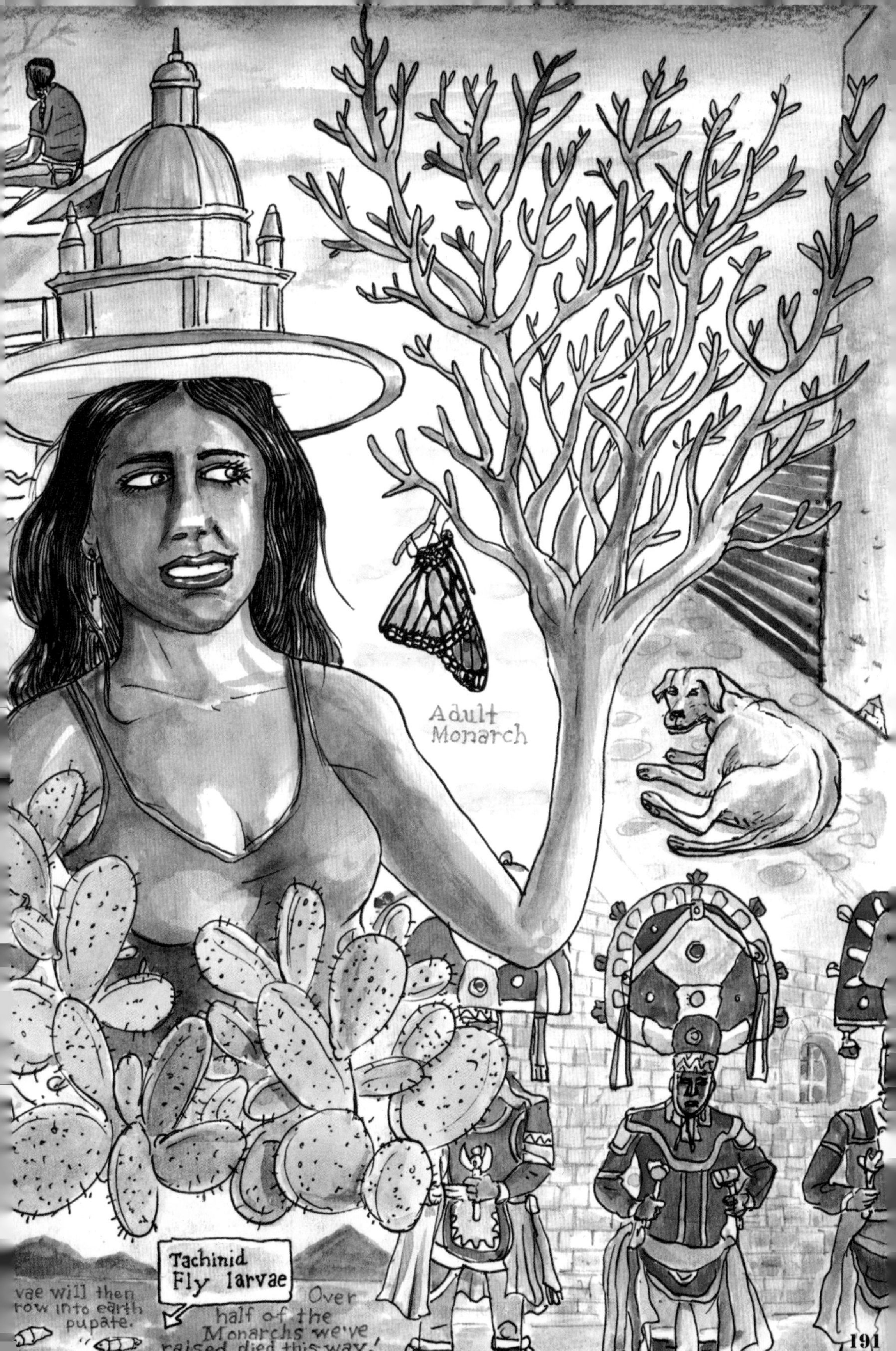
Adult Monarch
Tachinid Fly larvae
vae will then row into earth pupate.
Over half of the Monarchs we've raised died this way!

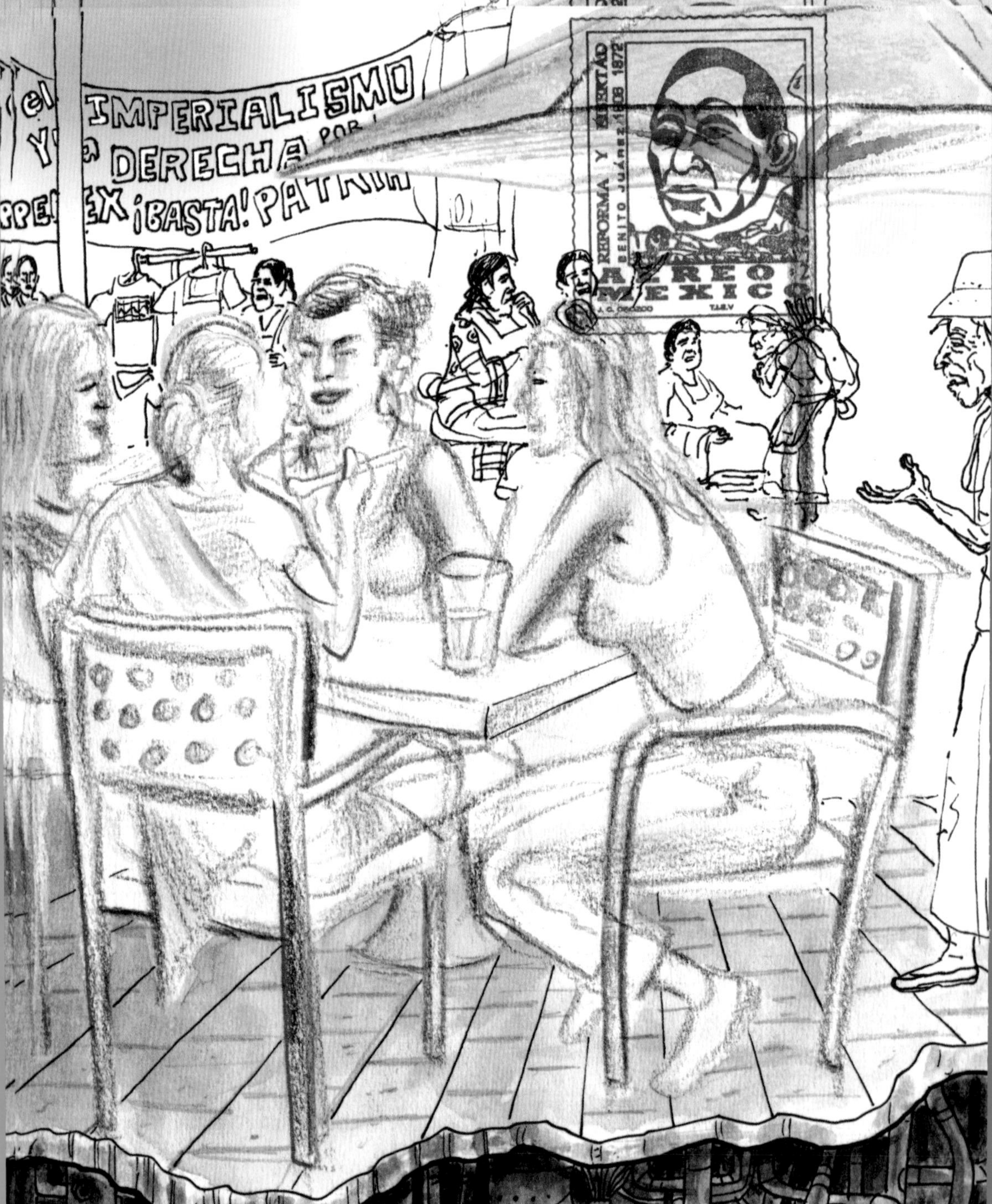
IMPERIALISMO
DERECHA
¡BASTA!
REFORMA Y
BENITO JUÁREZ
MEXICO

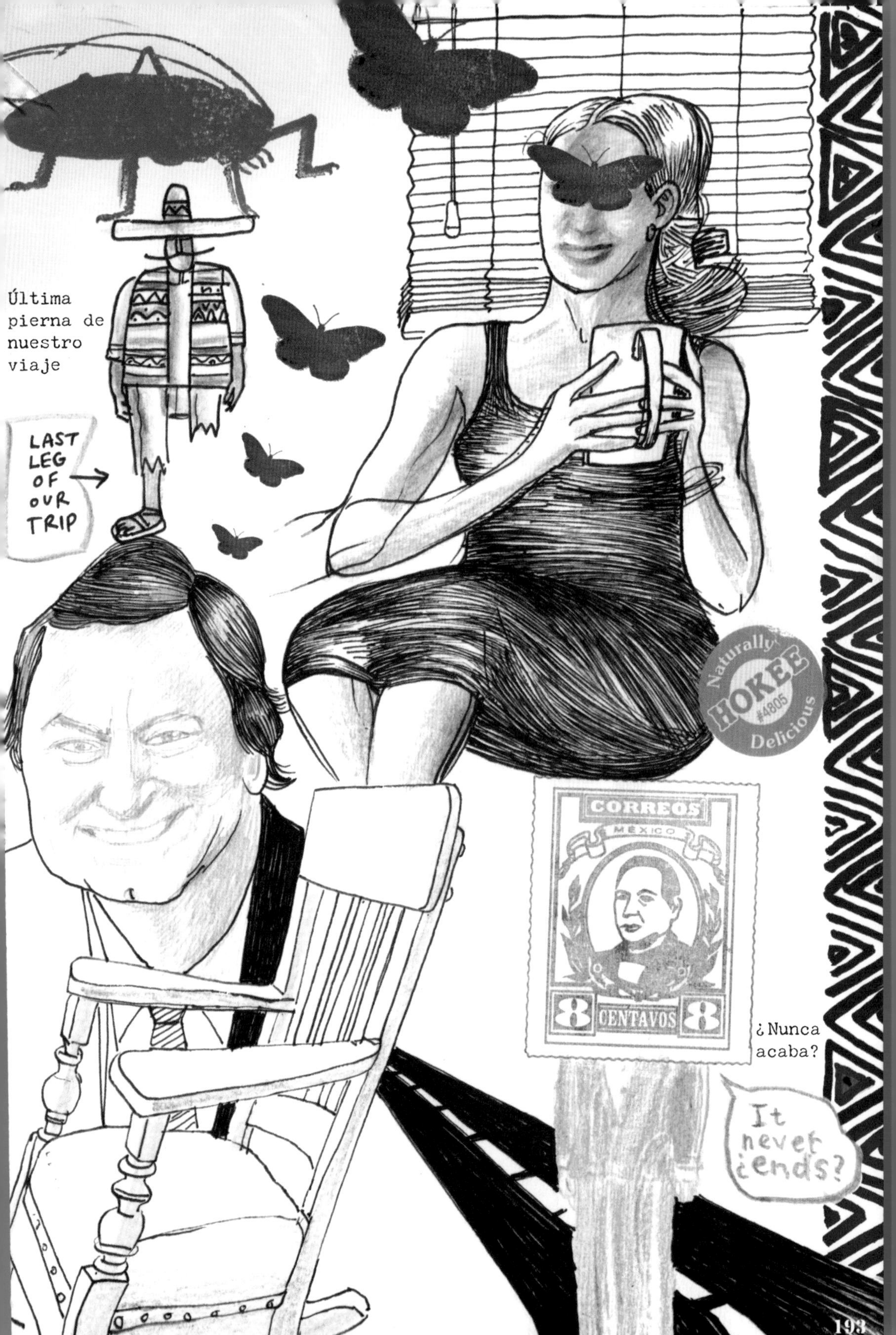
Última
pierna de
nuestro
viaje
LAST LEG OF OUR TRIP
Naturally HOKEE #4805 Delicious
CORREOS
MÉXICO
8 CENTAVOS 8
¿Nunca
acaba?
It never ¿ends?

June 23, 2008

To avoid the inevitable pitfalls when moving back to the USA next week, I've decided to give myself a set of rules and reminders to help weather the transition:

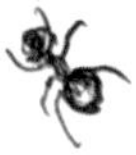

Draw in sketchbook every day -*religiously.*

Avoid peppering every conversation with Spanish words or phrases, *comprende?*

Don't pretend to be an authority on all things Mexican.

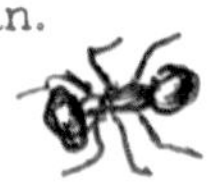

It is now O.K. to drink tap water -*really.*

Don't bitch about how expensive everything is in the USA. Conversely, don't regale people with how much cheaper everything is in Mexico.

Don't forget to draw in your sketchbook *every day.*

Try to maintain the hugging/kissing social manners of Mexico without being taken for a sex fiend or child molester.

Lose that ethnic shirt that was perfect in Oaxaca; it will look like a clown suit back in New York City.

Don't wear sandals after Halloween.

Stop shaking out your shoes each morning for fear of scorpions -on second thought, better safe than sorry.

Contrary to what you've been told repeatedly for the last two years -mezcal is *not* the answer to all of life's problems.

Lastly, draw in your sketchbook *every day.*

Looking back over our two years here, I feel truly fortunate we chose Oaxaca.
As the old Mexican proverb goes:
Mar tranquilo hace mal marino.
Calm seas make sorry sailors.
Or as they also say:
Cada quien puede hacer de sus calzones un papalote.
Every man is entitled to make a kite from his pants.

I *still* don't know exactly what the hell that means, but I'm game to give it a try.

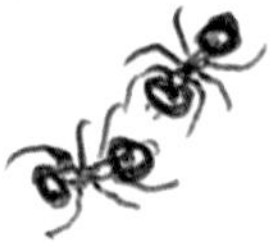

23 de junio de 2008

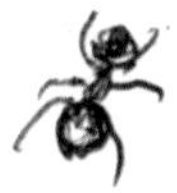

Para evitar la inevitable depresión cuando regrese a Estados Unidos la próxima semana, he decidido apegarme a una serie de reglas y recordatorios para aliviar la transición:

Dibujar en la libreta a diario –de manera *religiosa.*

Evitar aderezar cada conversación con palabras o frases en español, *¿comprende?*

No pretender ser una autoridad sobre todo lo mexicano.

Ya no hay problema de tomar agua de la llave *–en verdad.*

No quejarme de cuán caro es todo en Estados Unidos. Al mismo tiempo, no abrumar a la gente explicándole cuán más barato es todo en México.

No olvidar dibujar en la libreta *a diario.*

Intentar mantener las formas sociales mexicanas de abrazar/besar sin que se me tome por un pervertido sexual o acosador de menores.

Guardar esa camisa étnica que era perfecta para Oaxaca; en Nueva York parecerá el disfraz de un payaso.

No usar sandalias después de Halloween.

Dejar de agitar los zapatos cada mañana por temor a un escorpión, pensándolo bien, más vale prevenir que lamentar.

Contrario a lo que se me ha dicho de manera constante durante los últimos dos años: el mezcal *no* es la respuesta a todos los problemas de la vida.

Por último, dibujar en la libreta *cada día.*

Al echar un vistazo a nuestros dos años aquí, me siento muy afortunado de haber elegido Oaxaca.
Como dice el viejo proverbio mexicano:
Mar tranquilo hace mal marino
O, como también suele decirse:
Cada quien puede hacer de sus calzones un papalote.

Aún no entiendo qué demonios significa, pero estoy listo para intentarlo.

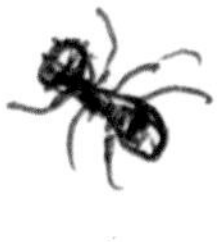

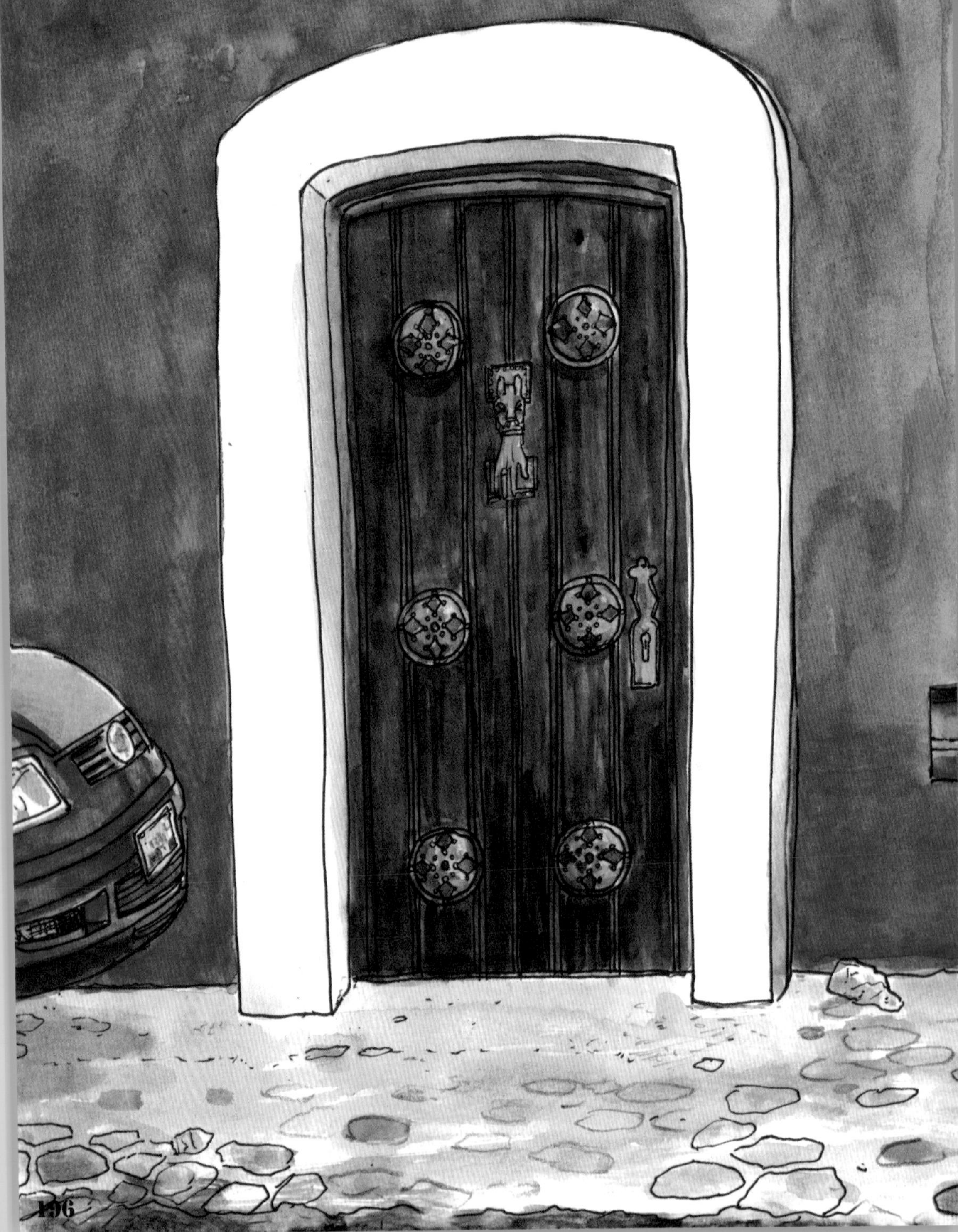

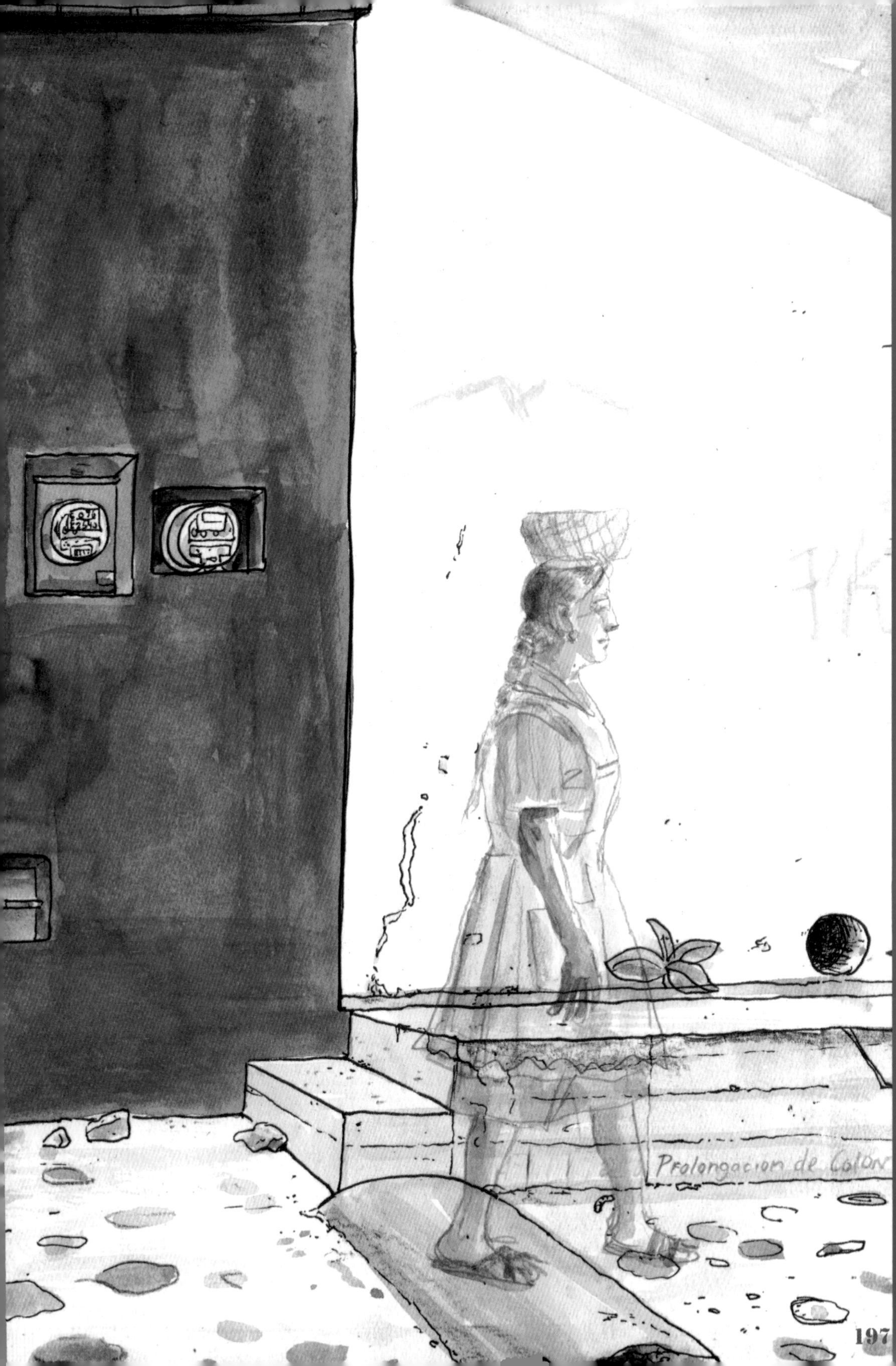
Prolongacion de Colon

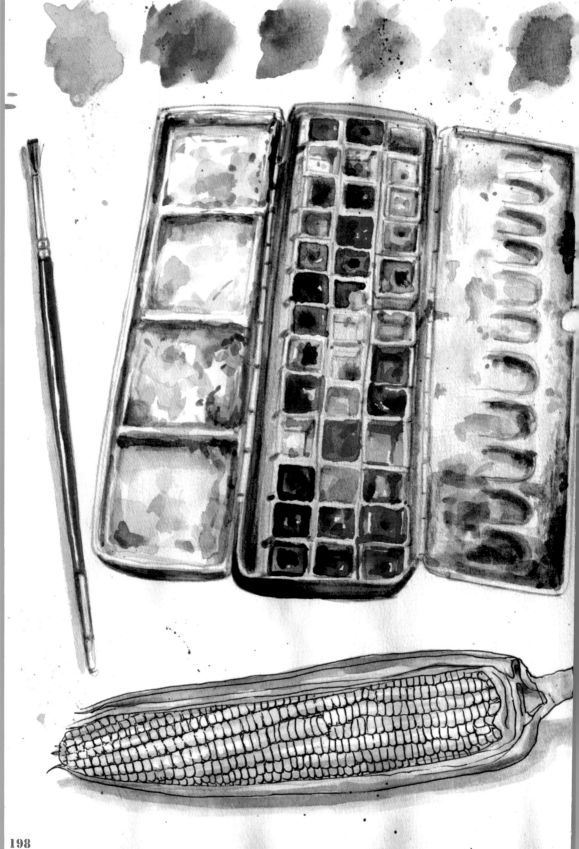

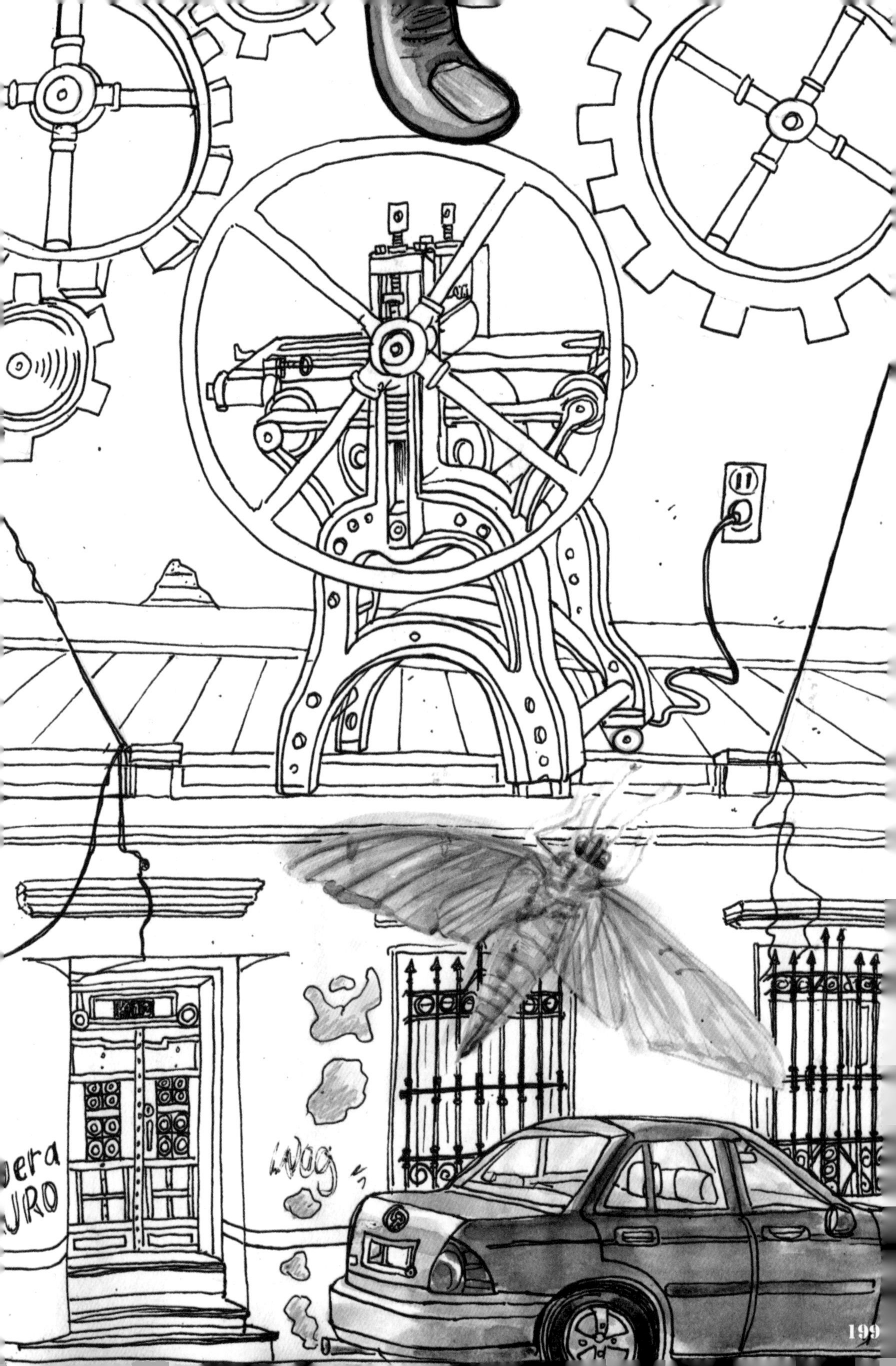

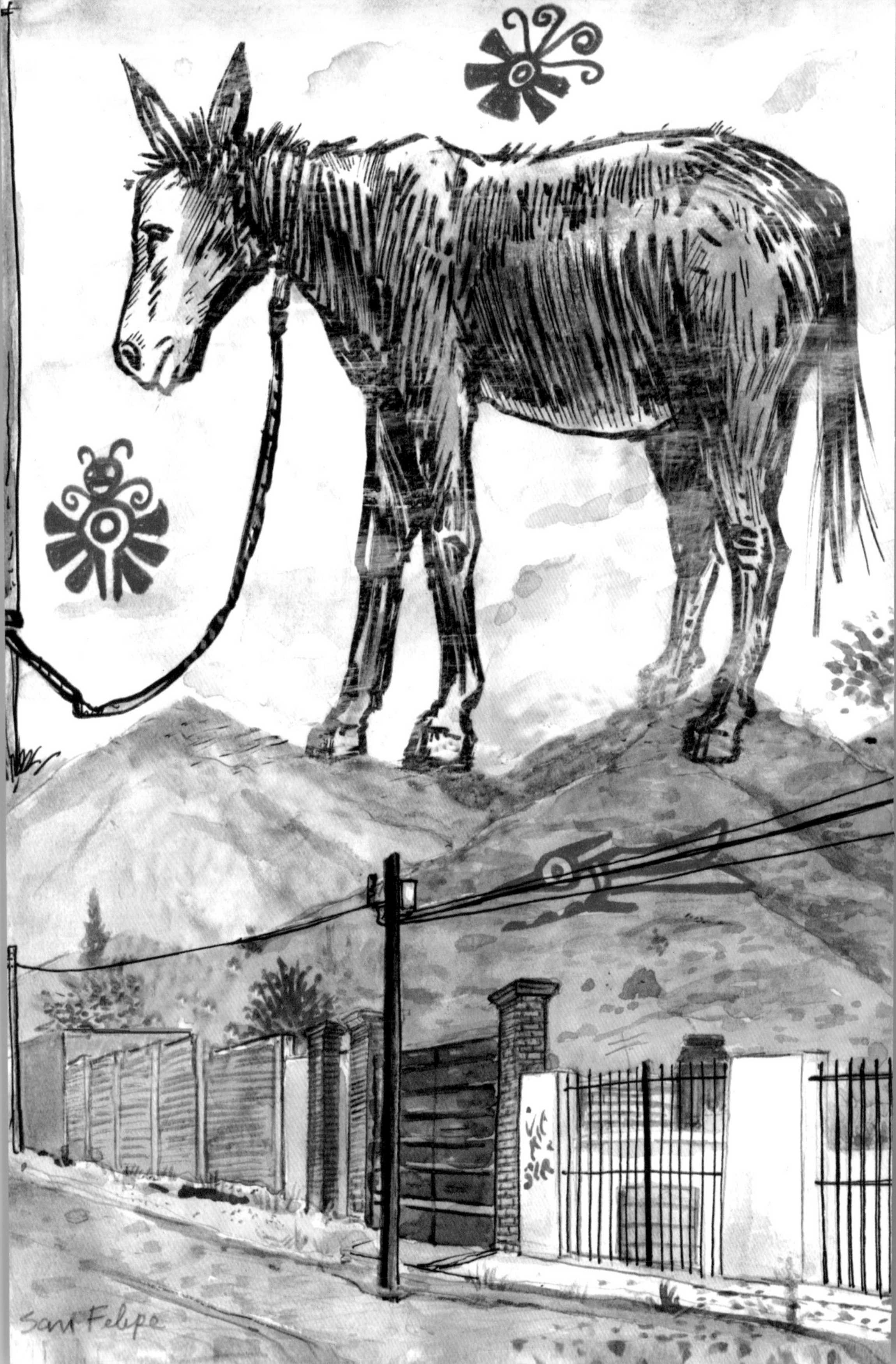
San Felipe

GOING FOR A (Last) WALK (IN) San Felipe del Agua, Oaxaca

Una última caminata por San Felipe del Agua, Oaxaca

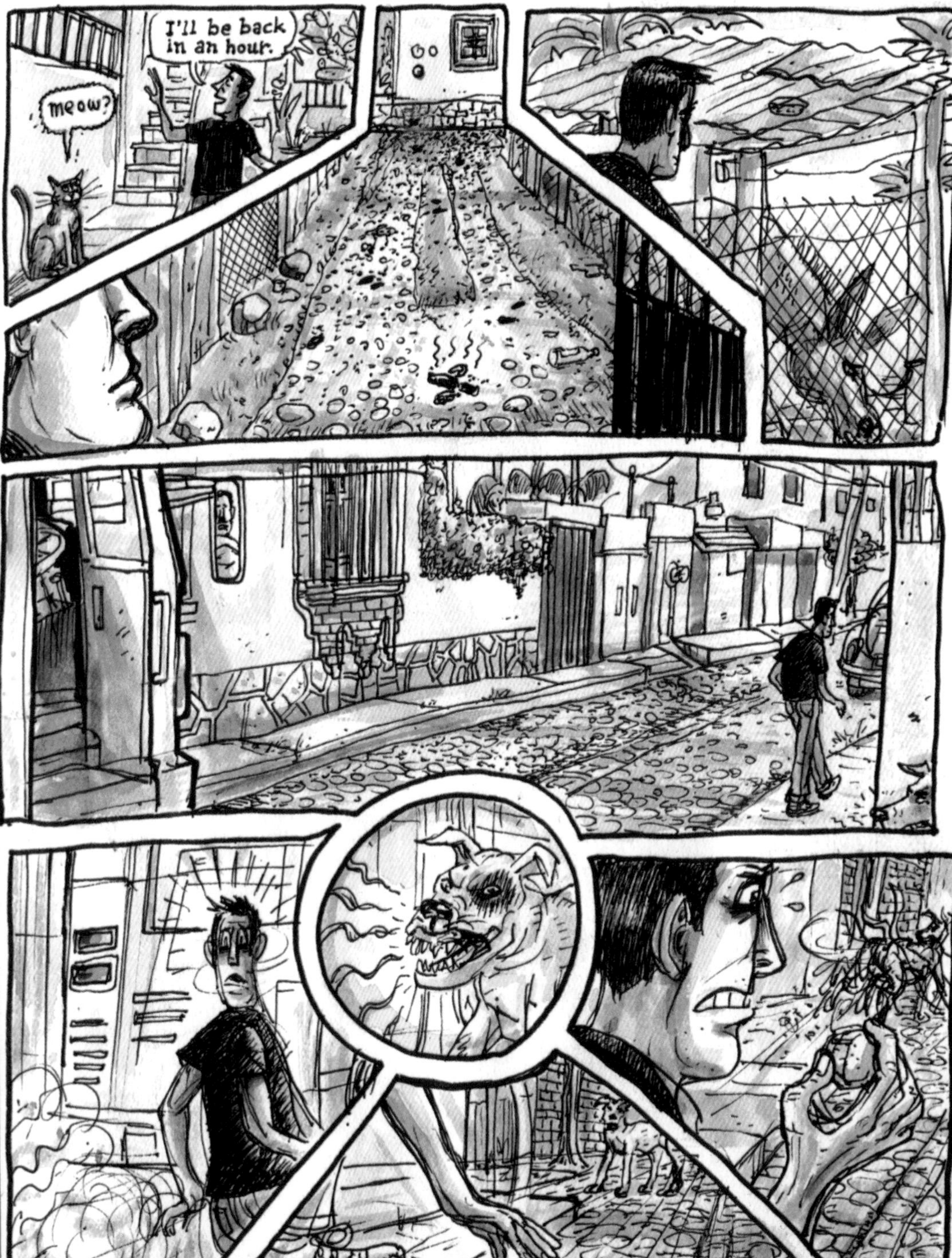
I'll be back in an hour.
meow?

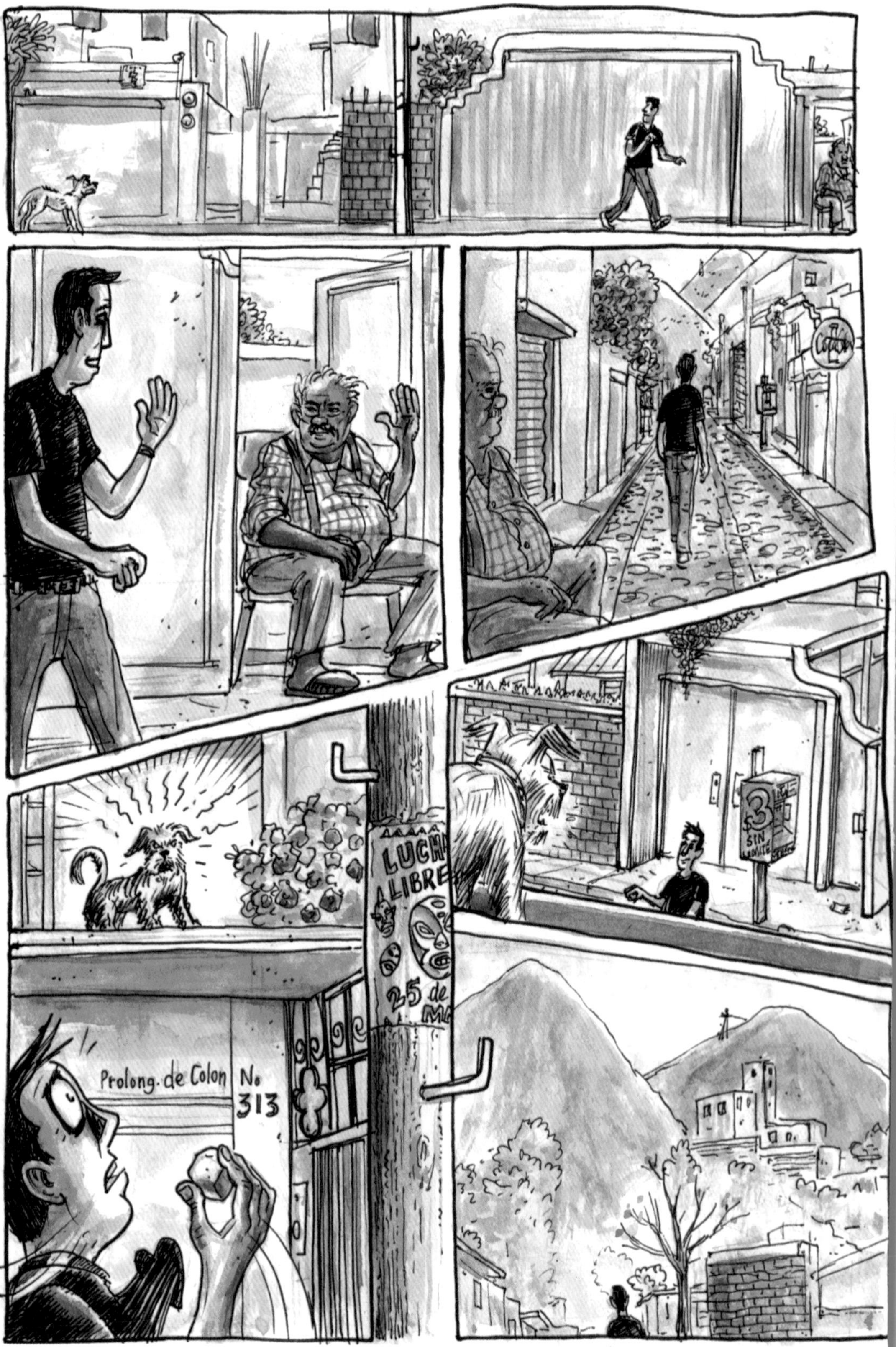

$3
SIN
LUCH
LIBRE
25 de
MA
Prolong. de Colon
No
313

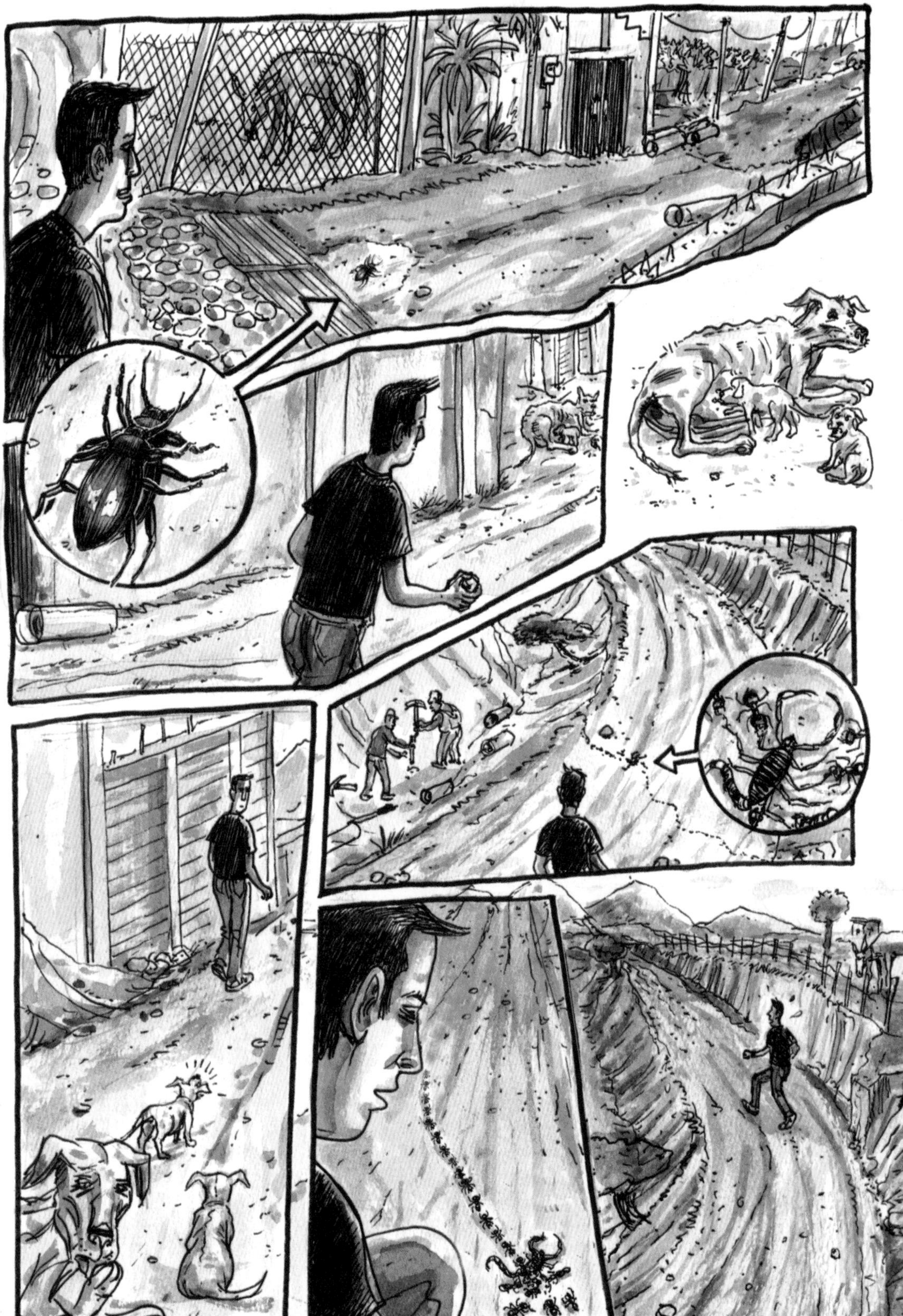

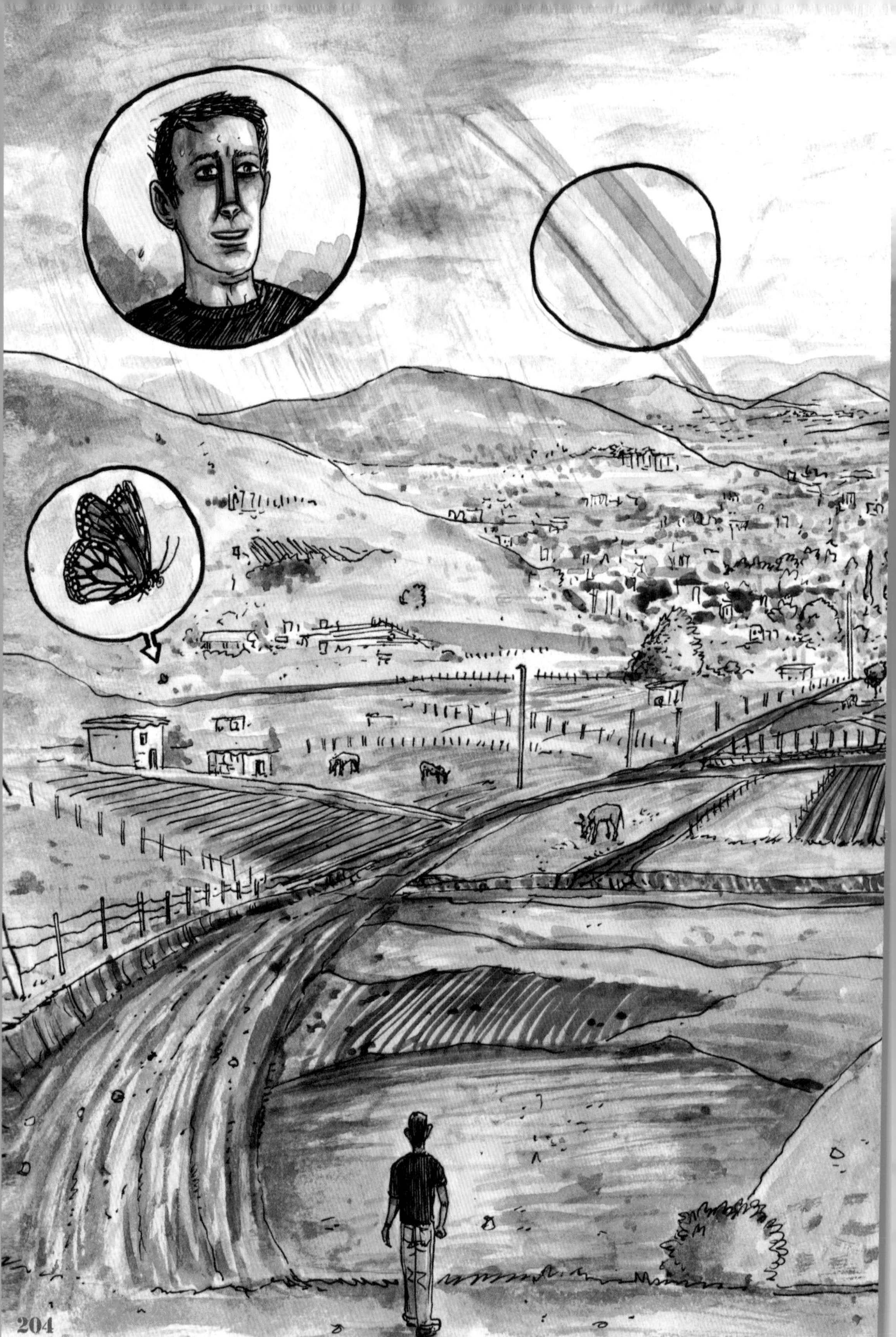

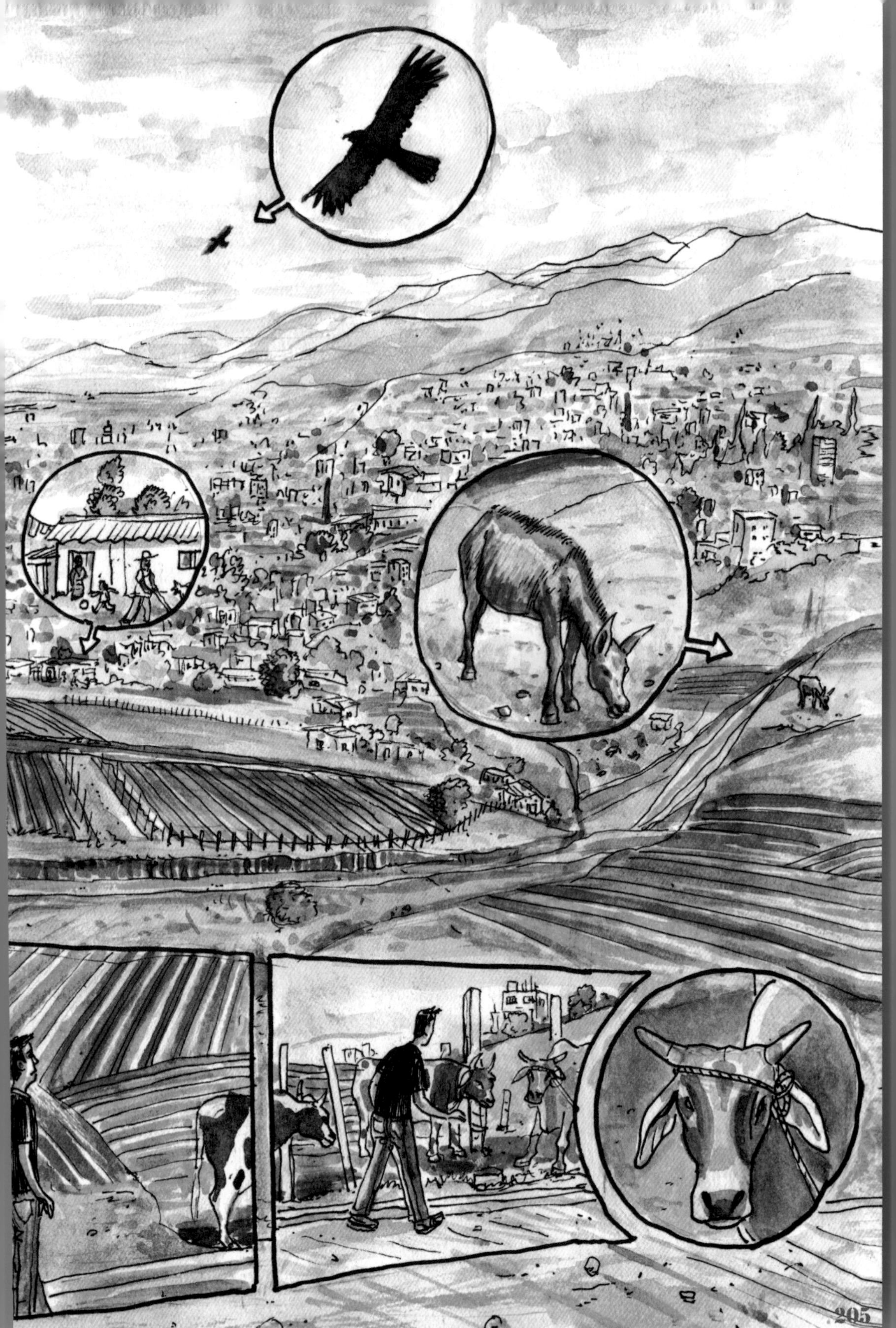

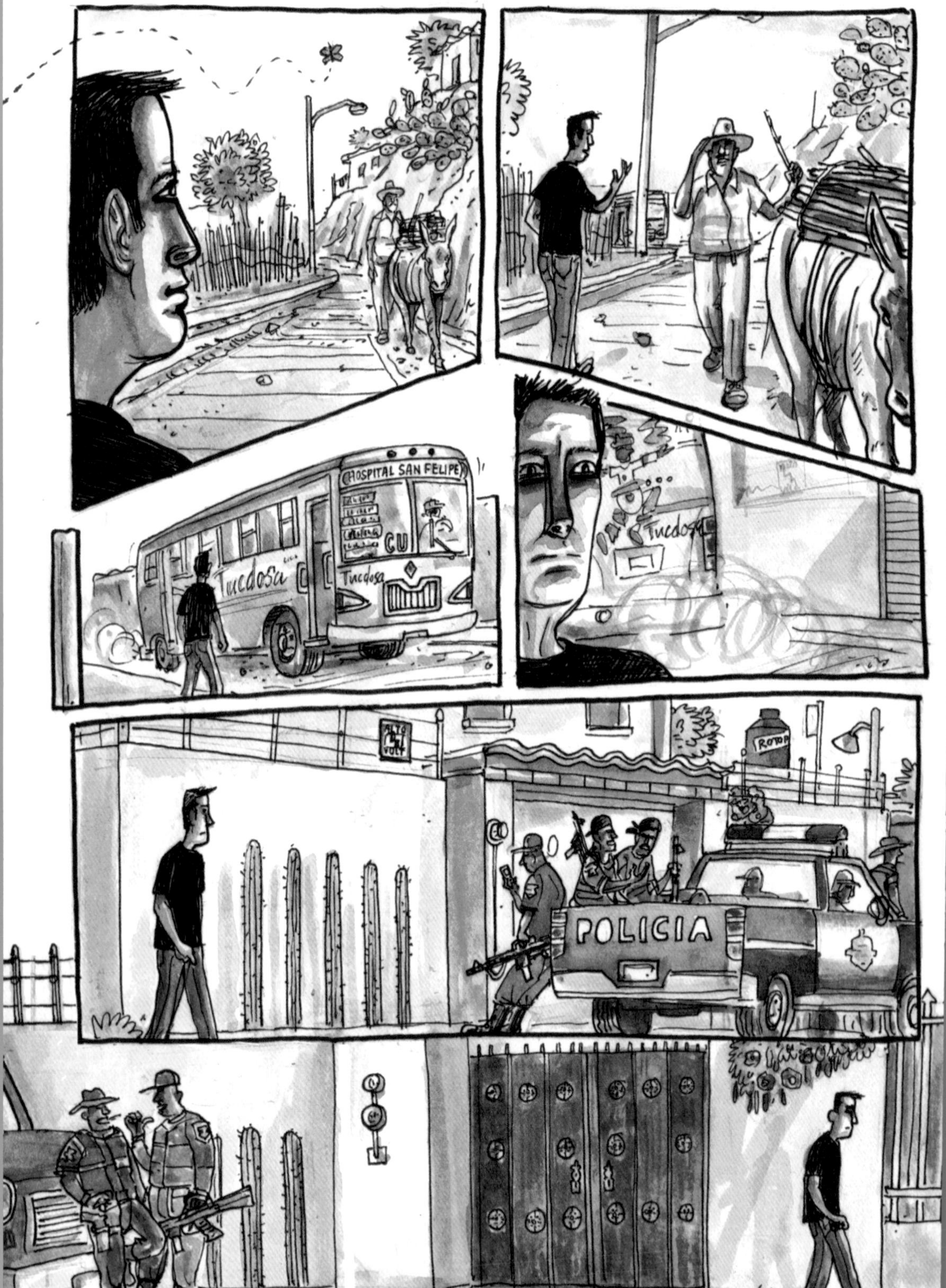
HOSPITAL SAN FELIPE
CU
POLICIA

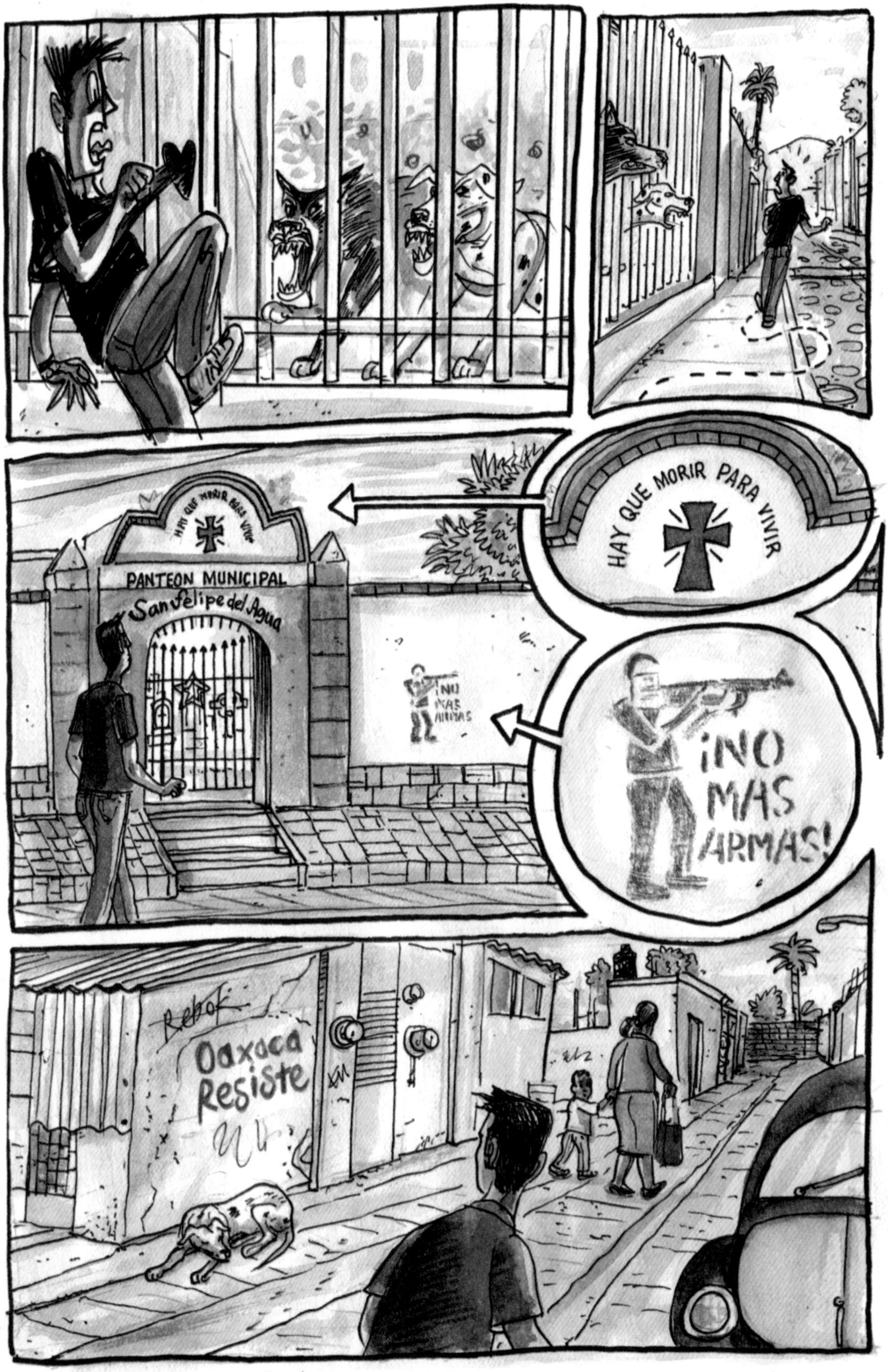
HAY QUE MORIR PARA VIVIR
PANTEON MUNICIPAL
San Felipe del Agua
¡NO MAS ARMAS!
Oaxaca Resiste

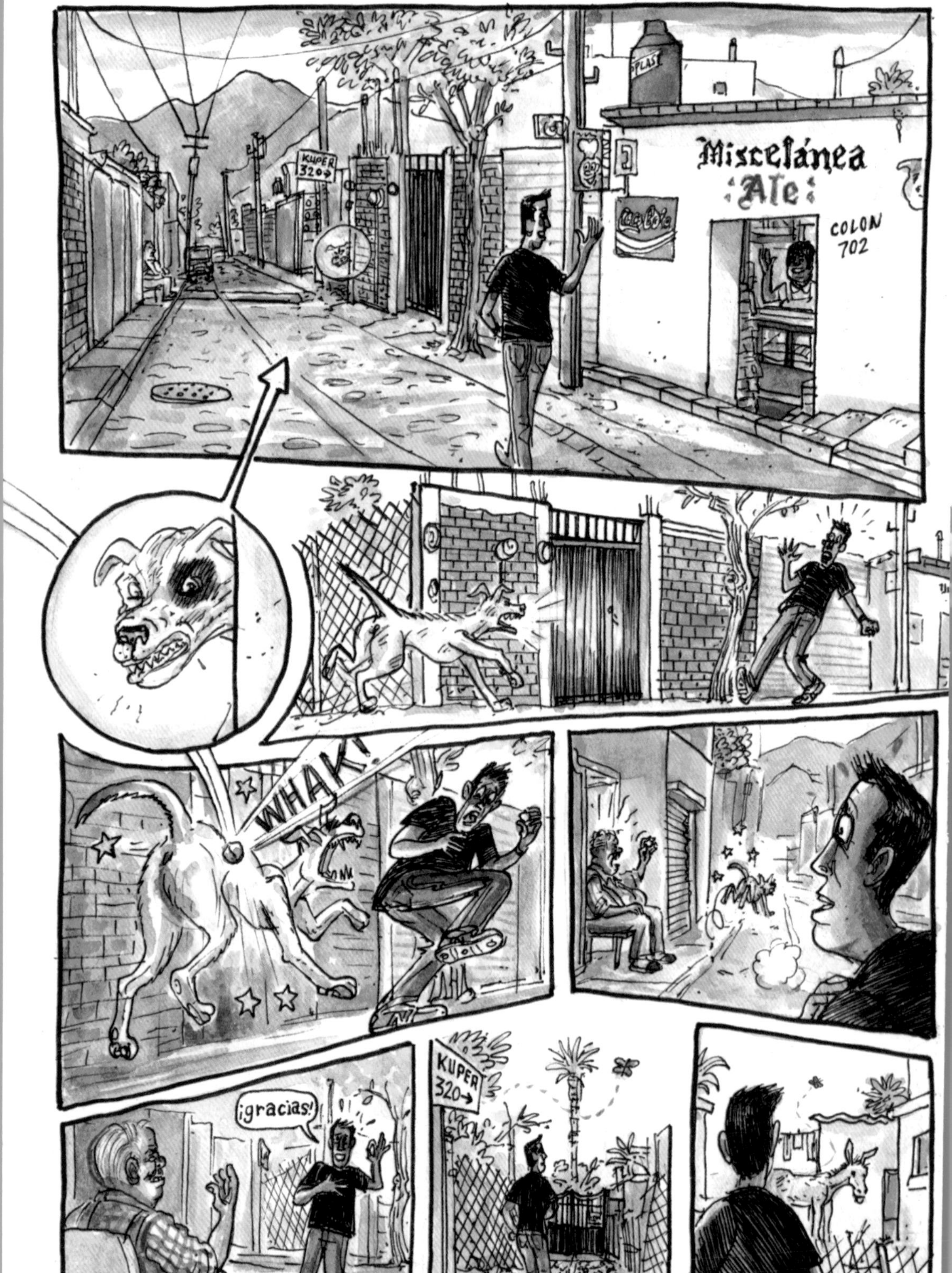
KUPER 320
PLAS
Miscelánea Ale
COLON 702
WHAK!
¡gracias!
KUPER 320

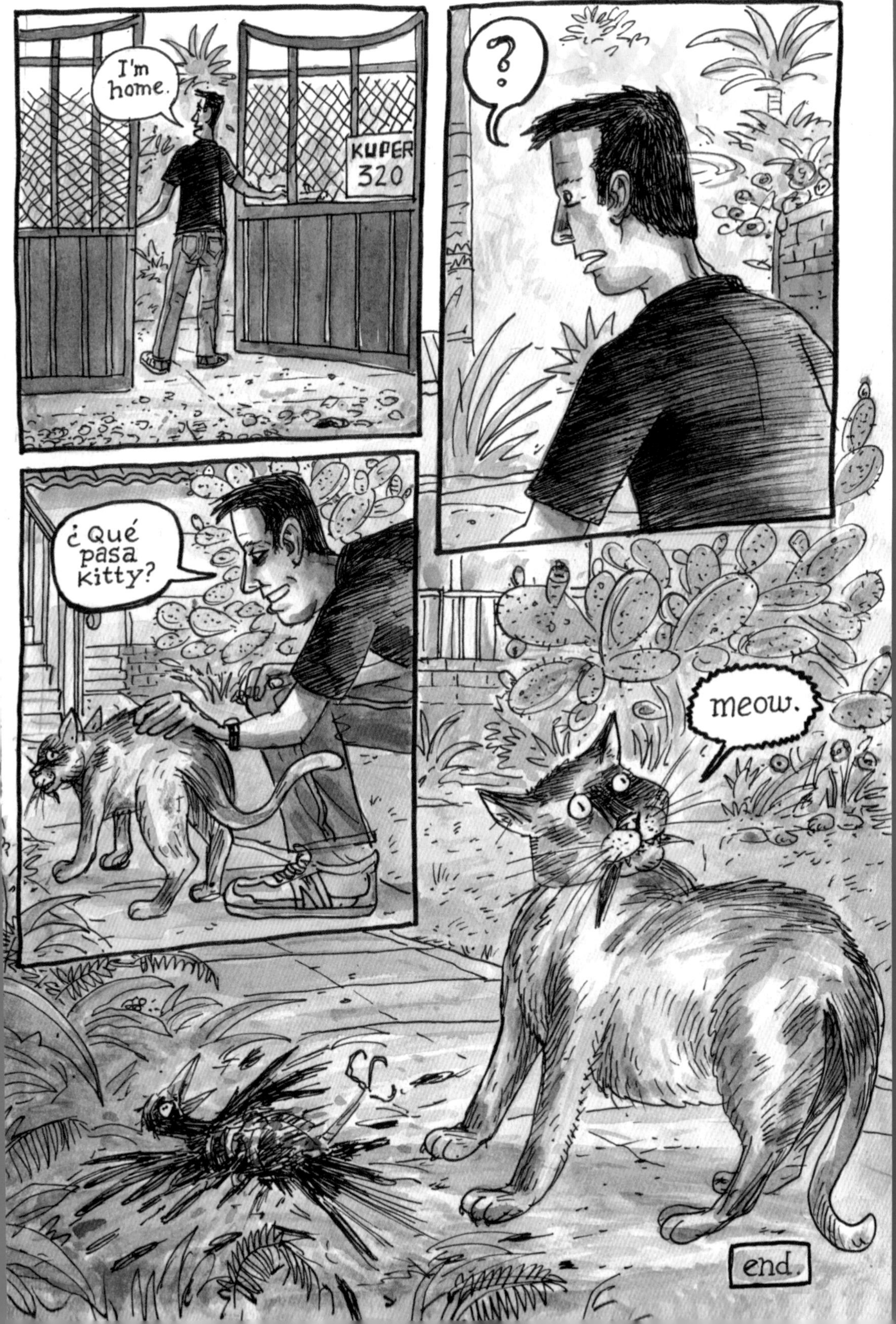
I'm home.
KUPER 320
?
¿Qué pasa kitty?
meow.
end.

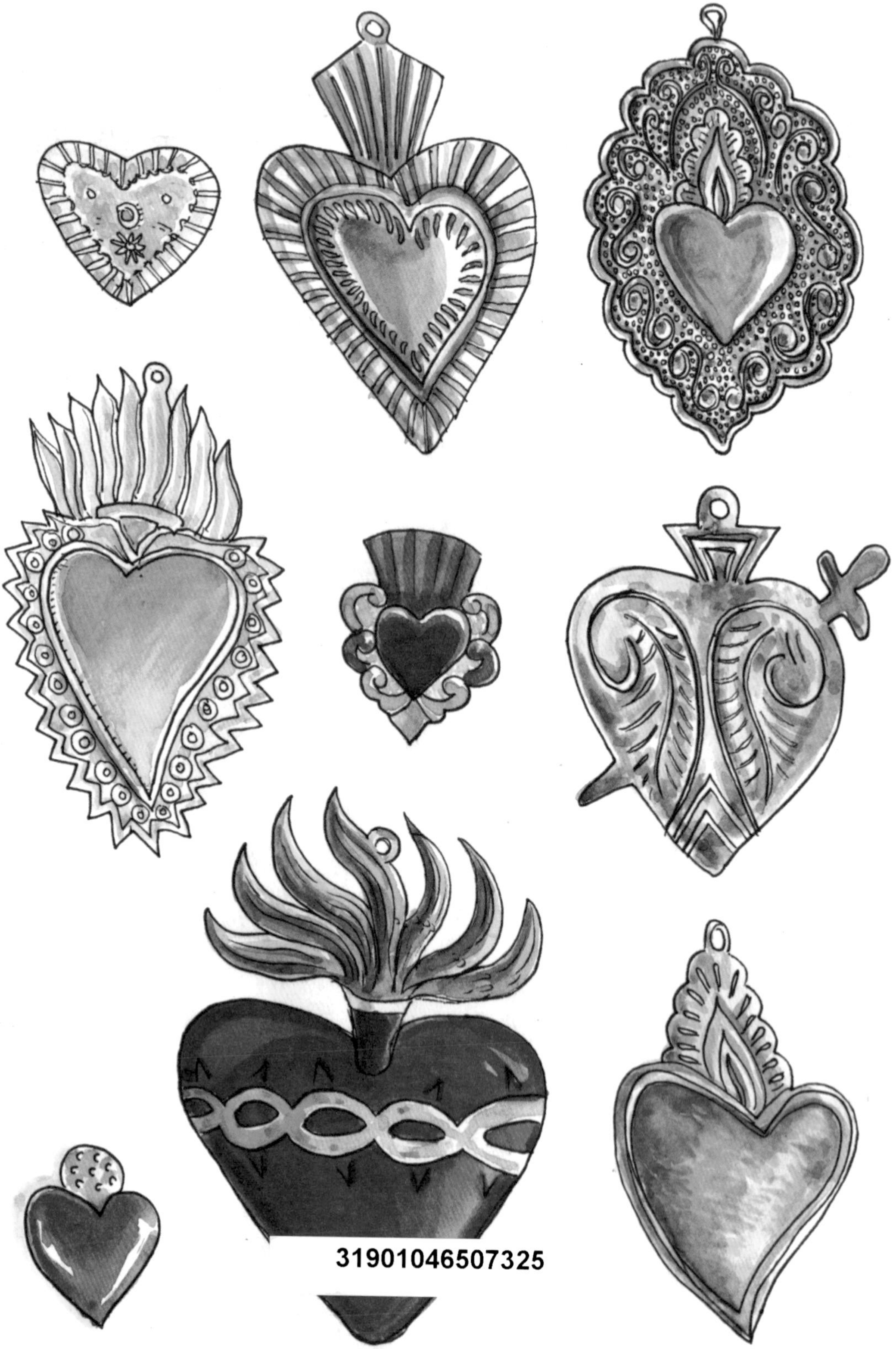